この国で、
世界のリーダーを育てたい。

■ 平成30年度・大学合格者数
● 北海道大・東北大・東工大 合格

国公立	一貫生 18名（全体 73名）
早慶上理	一貫生 25名（全体 64名）
医歯薬看護	一貫生 41名（全体 116名）
G-MARCH	一貫生 57名（全体 190名）

■ 本校独自のグローバルリーダーズプログラム
● 各界の第一人者を招いて実施する年6～8回の講演会
● 英語の楽しさを味わうグローバルイングリッシュプログラム
● 異文化を体感し会話能力を向上させるバンクーバー語学研修
● 各国からの定期的な留学生や大学生との国際交流

グローバルエリート（GE）クラスとは

東大をはじめとする最難関大学や海外大学への進学を目指すことはもちろん、
「この国で、世界のリーダーを育てたい」という開校以来の理念を実現するクラスです。
すべての生徒がこのグローバルエリートクラスに所属し学びます。

学校見学会 10:00～12:00	学校説明会 10:00～12:00	授業見学日 10:00～12:00
7月16日（月・祝）＊部活動見学可	10月21日（日）体験授業	9月29日（土）＊個別相談可
	11月24日（土）入試問題解説会	
ナイト説明会 19:00～20:00	12月 8日（土）入試問題解説会	小学校5年生以下対象説明会 10:00～12:00
8月29日（水）会場 春日部ふれあいキューブ		12月16日（日）体験授業
9月19日（水）会場 越谷コミュニティセンター		

事前申し込み不要です。日程は予定ですので、HPなどでご確認のうえ、ぜひお越し下さい。
春日部駅西口より無料スクールバスを用意させていただきます。（ナイト説明会を除きます）

春日部共栄中学校

〒344-0037 埼玉県春日部市上大増新田213　TEL.048-737-7611
東武スカイツリーライン／東武アーバンパークライン 春日部駅西口からスクールバス（無料）7分
http://www.k-kyoei.ed.jp

女子美術大学付属高等学校・中学校

JOSHIBI

2018年度 公開行事情報

学校説明会
10月6日（土）
11月24日（土）
各14:00〜
予約不要

女子美祭
〜中高大同時開催〜
〜本校最大のイベント〜
10月27日（土）・28日（日）
各10:00〜17:00

ミニ学校説明会
27日（土）
10:30〜、13:30〜
28日（日）
10:30〜、12:30〜、
14:30〜
予約不要

公開授業
9月29日（土）
10月6日（土）
11月17日（土）
11月24日（土）
各8:35〜12:40
予約不要

美術のひろば
美術が好きなひと集まれ！
「描く」「つくる」などの体験教室
（ワークショップ）
8月6日（月）・7日（火）
小・中学生、美術の先生対象
要予約

すべて上履不要

〒166-8538　東京都杉並区和田1-49-8　［代表］TEL: 03-5340-4541　FAX: 03-5340-4542
http://www.joshibi.ac.jp/fuzoku

100th ANNIVERSARY 2015

SEIBUDAI ENGLISH METHOD

ACTIVE LEARNING

ディベート全国大会、2年連続ベスト16の快挙！

2017年8月に開催された「全国中学・高校ディベート選手権」（ディベート甲子園）に関東地区の代表として本校英語部ディベートチームの4名が2年連続出場し、ベスト16に入賞する快挙を達成しました。

★論題：「日本は小売店の深夜営業を禁止すべきである。是か非か」
★関東地区代表校一覧
渋谷幕張・開智・品川区立日野学園・女子聖学院・神奈川県立平塚中等教育・西武台新座

地球サイズの
たくましい人間力。

独自のメソッドで
飛躍的な成績向上を実現している
「西武台式英語」をはじめ、
7年目を迎えてより高度化した
アクティブ・ラーニング、
さらにディベートへの取り組みなど、
「新しい学び」を中心に、
本校の特徴や魅力、成果について
ご案内いたします。

第5回学校説明会 入試問題解説（国語）
9月23日㊏ 9:30～12:00

第6回学校説明会 入試問題解説（算数）
10月21日㊏ 9:30～12:00

第7回学校説明会 入試問題解説（理・社）
11月10日㊏ 9:30～12:00

スポーツフェスタ
8月7日㊋ 9：00～10：30

入試模擬体験会
11月25日㊐ 9：30～12：00

入試直前情報説明会
12月16日㊐ 9：30～12：30

◆説明会終了後には個別相談、校舎見学などがございます。
◆開催時間や詳しい内容は本校Webサイトでご確認ください。

お問い合わせ：TEL.048-424-5781　西武台新座 検索
〒352-8508 埼玉県新座市中野2-9-1
学校法人 武陽学園 西武台新座中学校・西武台高等学校

西武台新座中学校

自ら考え 自ら学ぶ 人になる

2018年度 学内説明会・公開行事

- クラブ体験会 [要Web申込]
  7月25日(水)15:00～　8月20日(月)15:00～
- 目白キャンパスでの説明会 [予約不要]
  9月8日(土)13:00～14:00
- 十月祭 [要Web申込]
  10月6日(土)12:00～16:00
  10月7日(日) 9:00～15:00
- 授業見学説明会 [要Web申込]
  10月16日(火)10:40～12:30
- 学校説明会 [予約不要]
  10月20日(土)16:00～17:00
- 入試問題解説会 [要Web申込]
  11月17日(土)14:00～15:10　※6年生対象
- 親子天体観望会 [要Web申込]
  12月1日(土)17:00～　※定員100名

※日時等については変更になる場合がありますので随時HPでご確認ください。

学校見学に来てみませんか！

「都心から近いのに、こんなに豊かな自然があるなんて」
初めて学校に来られた方は、皆さん同じ感想を抱かれます。
校舎も校庭もゆったりとして、勉強にも身が入ります。
是非、ご自分の目で確かめてみませんか。

日本女子大学附属中学校
The JUNIOR HIGH SCHOOL AFFILIATED with J.W.U.

〒214-8565　神奈川県川崎市多摩区西生田1-1-1　TEL.044-952-6705　FAX.044-954-5450
小田急線「読売ランド前駅」より徒歩10分、京王線「京王稲田堤駅」・「京王よみうりランド駅」よりバス10分

SEARCH 日本女子大学附属中学校 GO

こちらのQRコードからもホームページへアクセスできます。

農大三中

男女共学 70名募集

究理探新

本物に出会い、
本当にやりたい夢に近づく
6年間。

実学教育をベースに
学力・進路選択力・人間力を育てます。

体験授業 HPより要予約
8月5日（日） 9：30〜【理科・社会】

入試模擬体験 HPより要予約
11月23日（金祝） 9：30〜
入試模擬体験【国語・算数・総合理科】（受験生対象）
出題者による平成31年度入試出題傾向について（保護者対象）

イブニング説明会

川越・熊谷
7月25日（水）19：00〜
川越（東上パークビルヂング）
熊谷（キングアンバサダーホテル熊谷）

大宮
11月9日（金）19：00〜
大宮（大宮ソニックシティ市民ホール4F）

学校説明会 HPより要予約
9月15日（土）11：00〜
10月13日（土）9：30〜
12月8日（土）9：30〜

浪漫祭（文化祭）
9月15日（土）・16日（日）
個別相談会実施
15日（土）11：00〜 第2回説明会

＊詳しくはHPをご確認ください。またはお問い合わせください。

東京農業大学第三高等学校附属中学校

〒355-0005 埼玉県東松山市大字松山1400-1
TEL：0493-24-4611
http://www.nodai-3-h.ed.jp

＊7駅よりスクールバス運行　東武東上線　東松山駅、JR高崎線　上尾駅・鴻巣駅・吹上駅・熊谷駅
西武新宿線　本川越駅、秩父鉄道　行田市駅

好奇心こそ、学びのエンジン。
知を追求するための環境がここに。

「もっと知りたい」、「この先に広がる景色を見てみたい」。
そんな気持ちに応えるための学習環境が、桐朋にはあります。
仲間たちと切磋琢磨しながら、あなたにしか描けない未来へ。

桐朋中学校・桐朋高等学校

〒186-0004　東京都国立市中3-1-10　JR国立駅・谷保駅から各徒歩15分　WEB／http://www.toho.ed.jp/

本気を育む6年間

◉充実の海外研修

カナダ2週間研修
セブ島集中語学研修
ニュージーランド3か月留学

◉楽しく多彩な学校行事

沖縄修学旅行
文化祭　体育祭
クロスカルチュラルプログラム

◉受験しやすい入試制度

アクティブ入試（中学入試）

■**中学校説明会**［要予約］
7月28日土 10:30〜
9月22日土 13:00〜
10月13日土 10:30〜
以降の説明会の日程はHPをご覧ください。

■**体験イベント**［要予約］
「書き初め教室」
12月26日水 14:00〜

■**個別相談会**［要予約］
1月12日土 10:30〜

■**文化祭**［中高同時開催］
10月27日土 10:00〜
　　28日日　　　15:00

 武蔵野中学校高等学校
Musashino Junior High School & Senior High School

〒114-0024
東京都北区西ヶ原4-56-20
TEL：03-3910-0151
FAX：03-5567-0487
URL：http://www.musashino.ac.jp/

麹町学園女子 中学校 高等学校
KOJIMACHI GAKUEN GIRLS' Junior&Senior High School

VIVID Innovations Next
KOJIMACHI

安河内哲也氏監修の
最先端の英語教育
"Active English"

高い英語力とみらい型学力で世界とLink

2019年度より新コース制導入
- グローバルコース（英語選抜コース）
- スタンダードコース（みらい探求コース）

Events

学校説明会（HPにてご予約ください）
- 第4回 9/8（土）10:30〜
- 第5回 10/6（土）10:30〜
- 第6回 10/20（土）14:30〜 ※第5回と同内容
- 第7回 11/10（土）10:30〜

※施設見学・授業見学（10/20除く）・個別相談あり

入試直前！学校説明会（HPにてご予約ください）（※全3回同内容）
- 第1回 1/10（木）10:30〜
- 第2回 1/20（日）10:30〜
- 第3回 1/26（土）10:30〜

※施設見学・授業見学（1/20除く）・個別相談あり

体験イベント（HPにてご予約ください）
- 夏のクラブ体験　7/29（日）9:00〜
- 夏のオープンキャンパス　8/26（日）9:00〜
- クリスマスパーティ　12/25（火）9:30〜

入試模擬体験（HPにてご予約ください）
- 入試問題チャレンジ！＆授業体験　11/25（日）9:00〜
- 入試説明会＆入試模擬体験　12/9（日）9:00〜　※全2回同内容
  12/16（日）9:00〜
- 学習アドバイスの会　12/23（日・祝）9:00〜

公開イベント
- 葵祭（学園祭）　9/23（日・祝）・9/24（月）10:00〜16:00
  ※入試体験コーナーあり　※ミニ説明会あり
- こうじまちミュージアム（美術・書道の作品展示など）
  11/10（土）〜24（土）
  月〜金 9:00〜14:00　土 9:00〜12:00
  （電話にてご予約ください）
  ※11/24（土）は合唱祭となっています。

ACCESS
- 池袋 14分
- 新宿 17分
- 秋葉原 8分
- 渋谷 8分
- 有楽町 5分

東京メトロ 有楽町線　麹町駅より 徒歩1分
東京メトロ 半蔵門線　半蔵門駅より 徒歩2分
JR総武線、都営新宿線、東京メトロ南北線　市ヶ谷駅より 徒歩10分
JR中央線、東京メトロ南北線丸の内線　四ッ谷駅より 徒歩10分

ホームページはこちら

102-0083 東京都千代田区麹町3-8　e-mail: new@kojimachi.ed.jp　TEL: 03-3263-3011　FAX: 03-3265-8777　http://www.kojimachi.ed.jp/

認め合い、支え合い、励まし合う。
心を動かす進学校。

帝京大学中学校
Teikyo University Junior High School

〒192-0361 東京都八王子市越野322　TEL.042-676-9511（代）
https://www.teikyo-u.ed.jp/

■ 2019年度 中学入試学校説明会　※本年度の説明会はすべて予約制です

	実施日時		内容
第1回	7月 8日（日）	10:00〜11:30 14:00〜15:30	『本校が目指す教育』 ※児童を対象とした模擬授業を開催
	7月14日（土）	10:00〜11:30 14:00〜15:30	
第2回	9月17日（月・祝）	10:00〜11:30 14:00〜15:30	『在校生・卒業生から見た帝京大中高』
第3回	10月11日（木）	12:30〜14:00	『担任・保護者から見た帝京大中高』 ※説明会前に食堂体験あり（11:00〜12:00）
第4回	11月17日（土）	10:00〜11:30	『卒業生（大学4年生）が振り返る本校』
第5回	12月16日（日）	9:30〜10:15 10:30〜12:00	『帝京大学中学校　基礎情報説明会』 『入試直前情報・過去問解説授業』※1月6日（日）の説明会と同内容。
	1月 6日（日）	13:00〜13:45 14:00〜15:30	『帝京大学中学校　基礎情報説明会』 『入試直前情報・過去問解説授業』※12月16日（日）の説明会と同内容。
第6回	3月 9日（土）	14:00〜15:30	『小学校4・5年生　帝京大中入門講座』

※説明会の予約方法は、各説明会の約1ヵ月前にホームページに掲載させて頂きます。

○第35回邂逅祭（文化祭）　11月1日（木）・11月2日（金）

● スクールバスのご案内
月〜土曜日／登下校時間に運行。
詳細は本校のホームページをご覧ください。

JR豊田駅 ←→ 平山5丁目（京王線平山城址公園駅より徒歩5分）←→ 本校
（約20分）

多摩センター駅 ←→ （約15分） ←→ 本校

You are the light of the world.
You are the salt of the earth.

あなたは世の光です。
あなたは地の塩です。
マタイ5章13節〜15節

そのままのあなたがすばらしい

学校説明会
[本学院] ※申込不要

9.9(日)
14:00〜15:30
終了後 校内見学（〜16:00）

10.13(土)
10:00〜11:30
終了後 校内見学・授業参観（〜12:00）

11.17(土)
14:00〜15:30
終了後 校内見学（〜16:00）

校内見学会
[本学院] ※申込必要

9.22(土)　**1.12**(土)
　　　　　　＊6年生対象

1.26(土)　**2.16**(土)
＊6年生対象　＊5年生以下対象

授業参観、ミニ説明会。
回によって体験授業もあります。
詳細はその都度HPをご確認ください。
全日程 10:30〜12:00

【申込方法】
本校ホームページからまたはお電話でお申し込みください。

過去問説明会
[本学院] ※申込必要

12.1(土)
●6年生対象
14:00〜16:00（申込締切 11/25）

【申込方法】
本校ホームページよりお申し込みください。
＜ハガキの場合＞
「過去問説明会参加希望」「受験生氏名（ふりがな付）」「学年」「住所」「電話番号」保護者も出席する場合は「保護者参加人数」を記入し、光塩女子学院広報係宛にお送りください。
後日、受講票をお送りいたします。

公開行事
[本学院] ※申込不要

[オープンスクール]
7.16(月祝) 13:00〜16:30
クラブ見学及び参加など

[親睦会（バザー）]
10.28(日) 9:30〜15:00
生徒による光塩質問コーナーあり

光塩女子学院中等科

〒166-0003　東京都杉並区高円寺南2-33-28　tel.03-3315-1911(代表)　http://www.koen-ejh.ed.jp/
交通…JR「高円寺駅」下車南口徒歩12分／東京メトロ丸の内線「東高円寺駅」下車徒歩7分／「新高円寺駅」下車徒歩10分

駒場東邦 中学校高等学校

自主独立の気概と科学的精神で
次代のリーダーとなれ。

学校説明会
10/13 (土)
10/14 (日)
10/21 (日)
※学校HPでの予約となります。 〔8/1 (水) 受付開始〕

文化祭 [第61回]
9/15 (土)
9/16 (日)
※文化祭は予約不要です。

〒154-0001 東京都世田谷区池尻 4-5-1　TEL: 03-3466-8221 (代)　駒場東邦　検索
◎ 京王井の頭線「駒場東大前駅」徒歩10分　◎ 東急田園都市線「池尻大橋駅」徒歩10分

個性と多様性の尊重
根底からの学び
多彩な進学先

多彩な進路を支える教育システム

文化、科学の根底から学ぶ授業カリキュラムのもとで偏りのない学習をする中から自らの興味関心を発見するプロセスが、回り道のようですが最善のものです。この考え方に基づいて、高校1年までは全員が同じ内容を学ぶ期間としています。高校2年で文・理コース選択を、高校3年では18種類のコースから1つを選択し、希望する進路の実現を目指します。

このように、成蹊大学へ進学する約1/4の生徒と全国の国公私立大学へ進む約3/4の生徒の両方に対応するカリキュラムに加え、卒業生の協力を得た様々な進路ガイダンスなどの行事が組み合わさり、医歯薬、芸術分野を含む多彩な進路が実現しています。

国際理解教育の多様なプログラム

1949年開始の交換留学を始め、長期・短期の様々な機会が用意されています。1年間の留学でも学年が遅れない制度や留学中の授業料等を半額にする制度を整え、留学を後押ししています。短期留学（2～3週間）には、50年余の歴史を持つカウラ高校（オーストラリア）との交流の他、ケンブリッジ大学、UC-Davisとの提携プログラムなど、将来の進路選択を見据えた成蹊ならではの特色あるプログラムを実施しています。成蹊学園国際教育センターが小学校から大学までの国際理解教育をサポートする体制を整え、また、高校への留学生受け入れも常時ありますので、日常的に国際交流の機会があります。

2018年度 学校説明会　予約不要　会場：成蹊大学キャンパス

10/13（土）14:00　国際学級の説明も行います

11/10（土）14:00

受験生対象イベント　要予約　会場：成蹊中学キャンパス

10/13（土）14:00　体験イベント（クラブ活動）

10/20（土）13:30　入試対策講座（6年生対象）

11/17（土）13:30　入試対策講座（6年生対象）

蹊祭（文化祭）　予約不要

9/29（土）・**9/30**（日）9:00～16:00

※両日とも10:00～15:00（予定）で個別質問コーナー開設

※ご来校の際は上履きと履物袋をご持参ください。

《過去3年間の主な進学先》
東京大、京都大、東工大、一橋大、北海道大、東北大、九州大、東京藝術大、東京外国語大、筑波大、慶應義塾大、早稲田大、上智大、国際基督教大、東京理科大、青山学院大、明治大、立教大、東京慈恵会医科大、順天堂大、日本医科大、東京医科大、北里大、昭和大

成蹊中学・高等学校

〒180-8633　東京都武蔵野市吉祥寺北町3-10-13　[Tel]0422-37-3818
[URL]https://www.seikei.ac.jp/jsh/　[E-mail]chuko@jim.seikei.ac.jp

SEIJO GAKUEN
JUNIOR AND SENIOR HIGH SCHOOL

中学校説明会
9/29（土）14：00〜
11/10（土）14：00〜
※予約不要

オール成城学園学校説明会
8/5（日）①10：00〜（中学受験）
　　　　②13：00〜（高校受験）
※予約不要

高等学校説明会
9/29（土）14：00〜
11/10（土）14：00〜
12/1（土）14：00〜
※予約不要
※いくつかの部で体験入部を行います
　体験入部は事前予約が必要です

成城学園文化祭
11/2（金）10：00〜
11/3（土・祝）9：30〜
※予約不要

2019年度入試
第1回入試 2/1（金）
第2回入試 2/3（日）

〔各説明会・個別相談の詳細はHPにてお知らせします〕

 成城学園中学校高等学校
SEIJO GAKUEN JUNIOR AND SENIOR HIGH SCHOOL

ADDRESS 〒157-8511 東京都世田谷区成城6-1-20
TEL 03-3482-2104（事務室直通）

帝京を選んでよかった
～ 成長がうれしい、いごこちのいい6年間 ～

帝京中学校

中学校説明会 ［予約不要（12/15は要予約）］

- 9/15（土）13:30～
- 10/13（土）10:30～
- 11/11（日）10:30～
- 12/15（土）13:30～ ［要予約］
- 1/12（土）13:30～

帰国生対象説明会 ［要予約］
7/7（土）・10/27（土）
いずれも 10:30～

オープンスクール ［要予約］
8/25（土）・26（日）
いずれも 9:00～12:30

蜂桜祭（文化祭）［予約不要］
9/29（土）・30（日）
いずれも 9:00～15:00

帝京中学校
https://www.teikyo.ed.jp

〒173-8555 東京都板橋区稲荷台27番1号
TEL. 03-3963-6383
- JR埼京線『十条駅』下車徒歩12分
- 都営三田線『板橋本町駅』下車A1出口より徒歩8分

10年後を見つめ、イマを歩む。

「人格を尊重しよう」「平和を心につちかおう」を学園モットーに、
一人ひとりの発想力、創造力、コミュニケーション能力、活用力を育成し、
これからのグローバル社会の中で活躍できる、人間の育成をめざします。

男女共学
- ❖ [東大・医進クラス]
- ❖ [一貫特進クラス]

■ 課題解決型授業の導入で実践的思考を育てます。
■ 少人数で行う探究ゼミ活動で知的好奇心を育てます。
■ 英会話能力を育て中2までに英検3級、中3までに英検準2級を取得。
  英語で発信できる力を育てます。
■ アクティブ・ラーニングとタブレット活用でアウトプット能力を育てます。
■ 個性に応じた学びで高い進路目標を実現します。

八王子学園
八王子中学校
Hachioji Junior High School

〒193-0931 東京都八王子市台町4-35-1　Tel.042-623-3461(代)　URL http://www.hachioji.ed.jp　E-mail info@hachioji.ed.jp
※説明会は本校HPにて完全予約制です。　※詳しい学校紹介はHPまたは学校案内をご覧ください。　　JR中央線「西八王子駅」から徒歩5分

CONTENTS

掲載学校名 50音順 もくじ …………………………………………… 18

「日本の教育」の
なにが変わるのか …………………………………………… 27

これだけは知っておきたい
中学受験の基礎固め ………………………………………… 34

国立・私立中学校プロフィール　東京 …………………………………… 43
　　　　　　　　　　　　　　　　神奈川 ………………………………… 131
　　　　　　　　　　　　　　　　千葉 …………………………………… 161
　　　　　　　　　　　　　　　　埼玉 …………………………………… 175
　　　　　　　　　　　　　　　　茨城 …………………………………… 191
　　　　　　　　　　　　　　　　寮のある学校 ………………………… 195

●ミニ説明会(予約不要)
　9月16日（日）10:00〜
　10月27日（土）14:00〜
　11月23日（金・祝）14:00〜
　12月22日（土）10:00〜
　1月12日（土）14:00〜
　1月27日（日）10:00〜
　※学習セミナー（登録制）を同時開催

●ワークショップ(要予約)
　7月16日（月・祝）10:00〜
　9月16日（日）10:00〜
　11月23日（金・祝）14:00〜
　※11月23日は小3・4年生対象です

●鶴友祭(学園祭)
　11月10日（土）・11日（日）
　※ミニ説明会実施(要予約)

平成31年度入試の変更点
・「特待生制度」を導入します。
・2月1日（午前）に自己表現（ポートフォリオ）の新しいタイプの入試を導入します。

川村中学校・高等学校

〒171-0031　東京都豊島区目白2-22-3　TEL 03-3984-7707（入試広報室）
アクセス：JR山手線「目白駅」徒歩1分、東京メトロ副都心線「雑司が谷駅」徒歩7分

中高6年間給食実施

http://www.kawamura.ac.jp/

掲載学校名　50音順　もくじ

●ア

青山学院中等部	東京	45
青山学院横浜英和中学校	神奈川	132
浅野中学校	神奈川	132
麻布中学校	東京	45
足立学園中学校	東京	46
跡見学園中学校	東京	46
郁文館中学校	東京	47
市川中学校	千葉	162
上野学園中学校	東京	47
浦和明の星女子中学校	埼玉	176
浦和実業学園中学校	埼玉	176
栄光学園中学校	神奈川	133
穎明館中学校	東京	48
江戸川学園取手中学校	茨城	192
江戸川女子中学校	東京	48
桜蔭中学校	東京	49
桜美林中学校	東京	49
鷗友学園女子中学校	東京	50
大妻中学校	東京	50
大妻多摩中学校	東京	51
大妻中野中学校	東京	51
大妻嵐山中学校	埼玉	177
大宮開成中学校	埼玉	177
小野学園女子中学校	東京	52

●カ

海城中学校	東京	52
開成中学校	東京	53
開智中学校	埼玉	178
開智日本橋学園中学校	東京	53
開智未来中学校	埼玉	178
海陽中等教育学校	愛知	197
かえつ有明中学校	東京	54
学習院中等科	東京	54
学習院女子中等科	東京	55
春日部共栄中学校	埼玉	179
神奈川学園中学校	神奈川	133
神奈川大学附属中学校	神奈川	134
鎌倉学園中学校	神奈川	134
鎌倉女学院中学校	神奈川	135
鎌倉女子大学中等部	神奈川	135
カリタス女子中学校	神奈川	136
川村中学校	東京	55
神田女学園中学校	東京	56
関東学院中学校	神奈川	136
関東学院六浦中学校	神奈川	137

世界に目を向け、平和を実現する女性になるために　自ら考え、発信する力を養う

◆学校説明会（要予約）
第2回 7/21（土）10:00～12:00
第3回 9/15（土）10:00～12:00
第4回 10/13（土）14:00～16:00
第5回 12/15（土）10:00～12:00

◆恵泉デー（文化祭）（チケット制）
11/ 3（土・祝）9:00～16:00

◆授業見学会（要予約）
9/ 6（木）10:00～12:30

◆クリスマス礼拝
12/19（水）13:00～14:30

◆スプリングコンサート（要予約）
2019年
3/21（木・祝）13:00～15:00

◆入試説明会（要予約）
第1回 11/23（金・祝）
10:30～12:00／14:00～15:30
第2回 12/ 4（火）10:00～11:30
2019年
第3回 1/10（木）10:00～11:30
詳細は本校のウェブサイトでご確認ください。

恵泉女学園中学・高等学校

〒156-0055 東京都世田谷区船橋5-8-1　TEL.03-3303-2115　http://www.keisen.jp/

掲載学校名 50音順 もくじ

学校名	所在地	ページ
北鎌倉女子学園中学校	神奈川	137
北豊島中学校	東京	56
吉祥女子中学校	東京	57
共栄学園中学校	東京	57
暁星中学校	東京	58
暁星国際中学校	千葉	162
共立女子中学校	東京	58
共立女子第二中学校	東京	59
国本女子中学校	東京	59
公文国際学園中等部	神奈川	138
慶應義塾湘南藤沢中等部	神奈川	138
慶應義塾中等部	東京	60
慶應義塾普通部	神奈川	139
京華中学校	東京	60
京華女子中学校	東京	61
恵泉女学園中学校	東京	61
啓明学園中学校	東京	62
光塩女子学院中等科	東京	62
晃華学園中学校	東京	63
工学院大学附属中学校	東京	63
攻玉社中学校	東京	64
麴町学園女子中学校	東京	64
佼成学園中学校	東京	65
佼成学園女子中学校	東京	65
国府台女子学院中学部	千葉	163
香蘭女学校中等科	東京	66
国学院大学久我山中学校	東京	66
国際学院中学校	埼玉	179
国士舘中学校	東京	67
駒込中学校	東京	67
駒場東邦中学校	東京	68

● サ ●

学校名	所在地	ページ
埼玉栄中学校	埼玉	180
埼玉平成中学校	埼玉	180
栄東中学校	埼玉	181
相模女子大学中学部	神奈川	139
佐久長聖中学校	長野	197
桜丘中学校	東京	68
狭山ヶ丘高等学校付属中学校	埼玉	181
サレジオ学院中学校	神奈川	140
自修館中等教育学校	神奈川	140
実践学園中学校	東京	69
実践女子学園中学校	東京	69
品川女子学院中等部	東京	70
芝中学校	東京	70
芝浦工業大学附属中学校	東京	71
芝浦工業大学柏中学校	千葉	163
渋谷教育学園渋谷中学校	東京	71

学校説明会
第2回　9月21日（金）10：00〜
第3回　11月17日（土）14：00〜
第4回　12月22日（土）14：00〜（6年生のみ対象）

○各説明会の内容の詳細はHPをご覧ください。
○個別相談会を各回ともに実施します。
○上履きは不要です。
○Web予約をお願いしています。

ヒルダ祭（文化祭）
10月6日（土）・7日（日）9：00〜15：00

バザー
11月23日（金・勤労感謝の日）10：00〜15：00

香蘭女学校
中等科・高等科

〒142-0064 東京都品川区旗の台6丁目22番21号
Tel：03-3786-1136　http://www.koran.ed.jp

学校名	所在地	ページ
渋谷教育学園幕張中学校	千葉	164
修徳中学校	東京	72
秀明大学学校教師学部附属 秀明八千代中学校	千葉	164
十文字中学校	東京	72
淑徳中学校	東京	73
淑徳SC中等部	東京	73
淑徳巣鴨中学校	東京	74
淑徳与野中学校	埼玉	182
順天中学校	東京	74
頌栄女子学院中学校	東京	75
城西川越中学校	埼玉	182
城西大学附属城西中学校	東京	75
常総学院中学校	茨城	192
聖徳学園中学校	東京	76
湘南学園中学校	神奈川	141
湘南白百合学園中学校	神奈川	141
昌平中学校	埼玉	183
城北中学校	東京	76
城北埼玉中学校	埼玉	183
昭和学院中学校	千葉	165
昭和学院秀英中学校	千葉	165
昭和女子大学附属昭和中学校	東京	77
女子学院中学校	東京	77
女子聖学院中学校	東京	78
女子美術大学付属中学校	東京	78
白梅学園清修中学校・中高一貫部	東京	79
白百合学園中学校	東京	79
巣鴨中学校	東京	80
逗子開成中学校	神奈川	142
駿台学園中学校	東京	80
聖学院中学校	東京	81
成蹊中学校	東京	81
聖光学院中学校	神奈川	142
成城中学校	東京	82
成城学園中学校	東京	82
聖心女子学院中等科	東京	83
聖セシリア女子中学校	神奈川	143
清泉女学院中学校	神奈川	143
聖徳大学附属女子中学校	千葉	166
星美学園中学校	東京	83
西武学園文理中学校	埼玉	184
西武台千葉中学校	千葉	166
西武台新座中学校	埼玉	184
聖望学園中学校	埼玉	185
成立学園中学校	東京	84
青稜中学校	東京	84
世田谷学園中学校	東京	85

掲載学校名 50音順 もくじ

学校名	都県	ページ
専修大学松戸中学校	千葉	167
洗足学園中学校	神奈川	144
捜真女学校中学部	神奈川	144

●タ●

高輪中学校	東京	85
橘学苑中学校	神奈川	145
玉川学園中学部	東京	86
玉川聖学院中等部	東京	86
多摩大学附属聖ケ丘中学校	東京	87
多摩大学目黒中学校	東京	87
千葉日本大学第一中学校	千葉	167
千葉明徳中学校	千葉	168
中央大学附属中学校	東京	88
中央大学附属横浜中学校	神奈川	145
筑波大学附属中学校	東京	88
筑波大学附属駒場中学校	東京	89
土浦日本大学中等教育学校	茨城	193
鶴見大学附属中学校	神奈川	146
帝京中学校	東京	89
帝京大学中学校	東京	90
田園調布学園中等部	東京	90
桐蔭学園中等教育学校	神奈川	146
東海大学菅生高等学校中等部	東京	91
東海大学付属浦安高等学校中等部	千葉	168
東海大学付属相模高等学校中等部	神奈川	147
東海大学付属高輪台高等学校中等部	東京	91
東京家政学院中学校	東京	92
東京家政大学附属女子中学校	東京	92
東京純心女子中学校	東京	93
東京女学館中学校	東京	93
東京女子学園中学校	東京	94
東京成徳大学中学校	東京	94
東京成徳大学深谷中学校	埼玉	185
東京電機大学中学校	東京	95
東京都市大学等々力中学校	東京	95
東京都市大学付属中学校	東京	96
東京農業大学第一高等学校中等部	東京	96
東京農業大学第三高等学校附属中学校	埼玉	186
東京立正中学校	東京	97
桐光学園中学校	神奈川	147
東星学園中学校	東京	97
桐朋中学校	東京	98
桐朋女子中学校	東京	98
東邦大学付属東邦中学校	千葉	169
東洋英和女学院中学部	東京	99
東洋大学京北中学校	東京	99
東洋大学附属牛久中学校	茨城	193

学校名	所在地	ページ
藤嶺学園藤沢中学校	神奈川	148
トキワ松学園中学校	東京	100
土佐塾中学校	高知	199
豊島岡女子学園中学校	東京	100
獨協中学校	東京	101
獨協埼玉中学校	埼玉	186
ドルトン東京学園中等部	東京	101

● ナ ●

学校名	所在地	ページ
中村中学校	東京	102
西大和学園中学校	奈良	198
二松學舍大学附属柏中学校	千葉	169
日本工業大学駒場中学校	東京	102
日本学園中学校	東京	103
日本女子大学附属中学校	神奈川	148
日本大学中学校	神奈川	149
日本大学第一中学校	東京	103
日本大学第三中学校	東京	104
日本大学第二中学校	東京	104
日本大学豊山中学校	東京	105
日本大学豊山女子中学校	東京	105
日本大学藤沢中学校	神奈川	149

● ハ ●

学校名	所在地	ページ
函館白百合学園中学校	北海道	196
函館ラ・サール中学校	北海道	196
八王子学園八王子中学校	東京	106
八王子実践中学校	東京	106
日出学園中学校	千葉	170
広尾学園中学校	東京	107
フェリス女学院中学校	神奈川	150
富士見中学校	東京	107
富士見丘中学校	東京	108
藤村女子中学校	東京	108
武相中学校	神奈川	150
雙葉中学校	東京	109
武南中学校	埼玉	187
普連土学園中学校	東京	109
文化学園大学杉並中学校	東京	110
文京学院大学女子中学校	東京	110
文教大学付属中学校	東京	111
法政大学中学校	東京	111
法政大学第二中学校	神奈川	151
宝仙学園中学校 共学部 理数インター	東京	112
星野学園中学校	埼玉	187
細田学園中学校	埼玉	188
本郷中学校	東京	112
本庄第一中学校	埼玉	188
本庄東高等学校附属中学校	埼玉	189

[中高6ヶ年一貫コース]
緑ヶ丘女子中学校・高等学校

■学校見学会 7/21(土)10:00〜 8/25(土)10:00〜
■グリーン祭(文化祭) 9/22(土)9:30〜15:00
■平日授業見学会 10/9(火)13:30〜15:00
■学校説明会 11/3(土・祝)10:00〜12:00
■入試説明会 12/8(土)10:00〜 1/12(土)10:00〜
■個別相談会 12/15(土)9:00〜15:00
※学校見学・個別相談は随時お受け致しております。

≪ジュニア・カルチャー・クラス≫
8/4 理科実験　10/6 ジュニア・バトン部
11/17 旬の食材って?!　12/22 クリスマス!
各土曜日9:30〜11:30(要予約)

≪ジュニア・イングリッシュ(英会話教室)≫
7/28　8/18　9/15　10/13
11/24　12/22　1/19　2/23　3/23
各土曜日9:30〜11:30(要予約)

〒238-0018　神奈川県横須賀市緑が丘39
TEL:046-822-1651　FAX:046-825-0915　URL:http://www.midorigaoka.ed.jp

みずみずしく萌ゆる、新しいわたし。

掲載学校名 50音順 もくじ

●マ

聖園女学院中学校	神奈川	151
三田国際学園中学校	東　京	113
緑ヶ丘女子中学校	神奈川	152
三輪田学園中学校	東　京	113
武蔵中学校	東　京	114
武蔵野中学校	東　京	114
武蔵野大学中学校	東　京	115
武蔵野東中学校	東　京	115
茗溪学園中学校	茨　城	194
明治学院中学校	東　京	116
明治大学付属中野中学校	東　京	116
明治大学付属中野八王子中学校	東　京	117
明治大学付属明治中学校	東　京	117
明星中学校	東　京	118
明法中学校	東　京	118
目黒学院中学校	東　京	119
目黒星美学園中学校	東　京	119
目黒日本大学中学校	東　京	120
目白研心中学校	東　京	120
森村学園中等部	神奈川	152

●ヤ

八雲学園中学校	東　京	121
安田学園中学校	東　京	121

山手学院中学校	神奈川	153
山脇学園中学校	東　京	122
横須賀学院中学校	神奈川	153
横浜中学校	神奈川	154
横浜共立学園中学校	神奈川	154
横浜女学院中学校	神奈川	155
横浜翠陵中学校	神奈川	155
横浜創英中学校	神奈川	156
横浜隼人中学校	神奈川	156
横浜富士見丘学園中学校	神奈川	157
横浜雙葉中学校	神奈川	157

●ラ

立教池袋中学校	東　京	122
立教女学院中学校	東　京	123
立教新座中学校	埼　玉	189
立正大学付属立正中学校	東　京	123
麗澤中学校	千　葉	170

●ワ

早稲田中学校	東　京	124
早稲田実業学校中等部	東　京	124
早稲田摂陵中学校	大　阪	198
早稲田大学高等学院中学部	東　京	125
和洋九段女子中学校	東　京	125
和洋国府台女子中学校	千　葉	171

ーキリスト教に基づく人格教育ー

学校説明会（要予約）

第4回	9月 8日（土）	11:00〜12:30
第5回	10月20日（土）	14:00〜16:00
第6回	11月14日（水）	11:00〜12:30
第7回	12月 8日（土）	14:00〜16:00
第8回	1月12日（土）	14:00〜16:00

※各回1カ月前より予約受付を開始致します。

オープンキャンパス（要予約）

7月16日（月・祝）10:00〜15:00
※HP確認

ヘ ボ ン 祭（文化祭）

11月 3日（土・祝）10:00〜
※ミニ学校説明会あり　※予約不要

学 校 見 学

日曜・祝日・学校休校日を除き毎日受付。

※お車でのご来校はご遠慮下さい。
※詳細はホームページをご覧下さい。

明治学院中学校

〒189-0024　東京都東村山市富士見町1−12−3
TEL　042-391-2142
http://www.meijigakuin-higashi.ed.jp

女の子の女の子による女の子のための
第2回『私立女子中学校フェスタ』

　2018年4月1日（日）、都内の伝統ある女子校18校が一堂に会し、第2回「私立女子中学校フェスタ」が開催されました。会場となった十文字中学校・高等学校には昨年を上回る2500組7500名の小学生とその保護者の方々が来校し、3階まである各学校のブースはどこも大盛況でした。

　この合同フェスタは、少しでも女子校の良さを小学生のみなさんに知ってもらおうと、各女子校の生徒たちが自ら企画・立案し、自らの手で運営する体験型のイベントです。会場では、部活動の成果を発表するアトラクションや学校行事のプレゼンテーション、男子顔負けのサイエンス体験などが同時進行で行われるため、参加者はタイムテーブル表を片手にお目当ての催し物を楽しそうに探していました。特に人気だった「女子校あるある座談会」では、女子校ならではの「あるある話」が聞けるとあって、4回行われた座談会すべて大盛況でした。

　また、会場ではお気に入りの学校グッズがもらえるスタンプラリーや生徒たちが対応する個別相談ブースも設置されており、お姉さんの話に熱心に耳を傾けている小学生たちの姿がとても印象的でした。次に当日行われたイベントの一部をご紹介します。

生徒によるアトラクション

　部活動の発表です。跡見学園「器楽部リコーダー班によるブロッサムミニコンサート」、江戸川女子「バトン部による演技」、東京家政大附属「ドリルチーム部によるチアダンス演舞」、十文字「マンドリン部による演奏」、大妻中野「合唱部による発表」、吉祥女子「ダンスクラブによるHow's it going?」など、どのアトラクションも素晴らしい内容で小学生たちはみんな目を輝かせながら見学していました。

生徒によるプレゼンテーション

　各学校の特色ある取り組みの紹介です。山脇学園「山脇学園のスクールライフを紹介します！」、鷗友学園女子「見て！私たちの挑戦～海外も！研究も！～」、共立女子「おすすめ本ブックトーク」、大妻「進化する伝統校・大妻へようこそ！」、和洋九段女子「英語でプレゼンテーション」、普連土学園「研究論文プレゼンテーション」など、各校とも工夫したプレゼンテーションを行っていました。

教員・生徒による体験授業

　先生の授業を生徒がサポートします。実践女子学園「ブタの目を解剖しよう！」、女子聖学院「リレー作文で感性を磨こう！」、豊島岡女子学園「お菓子で染め物をしよう！」、三輪田学園「簡単な望遠鏡を作ってみよう！」、富士見「実験で学ぶ化学の世界」、日大豊山女子「トリの脳を徹底解剖！」など、小学生たちにも楽しくて分かりやすい体験授業でした。

小学生とその保護者の方々へ

　「今回参加したすべての女子校でこれからの時代を強くたくましく、そして優しく生きていく力を育む点では共通していま

第2回「私立女子中学校フェスタ」参加校一覧

跡見学園中学校高等学校 〒112-8629 東京都文京区大塚 1-5-9 http://www.atomi.ac.jp/jh/	☎03-3941-8167
江戸川女子中学・高等学校 〒133-8552 東京都江戸川区東小岩 5-22-1 https://www.edojo.jp	☎03-3659-1241
鷗友学園女子中学高等学校 〒156-8551 東京都世田谷区宮坂 1-5-30 https://www.ohyu.jp	☎03-3420-0136
大妻中学高等学校 〒102-8357 東京都千代田区三番町 12 番地 http://www.otsuma.ed.jp	☎03-5275-6002
大妻中野中学校・高等学校 〒164-0002 東京都中野区上高田 2-3-7 http://www.otsumanakano.ac.jp/	☎03-3389-7211
吉祥女子中学・高等学校 〒180-0002 東京都武蔵野市吉祥寺東町 4-12-20 http://www.kichijo-joshi.ed.jp/	☎0422-22-8117
共立女子中学高等学校 〒101-8433 東京都千代田区一ツ橋 2-2-1 https://www.kyoritsu-wu.ac.jp/chukou/	☎03-3237-2744
実践女子学園中学校高等学校 〒150-0011 東京都渋谷区東 1-1-11 http://hs.jissen.ac.jp	☎03-3409-1771
十文字中学・高等学校 〒170-0004 東京都豊島区北大塚 1-10-33 http://js.jumonji-u.ac.jp	☎03-3918-0511
女子聖学院中学校高等学校 〒114-8574 東京都北区中里 3-12-2 http://www.joshiseigakuin.ed.jp	☎03-3917-2277
東京家政大学附属女子中学校・高等学校 〒173-8602 東京都板橋区加賀 1-18-1 http://www.tokyo-kasei.ed.jp	☎03-3961-2447
豊島岡女子学園中学校・高等学校 〒170-0013 東京都豊島区東池袋 1-25-22 http://www.toshimagaoka.ed.jp	☎03-3983-8261
日本大学豊山女子中学校・高等学校 〒174-0064 東京都板橋区中台 3-15-1 http://www.buzan-joshi.hs.nihon-u.ac.jp	☎03-3934-2341
富士見中学高等学校 〒176-0023 東京都練馬区中村北 4-8-26 http://www.fujimi.ac.jp	☎03-3999-2136
普連土学園中学校・高等学校 〒108-0073 東京都港区三田 4-14-16 http://www.friends.ac.jp	☎03-3451-4616
三輪田学園中学校・高等学校 〒102-0073 東京都千代田区九段北 3-3-15 http://www.miwada.ac.jp	☎03-3263-7801
山脇学園中学校高等学校 〒107-8371 東京都港区赤坂 4-10-36 http://www.yamawaki.ed.jp	☎03-3568-2554
和洋九段女子中学校高等学校 〒102-0073 東京都千代田区九段北 1-12-12 http://www.wayokudan.ed.jp	☎03-3262-4161

すが、それぞれの学校には、独特の取り組みがあります。ぜひ気になった学校に足を運んでみてください。きっとみなさんに合ったふさわしい学校があるはずです。そんな学校を見つけてもらえると嬉しいです。

それでは、みなさんに学校でお会いできることを心より願っております」（私立女子中学校フェスタ参加校生徒一同より）

注目の私立校

駒込中学校【共学校】
KOMAGOME Junior High School

駒込中学校2019年度「本気の入試改革」
――6カ年中高一貫の長所を活かすふたつのコース――

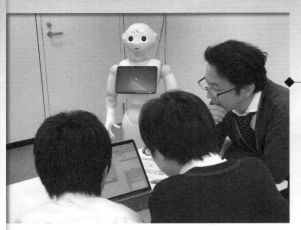

適性検査型入試を3回に増設！

これまで駒込では、2月1日午後に「適性検査型入試」を行っていましたが、来年度は、これに加えて、2月1日午前と2月2日午前も追加し、合計3回実施します。科目は、2月1日午前は「都立最難関中高一貫校」に対応した「適性Ⅰ・Ⅱ・Ⅲ」の3科目で実施。2月1日午後と2月2日午前は、これまでどおりの「思考表現」「数的処理」という2科目の駒込独自問題で出題します。また、これに「英語」を追加した3科目での受験も可能です。すでに英検準2級以上を取得している受験生は、英語の点数を100点換算し、英語入試も免除します。

2月2日午後入試にふたつの『特色入試』を実施！

まもなく小学校からプログラミング授業が始まりますが、すでに子どもをプログラミング教室に通わせているご家庭もあります。身のまわりにある「課題を発見」し、プログラミングしたロボットをつくることでその「課題を解決」する（その過程をアルゴリズムといいます）。そのなかでトライ＆エラーをして試行錯誤することが主体的に社会参加する力に結び付くと保護者は気づいているからです。「課題発見力」「課題解決力」「アルゴリズム力」をせっかく身につけても入試では役に立たないのですが、それならば「駒込中学入試」の「特色入試」も測る入試をしよう！」という、2月2日の午後入試に「上記の『3つの力』」「STEM入試」を導入します。

また、駒込では中学でも高校でも「調べる能力」「発表する能力」を高める授業を展開していますが、中学入試においても、iPadや図書室を使って調べ学習をしたり、ディベートで論理的に考えたりすることが好きな生徒に、「プレゼンテーション資料」を作成してもらう『自己表現入試』を同じく2月2日午後の「特色入試」で実施します。これからのグローバル社会で世界の人びとと対等に渡りあっていきたい！と積極的に思っている子どもたちの受験を待っています。

中高6年一貫をいかしたふたつのコース制度

駒込を受験する場合には、まず出願時に「本科AGSコース」または「国際先進コース」を選択します。「本科AGSコース」は、難関国公立・私立大への進学や、美術・音楽・体育等の芸術系に進みたい生徒のために、6年間をかけて幅広い学力を身につけるコースです。

一方、「国際先進コース」は、高校1年に進学する際、STEM教育を実施する「理系先進コース」またはグローバル社会で活躍できる人材育成を行っている「国際教養コース」のどちらかに直結するため、高い専門知識を身につけるコースになっています。

School Data

Address
〒113-0022
東京都文京区千駄木5-6-25

Access
地下鉄南北線「本駒込駅」徒歩5分、地下鉄千代田線「千駄木駅」・都営三田線「白山駅」徒歩7分

TEL 03-3828-4141
URL https://www.komagome.ed.jp/

●学校説明会　要申込

7月15日㊐	10:00～12:00	
7月29日㊐	9:30～	
	13:30～	
8月26日㊐	10:00～12:00	
9月 9日㊐	10:00～12:00	
9月14日㊎	18:30～19:30	
10月27日㊏	10:00～12:30	
11月17日㊏	14:30～16:30	
12月16日㊐	10:00～	
	14:00～	
1月13日㊐	10:00～12:30	

●個別相談会　☆のみ要申込

11月 3日㊏㊗	9:00～15:00
11月10日㊏	9:00～11:00☆
11月18日㊐	9:00～15:00
11月24日㊏	9:00～15:00
12月 1日㊏	9:00～11:00☆
12月 8日㊏	9:00～15:00

●玉蘭祭［文化祭］

9月29日㊏	10:30～15:00
9月30日㊐	9:00～15:00

※同時に入試個別相談会実施

『日本の教育』のなにが変わるのか

　この本は、首都圏にある国立・私立の中高一貫校をめざす受験生と、その保護者のみなさんが「ベストな学校選び」「よりよい受験」を経て、達成感のあるゴールをめざしていただきたいとの考えから編集されています。そのベースとして知っておいてほしいことを、このページでお伝えすることにしました。まず、いま大きく変わろうとしている「日本の教育」、いったいなにが変わるのか、そしてそれは「中学入試」にどのような影響を与えていくのかを探ってみたいと思います。

大学入試改革の動きによって中学・高校での学びも変わる

　いま日本の教育は、2020年の大改革を控えています。変わるのは2020年度（2021年1～3月）に実施される大学入試からですが、受験用語で言えば2021年4月の入学をめざす「2021年度入試」からの変革ということになります。つづけて新しい学習指導要領もスタートします。

　大学入試では、現行の大学入試センター試験（以下、センター試験）に替わる「大学入学共通テスト」の導入、「高等学校教育改革」では、高校生の基礎学力定着をめざすための「高校生のための学びの基礎診断」が実施されることになりました。

　このページでは「高校生のための学びの基礎診断」は「高校基礎診断」と略して記述しますので、ご了承ください。

　「大学入学共通テスト」は、冒頭で述べたように、現・高校1年生が受験する「2021年度入試」から開始されます。

　「高校基礎診断」は、新学習指導要領が公表されたあとの2023年度から本格実施となります。

現小6のみなさんは新しい大学入試を受験

　さて、中学入試をめざす小学校6年生のみなさんに注目してほしいのは、現・高校1年生から実施される「大学入学共通テスト」です。

　大学入試はどのように変わるのでしょうか。そして、大学入試が変われば、高校での「学び」や「学び方」も変わるはずです。さらに、高校教育の変化は、中学校、小学校へも影響を与えていくことになります。

　これとは別に、2020年度、小学校から新学習指導要領での教育が始まることが予告されています。

　その後、年次進行で中学校、高校も新しい学習指導要領での学びとなります。

　「大学入学共通テスト」は、みなさん（現・小学校6年生）が大学を受験する2025年度からは、新学習指導要領に対応したテストに変わっています（前年度に内容を予告）。

　また、前述の「高校基礎診断」は、4年間の試行を経て、みなさんが高校2年生の2023年度から本実施となります。

　つまり、みなさんが高校生から大学生へと進む節目のころが、日本の教育がさらに大きく変わる年となるのです。

受験生に求められている「学力の3要素」とは？

　大学入試の改革に触れる前に、文部科学省がこれからの大学受験生に求めている「学力の3要素」について触れておきましょう。

　「学力の3要素」とは、学校教育基本法の第30条で規定されている以下の3点をさします。

①基礎的・基本的な知識・技能

②知識・技能を活用して課題を解決するために必要な思考力・判断力・表現力等
③主体的に学習に取り組む態度

文科省はいま、この「学力の3要素」をすべての大学の、すべての入試方式（AO入試、推薦入試、個別学力検査＝一般入試等）で問うことを推し進めようしています。

「大学入学共通テスト」でも、高校教育で育まれた学力の3要素のうち、おもに①と②を評価するのが狙いとされています。

なぜ文科省が、改めて「学力の3要素」重視の姿勢をとるのでしょうか。

たとえば定員確保のために、学力を無視して大学生を取りこむ私立大学がめだっていることがあげられます。「だれでも大学に入れる」となれば、当然、高校生の学習意欲は減退します。文科省はその現状を打破したいと考えているのです。当然ですね。

また一方で、これまで難関といわれる大学の一般入試では、学力のみで合否判定を行っているため、受験勉強で力尽き、入学したとたんにバーンアウトしてしまう学生が増え、せっかくの大学生活が覇気のないものになっているという課題もあげられます。

学力のみの入学試験で、3要素の③でしめした、大学入学後にも必要なはずの学習態度や、積極的に学ぼうとする意欲についてははかれていないことも問題です。これらの課題からの脱却もねらいとなっているのです。

そして、このように大学受験生に求められる「学力の3要素」は、当然、中学校、高校の教育でも求められることになります。

入試が、学習に取り組む態度や意欲など受験生を多面的に評価していく方向である以上、中学校、高校でも教科学習だけではなく、部活動や学校行事、各種検定への取り組みなどが評価のための指標となっていきます。

みなさんも中学に進んだら、ふだんの学校生活をしっかりとみつめて、積極的、意欲的な学びを進めていただきたいものです。

「大学入学共通テスト」はなにがどう変わるのか

2021年度入試から始まる「大学入学共通テスト」は、現在のセンター試験に替わるテストとして検討、計画されてきました。

センター試験は、この春でいえば58万2671人もの志願者がいた国内最大の試験です。このような大規模な試験の改革ですから、文科省は入念な準備をしてきました。

新たなテストの目的もセンター試験と同様、大学教育を受けるために必要な生徒の能力をはかるためのテストです。その能力は前述の「学力の3要素」をふまえたものになります。

そこでは、以下のふたつの大きな改革が検討され、実施へと動きだしています。

まず、そのうちのひとつとして、「大学入学共通テスト」では、国語と数学で記述式問題が導入されます。

大学教育を受けるために必要な能力として「思考力・判断力・表現力をより深く問う」とされており、とくに、国語と数学で記述式問題が導入されることになりました。

思考力・判断力はマークシート方式でも、ある程度ははかることができるとされていますが、表現力をはかるためには、記述式の問題が必要だと考えられたものです。

国語は80〜120字程度の問題を含め、3問程度の出題が検討されています。

現在、国公立大学の国語の個別試験では80〜150字程度の問題が出題されていますので、それに匹

『日本の教育』のなにが変わるのか

敵する文字量といえます。

数学の記述式問題は「数学Ⅰ」の内容とされています。数学的な処理を行って解決し結果を得るために、数式や図表、グラフなどで表現することになっており、3問程度出題されます。

英語ではかられる力は「読む」「聞く」「話す」「書く」

大学入試改革の大きな変更のふたつ目は、英語入試として、4つの技能をはかるようにするという点です。

現在のセンター試験の英語では、筆記試験（マークシート方式）で「読む」、リスニング試験（マークシート方式で解答）で「聞く」の2技能をはかってはいますが、「本来の英語の技能をはかるには偏っている」という意見が以前からありました。

そこで2021年度入試からの「大学入学共通テスト」では、英語は「読む」「聞く」「話す」「書く」の4技能の力を、まんべんなく見ていく方向となりました。

ただ、現在のセンター試験では50万人以上が英語を受験しています。それだけ多くの受験者がいる入試で、どのようにして英語4技能をはかる試験を行うかには、多くの課題が浮上しました。

その解決策として文科省は、現在民間で実施されている資格・検定試験の活用を打ちだしました。

文科省は3月、民間の資格・検定のなかから、「ケンブリッジ英語検定」（ケンブリッジ大学英語検定機構）「英検」（日本英語検定協会）「GTEC」（ベネッセコーポレーション）「IELTS」（ブリティッシュ・カウンシルなど）「TEAP」（日本英語検定協会）「TOEFL」（米ETS）「TOEIC」（国際ビジネスコミュニケーション協会）などを認定しました。

受験生は、これらの認定試験の結果を使って大学入試にのぞむという仕組みとなります。

この認定試験は、高校3年生の4～12月の間に2回受検でき、どちらか高成績の試験結果を使うことが可能で、各認定試験の結果とCEFR（セファール＝ヨーロッパ言語共通参照枠の略称、別項参照）の6段階評価が各大学に提供されます。

実際に民間資格・検定をいつから利用するようになるかですが、2023年度入試までは、「大学入学共通テスト」と民間の資格・検定

CEFR（セファール）とは

CEFR（セファール）。これはCommon European Framework of Reference for Languagesの略で、ヨーロッパ言語共通参照枠と訳される英語活用能力の国際基準。「A1」から「C2」までの6段階にレベル分けされる。

【A1レベル】日常生活での基本的な表現を理解し、ごく簡単なやりとりができる。

【A2レベル】日常生活での身近なことがらについて、簡単なやりとりができる。

【B1レベル】社会生活での身近な話題について理解し、自分の意思とその理由を簡単に説明できる。

【B2レベル】社会生活での幅広い話題について自然に会話ができ、明確かつ詳細に自分の意見を表現できる。

【C1レベル】広範で複雑な話題を理解して、目的に合った適切な言葉を使い、論理的な主張や議論を組み立てることができる。

【C2レベル】ほぼすべての話題を容易に理解し、その内容を論理的に再構成して、ごく細かいニュアンスまで表現できる。

Global Studies
Advanced Science
Sports Science

詳しくはホームページへ

学校説明会：文京生体験【要予約】
8月26日（日）
コース別講座体験、礼法体験、給食体験

授業が見られる説明会
9月15日（土）
10月13日（土）

入試解説
11月11日（日）

入試体験【要予約】
11月25日（日）

学校説明会：イブニングセッション
11月30日（金）

なんでも相談会【要予約】
12月24日（月振）
1月10日（木）

★文女祭（あやめ）（学園祭）
9月29日（土）、9月30日（日）

＊詳細は本校ホームページをご覧ください。

文部科学省スーパーグローバルハイスクール（SGH）アソシエイト指定校
文部科学省スーパーサイエンスハイスクール（SSH）〈2012～2017〉

文京学院大学女子中学校
東京都文京区本駒込6-18-3
TEL.03-3946-5301
http://www.hs.bgu.ac.jp/

試験を併用し（各大学がいずれか、または双方の利用を決める）、本格的な民間資格・検定利用は2024年度入試からとなります。まさに、いま小学校6年生のみなさんは、民間試験受検が必須になる、ということですね。

新たに始まる「大学入学共通テスト」は、以上のように、思考力・判断力・表現力を見るための国語と数学での記述式問題を導入することと、英語4技能実施のふたつが大きな柱となります。

大学入試の仕組みは、これからの数年でこれまでにないほど大きく変わります。

大学入試が変われば中高の教育も変化する

これらの大学入試の変革は、中学校、高校の教育現場にどう影響し、どのような変化をうながすでしょうか。

「国語と数学での記述式問題の導入」がもたらす変化はどうでしょう。

これからの中学校、高校は、知識・技能の習得に加えて、思考力・判断力・表現力の育成をめざす方向へと進むことでしょう。

教員と生徒との双方向の授業がベースとなり、生徒同士での主体的、対話的な学びを組み入れ、より深い思考や理解の実現をめざす「アクティブ・ラーニング」と呼ばれる授業形態が、中学生の段階から採用されることになります。

私立中高一貫校では、すでに多くの学校でアクティブ・ラーニングが取り入れられ、実績の検証段階に入っています。

つぎに「英語」入試の変化によって、これからの英語教育のポイントは「4技能の習得と、その評価をどう整えるか」に集約されます。大学入試で求められる英語の力が4技能になることで、中学校、高校の英語教育も「話す」「書く」

技能を含めた、4技能での指導にいっそう熱が入ることになり、その評価方法の研究も進むでしょう。

また、家庭での英語学習も変化していくことにならざるをえません。これまでは一部の生徒にかぎられていた留学に目を向ける家庭も多くなることが予想されます。

中学校選択では、系列にグローバルハイスクールや国際バカロレア校を持っていたり、留学に積極的な「国際派」と呼ばれる学校への視線が熱を帯びています。

「高校学びの基礎診断」はなぜ必要なのか

「高等学校教育改革」では冒頭で述べたように、高校生の基礎学力定着をめざす「高校基礎診断」が実施されることになりました。

これは前述の「大学入学共通テスト」と密接に関連しています。

いくら大学入試の改革を進め、「大学入学共通テスト」を充実したものにしようとも、高校生にそれを受験するだけの学力がついていなければ、まったく意味のないものとなります。

そこで、高校側に、高校生にはここまでの学力がほしいというデータを提供し、それをはかるためのツールが必要になってきました。もちろん前述の「学力の3要素」をふまえたものになります。

近年、中学校までの義務教育の学習内容が定着していないまま、高校に入学する生徒が増加しています。そのような生徒の多くが、「高校の授業内容を理解できず、勉強に対する意欲が持てない」「ますます授業がわからなくなる」とドロップアウトしてしまい、不登校や中途退学してしまう生徒を多く生みだしています。そうはならなかったとしても、そのような状態のまま高校生活3年間を過ごすのは本人も周囲も苦痛です。

変化が激しいこれからの社会で

は、高校をでるまでの間に、「自分で問題点を見つけ、解決していく力」を身につけることが大切です。そのためには高校卒業時に一定の基礎学力を身につけていることが必要だということなのです。

中学校までの義務教育範囲が未定着な高校生では、そのような力を得ることはむずかしくなります。

文科省は高校で、義務教育範囲の「学び直し」もできる体制を整え、達成感のある学びによって学習意欲を高めることが重要だと考えています。

そして、高校生が継続的に学びに向かう状態にし、教科学力の定着をふまえて「学力の3要素」のひとつでもある思考力・判断力・表現力の育成につなげていく。

文科省は、そのような体制を実現するための方策として「高校基礎診断」の実施へと歩を進めてきたのです。

「高校基礎診断」は、大学進学希望者だけでなく、すべての高校生の力をはかり、学習意欲の喚起と基礎学力を定着させようとしているものです。これは、あくまで、基礎学力の伸びを確認し、生徒自らの確認作業によって学習意欲を呼び起こそうとの趣旨から「診断」という名称になっています。

「高校基礎診断」は、国語・数学・英語で実施されます。英語は4技能をはかります。

導入の時期は、来年度である2019年度から4年間の試行のあと、2023年度からは新たな学習指導要領のもと、本格的に実施されます。

診断、検査資料については、文科省が内容についての要件をしめし、民間事業者が作成して認定を受けるという仕組みで運用されます。すでに民間からの募集も最終段階に入っています。

現在進められている教育改革

『日本の教育』のなにが変わるのか

は、社会にあって自他の問題を解決し、活躍していくことができる生徒の育成が目的です。

次項では、これから始まる改革の動きが、「これから」ではなく、すでに中学入試にも影響を与えていることが確認できます。

「まださきのこと…」と無関心でいることなく、自分のこととしてとらえていくことが大切です。

すでに中学入試の設問にも大学入試改革の影響が

「大学入学共通テスト」の導入などを含めた、大学入試改革は2021年度入試からですが、文科省の趣旨は、すでにさまざまな影響を教育界に与えています。

私立大学入試では、文科省の大学入試改革を先取りするかたちでの変化が見られます。とくに英語入試で外部の検定試験を利用できるようにした大学が多くでています。

また、国公立大と同時に2021年度入試から大学入学共通テストを使用する（一部の学部）ことを発表している早稲田大では、2017年度入試から「新思考入試」も導入しています。データから読み取れることから自分の考えをまとめ、記述する入試です。この春の2018年度入試の早稲田大スポーツ科学部一般入試、小論文（90分）では、『じゃんけんの選択肢「グー」「チョキ」「パー」に「キュー」という選択肢を加えた新しいゲームを考案しなさい。解答は、新ゲームの目的及びルールを説明するとともに、その新ゲームの魅力あるいは難点も含めて、600字以上1000字以内で論じなさい。』というテーマがしめされました。

過去問とは、まったくちがった問いかけに面食らった受験生が多かったようですが、しっかりと自分の発想で新しいルールを考えた者が得点したようです。

従来のルールにとらわれ、「グー」→「チョキ」→「パー」→「キュー」→「グー」と勝ち負けが循環していくだけでは「魅力、難点」を論じる時点でいきづまってしまいます。

従来のじゃんけんでの偶然性を排したところに「ゲーム性」が現れることに気づくことがポイントでした。確かに出題には「新しいゲーム」とあります。

ほかにもひとつのテーマを広く深く掘り下げて思考して論述していく問題で入試を行う大学がめだち始めました。

グローバル人材育成には、知識を詰めこむだけではなく、論理的思考や創造的思考を駆使して対話する能力の伸長が必要ですが、これは文科省が重視する「学力の3要素」に合致しています。

英語入試の改革については高校入試でも、大阪府は府立高校英語入試で、外部4検定による検定資格級を英語の得点に読み替えて代替する入試と、従来型の入試とを併用しています。

福井県も県立高校入試で英検の取得級によって、加算する方式を採用しています。

東京都立高校もスピーキングテストの導入を明らかにしています。

改革される大学入試に備えた動きといっていいでしょう。

生活に根ざした場面で思考力、表現力を試す

では、私立中学校の入試ではどうなのでしょうか。

2017年度入試では、駒場東邦（東京・男子校）の算数でだされた問題

明日の私に出会う場所

いまを生きる女性にふさわしい品性と知性を身につける。

学校説明会等

〈帰国生学校説明会〉
7月7日（土）　　13:00～
〈第1回学校説明会〉
7月7日（土）
　5年生以下　13:30～
　6年生　　　15:00～
〈オープンスクール〉
10月6日（土）　14:00～
〈第2回学校説明会〉
11月24日（土）
　5年生以下　14:00～
　6年生　　　15:30～

※説明会当日は校舎見学もできます。
　上履きは必要ありません。
　詳細は本校ホームページをご覧ください。

八重桜祭

11月3日（土・祝）／11月4日（日）
「入試等に関する質問コーナー」開催
13:00～15:00

学習院女子中等科

〒162-8656　新宿区戸山3-20-1
03-3203-1901　http://www.gakushuin.ac.jp/girl/

地下鉄副都心線「西早稲田」駅徒歩3分
地下鉄東西線「早稲田」駅徒歩10分
JR山手線・西武新宿線「高田馬場」駅徒歩20分

学習院中等科

http://www.gakushuin.ac.jp/bjh/

2018年度 大学合格者実績
（推薦含む）

【国公立】東京2　京都1
　　　大阪1　東北1　名古屋1
　　　北海道1　ほか3

【私　立】学習院103　早稲田23
　　　慶應25　東京理科9　明治20
　　　上智20　中央8　立教6
　　　私立大学医・歯・薬学部24　ほか59

学校説明会
（予約不要）

【一般・帰国】7/ 7(土) 14:00〜
　　　　　※12:30〜クラブ体験会
　　　　　9/ 8(土) 14:00〜

【一　般】11/17(土) 14:00〜
会場
学習院創立百周年記念会館

公開行事
（予約不要　9:00〜）

【運動会】9/29(土)（雨天時は9/30(日)）
【文化祭】11/3(土・祝)　11/4(日)
　　　　※入試個別説明会あり

〒171-0031
東京都 豊島区目白1-5-1
Tel 03-5992-1032
JR山手線／「目白」駅より徒歩5分
東京メトロ副都心線／「雑司が谷」駅より徒歩5分
都電荒川線／「学習院下」駅より徒歩7分

が注目されました。記述式の問題で「いままで算数を学んできた中で、実生活において算数の考え方が活かされて感動したり、面白いと感じた出来事について完結に説明しなさい」というものでした。

これまでの体験を問うものでしたが、今後は具体的な算数を使って現実的な問題について、数的処理をして解決するという出題が現れてくることを予想させるものです。今後の入試では、そのような問題に取り組む姿勢を求め、変わる大学入試への備えをうながしているともいえます。

この春、2018年度開成（東京・男子校）の国語につぎのような出題がありました。従来の説明文の類とはまったく異なる出題です。

題材とされたのは架空の会社が弁当を大手デパートのふたつの支店で売るのですが、仕入れ個数の判断が異なり結果も異なりました。新宿支店は大西社員が500個仕入れ、これより「規模がやや小さい」池袋支店の小池社員は450個仕入れたところ、最終的に、新宿支店は19時の閉店を待たずに18時で売り切れ、一方の池袋支店は19時までに430個売れたが20個売れ残った、というものでした。この2支店の時間ごとの弁当の売り上げ推移をグラフ【右上】にしめして、ふたりの社員の評価について部長と社長の評価が異なる。どう異なるかを読み取って論じる、というものでした。

まず問1で、部長の報告が「客観性に欠ける」との社長の指摘を受けて、部長報告のどの部分がそれにあたるかをふたつ、なるべく短い字数で「書きぬきなさい」というもの。

続いて問2で社長の評価が部長のそれとどのように違う考えなのかを「たしかに」「しかし」「一方」「したがって」の4つの言葉を順に使って4文で説明しなさい、と

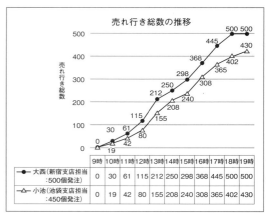

いう問いでした。

このような「場面を読み取り、与えられた情報を整理して、条件に基づいて表現する力」は、大学入学共通テストで出題される問題と、同じ問題意識です。

設問中の部長は、完売し売上高で上回った新宿支店を評価しましたが、社長はそれとは逆に池袋支店の方に高い評価を与えました。

明らかに社長の判断は、売り上げ高に着目するのではなく欠品（品切れ）を起こさないことを重視していることがわかります。つまり「買いたかったが品物がなかった」お客さんをつくってしまった新宿支店にマイナス点をつけたのです。

これからは、従来の一面的なものの見方、先入観にとらわれた思考を排して、さまざまな角度から考えることが大事です。そして、得た情報を多角度から分析する力も養わなければなりません。

◇

新たな「大学入学共通テスト」での大きな改革のひとつとして、国語と数学で記述式問題が導入されると述べました。

「大学入学共通テスト」の数学における記述式問題は、数学的な処理を行って解決し結果を得るために、数式や図表、グラフなどで表現することになっています。

さきほどの駒場東邦の算数の問題では、入試のねらいを「単なる知識の量や解法だけを問うことが

『日本の教育』のなにが変わるのか

目的ではなく、小学校で学習、体験する内容をもとに自分で工夫して考える力が身についているかどうかを測る」としています。

新しくなる学習指導要領では、算数・数学はとくにそうですが、「算数・数学を役立てる」というリテラシー・活用度を育てることが大きな眼目になっています。開成の問題なども、そこにもつながっていく出題だということです。

思考力、判断力を試す 正解がひとつではない問題

前述の開成ではすでに、ここ数年の算数でも新しい傾向の出題となっています。

設問の言葉自体、問われている知識自体はむずかしいわけではないのですが、長めの文章の意味するところを正確に理解する読解力が求められるという新傾向です。

その他の中学校でも入試問題の特徴として、全体的に設問の長文化が進んでいます。

また、選択肢がいくつかしめしてあり、正解はそのうちのひとつを選ぶのではなく、複数を選ぶ問題が見られるようになりました。

出題が短い文章では、これまでにであった文章題とどこか重なってしまい、中学受験の勉強をしてきた受験生なら、「解法」にすぐにつながってしまう可能性が大きいともいえます。

長い文章による問いでは、設問をていねいに読みこなせなければ、なにを問われているのかがわかりません。このような問題が多くの学校でだされるようになってきたのです。

問う側の学校からすると、解き方の知識だけで即答できる問題はなるべくださないようにしたい、ということなのでしょう。

また、正解がひとつではない、という問題には、どのような意味があるでしょうか。

正解がひとつであれば、問題を理解していなくても正答できる可能性があります。

つまり、正答したがほんとうはわかっていない、という場合もこれまではあったともいえます。

しかし、「いくつ選んでもいいが、必要なものはすべて選ぶ」という正解の仕方になれば、よく文章が読みこめていないと正解は難しくなります。

つまり「考えて」「わかる」という段階を経ていないと、全問正答はむずかしくなります。

改められる学習指導要領、中学数学で従来とのちがいが大きいのは、「最適解の追求」という考え方です。算数・数学を道具として用いて問題解決をめざし、正解のないなかで最適解を探す、という作業ですが、正解がひとつではない出題が増えている中学入試の背景となっているといえます。

つまり、今後こういった設問が増えることはあっても減ることはないということになります。

これからの大学入試改革、教育の高大接続、それと同時に施行される予定の学習指導要領の改訂などが、中学入試の変化、先取りにつながっていることがおわかりいただけたでしょうか。

また、近年の中学入試では、表現力を重視した「英語入試」を採用する学校が一気に増えてきました。大学入試改革のもうひとつの変化、英語の4技能重視につながるものです。英語力のある受験生にとっては選択肢が広がるものともいえます。

文科省が重視しようとしている「学力の3要素」のひとつに、「知識・技能を活用して課題を解決するために必要な思考力・判断力・表現力」がありますが、私立中学校の入試問題が、思考力・判断力・表現力の評価に移ってきていることはまちがいがありません。

21世紀型教育、推進中
3コース制始動
(国際理解・進学GRIT・サイエンスGE)

校長 下條隆史

明法中学・高等学校
2019年4月より高校共学化

■体験会 （説明会同時開催） ＊要予約
7月21日(土)中学3コース体験会
　16:30～21:00　国際理解
　　　　　　　　進学GRIT
　　　　　　　　サイエンスGE
　　　　　　　　星空観察会（晴天の場合）
11月10日(土)GE講座体験会
　10:00～12:00
12月16日(日)入試体験会・入試傾向説明会
　9:00～13:00　（6年生限定）
12月16日(日)GE講座体験会
　※午後実施予定
　（体験会は小6・小5生対象です）

■学校説明会 ＊要予約
11月24日(土)10:00～11:30
1月19日(土)10:00～11:30

■明法祭 （文化祭）
10月 6日(土)・7日(日)
＊7日(日)10:00～ミニ学校説明会開催

〒189-0024
東京都東村山市富士見町2丁目4-12
TEL. 042-393-5611(代)　FAX. 042-391-7129
http://www.meiho.ed.jp
メールマガジン配信中。本校HPよりご登録ください。

これだけは知っておきたい 中学受験の基礎固め

　「さあ、中学受験」とばかりに、この本を開いたみなさんは、前項でいきなり「大学受験」の話がでてきて、ちょっととまどわれたのではないでしょうか。いま中学受験が置かれている立ち位置を知っておいてほしかったのです。では、ここからは、これから首都圏の私立中高一貫校をめざす受験生と、その保護者のみなさんが、よりよい「学校選び」をしていただくためのページとなります。まずは「中学受験」とはどんな受験なのかを見ていきましょう。

中学受験の本質を知ってから 受験生活をスタートしたい

中学受験を知るためには 4つの角度からみる

　中学受験を推し進めていくためには、まず中学受験とはいったいどんなものなのか、その本質を知ることが大切です。

　その大事な視点として、①中学受験の現状を知ること、②学校を知ること、③「学校選び」を知ること、④「入試問題」を知ることの4点があげられます。この4つの角度から中学受験全体を知って、そのご家庭なりのスタンスが決まってくれば、とくに6年生になってから直面する「学校選択」についての迷いが少なくなり、中学受験をスムーズに展開できます。

　まず中学入試の成り立ちと現状について探っていきましょう。

　昔は、「①そのまま地元の公立中学校に進学」というコースが一般的でした。そのほか少数ですが「②国立の中高一貫校を受検して進学」というコースもありました。

　しかし、国立の中学校に入ったからといって、そのさきはなかなか見通せません。たとえば東京学芸大附属には多くの中学校がありますが、高校は1校のみで、簡単に進めるわけではありません。まして、大学進学は附属中高といいながら、どちらの国立大学附属中高も系列の国立大学への優先権はほぼありません。これは現在も同じです。国立大附属は数が少ないこともあって、「②国立の中高一貫校への進学」というコースは、近隣の「①公立中学校に進学」というコースを脅かすような存在にはなりませんでした。

　1960年代、中学校は通学圏が定められている近隣の公立中学校に進み、そこから、優秀な大学への合格実績をしめしている公立高校をねらうというのが一般的でした。

　このため、公立中学校でも都立日比谷などに進む生徒が多い中学校近くに引っ越したり、越境入学する生徒もいて、高校進学競争が高まり、高校受験段階で「受験地獄」という言葉も生まれました。

　しかし、東京大合格実績で強かった日比谷などの都立高校が一気に後退します。これは1967年（昭和42年度入試）から実施された東京都の「学校群制度」が原因でした。偏った高校への進学熱の沈静化がねらいでしたが、「（学校群内の学校に機械的に振り分けられたため）学校群に合格しても、行きたい高校に進めない」という不満が噴出しました。これを嫌い、合格すればその学校に進学できる国立や私立に人気が集まるようになったのです。

　これが、「③私立中高一貫校を受験して進学」という3つ目のコースの人気を生むことになります。

　都立の日比谷や西が、東京大合格実績で1、2位だったころ、3位は私立の灘（兵庫）でした。ベスト10には都立新宿、戸山などにまざって私立の麻布（東京）、つぎに開成（東京）も入っていました。

　この灘、麻布、開成が、私立の「中高一貫校」だったのです。

　灘や麻布、開成は、中学から6年間というタームで学習計画を考え、公立中高が3年間＋3年間で

これだけは知っておきたい 中学受験の基礎固め

学ぶ内容を、重複部分を削減して5年間で学び、6年目の1年間は、ほぼ大学受験の演習にあてて進学実績を伸ばしてきたのです。

とはいうものの、各校とも「勉強一辺倒」というイメージではなく、自由にあふれた校風で知られていました。

両校を追随するように、もともとからの私立高校が中学校を併設開校して中高一貫校化する例が増え、灘や麻布、開成の教育システムを研究して取り入れ、私立中高一貫校の人気が高まりました。

そのころから「中学受験」という言葉は、私立中高一貫校受験をさすようになりました。

現在の保護者のかたが小学生のころには、中学受験をするご家庭がどんどん増えていきました。

さて、東京大合格者数で、東京都立は1977年（昭和52年）に西が10位に入って以降、トップ10から姿を消しました。

これではいけない、と気づいた東京都は学校群制度や学区を撤廃しました。

そして、首都圏の公立側は2002年（平成14年）、東京都がまず、高校のなかから「進学指導重点校」という名称で上位校数校を指定、大学進学指導に力を入れ始めます。首都圏各県が、同様の指定校をつくり、これにつづきました。

大きく広がった小6の選択肢

もうひとつの動きが、公立の中高一貫校の出現です。

保護者のみなさんの中学受験時代には、現在のような難関大学進学を視野に入れた公立の中高一貫校はありませんでした。なぜかというと、文部科学省は中学段階で高校の学習内容に手をつけることを禁じていたからです。

ところが、文部科学省は2004年（平成16年）、その制限を撤廃しま

す。これを受けた東京都教育委員会は、難関大学進学を意識した公立中高一貫校設置に踏みきったのです。前年の文科省通達に呼応するように、2005年（平成17年）に白鷗高等学校附属中が開校され、首都圏ではその後つぎつぎと同様の公立中高一貫校が誕生していきます。

もうひとつの選択肢、「④公立中高一貫校を受検して進学」の誕生です。

このように、現在の小学校6年生の卒業時の選択肢は、保護者の時代よりチャンネルが多くなり、大きく広がっています。

①そのまま地元の公立中学校に進学、②国立の中高一貫校を受検して進学、③私立の中高一貫校を受験して進学、④公立の中高一貫校を受験して進学、という4コースです。

そして、この4コースのうち、「①近隣の公立中学校」を選ばずに他の3コースを選ぶご家庭が増えていきました。そのなかでも最も受験者総数が多く、とりわけ人気が高いのが私立の中高一貫校です。

確かに、公立の中高一貫校も難関大学への合格実績を伸ばしてきています。しかし、伸びているとはいっても、私立中高一貫校1位校や2位校の実績には束になってかかっても届いてはいません。

また公立中高一貫校の数は、私立の中高一貫校に比べてあまりにも少なく、開校人気は収まったとはいえ、いまでも高倍率です。公立中高一貫校を受ける場合、不合格の危険性も高いため、私立を併願しておくことにもなります。

学校も入試も変化しつづけている

さて、「中学入試」は、つねに変化しつづけています。

首都圏における私立中学受験状況の変化は、その動きを専門に追っ

未来をつくれ!!
湘南学園
今、湘南からはじまる自分ストーリー

2019年春よりバージョンアップ!!
湘南学園ESDの理念に基づいた
グローバル教育に新展開!
【全員体験型プログラム】始動!!
中1〜中3
※ Education for Sustainable Development＝「持続可能な社会の担い手を育む教育」

夏休み!
夕涼み説明会
HPにて予約
先着50世帯限定
最大200名
8/25(土) 16:30〜18:30
▶申込受付 7/23(月)〜先着順

第2回学校説明会「湘南学園の夏力」
＆ミニオープンキャンパス 要予約
9/15(土) 9:30〜12:20
▶申込受付 8/1(水)〜9/9(日)

男女共学・中高一貫教育

湘南学園
中学校高等学校
― since 1933 ―
〒251-8505　藤沢市鵠沼松が岡4-1-32
TEL.0466-23-6611（代）
http://www.shogak.ac.jp/highschool/

ている教育関係者の予想をも上まわるスピードで変貌してきました。信じられないような変わり方です。

いま、受験生のご両親のなかには、ご自身が「中学受験を経験した」というかたが非常に多くなってきました。

お父さま、お母さまの中学受験経験は、お子さまとの日常での会話にしろ、勉強の相談にしろ、家庭のなかで、その経験が役に立ち、プラスの面が多いことは確かです。

しかし、学校選びの段階で「自分たちのころのあの学校」という先入観が、ときとして悪影響をおよぼすこともあります。

この10年、20年の間に大きく変容を遂げ、ランクアップした学校もあります。

親の先入観が学校選びに立ちはだかる「壁」となることもありますので注意が必要です。

学習内容についても、父母が自らの中学受験経験を背景にして子どもを導こうとすると、とまどうことにもなるでしょう。

中学入試で求められる学力も難化しています。すなわち入試問題傾向の変化はかなり大きいものがあるのです。

今後はますます、前述したように2021年度大学入試を意識した出題ともなっていくでしょう。

強気受験でありながら堅実な考え方も必要

「ゆとり教育」による学力低下への懸念が高まり、首都圏の中学受験者数は2001年（平成13年）以降、増えつづけていました。

小学校卒業者の数を見ると、全国的には少子化と言いながら、首都1都3県では大幅に減ることはなく、増減を繰り返してきました。ただ、いわゆるリーマンショックが起き、世の中に不況感が漂いだしてからは、中学受験者数の大幅な増加は見られなくなりました。

さらに、つづいた東日本大震災のショックの影響もあって、中学受験者数は減少しました。

しかし、ここ数年、減少傾向は下げ止まり、反転上昇のカーブとなっています。

そして、難関校、上位校に応募が集まる傾向は衰えず、このクラスでは非常に厳しい入試がつづいています。

これに関連して近年、首都圏の私立中学の志望状況の特徴のひとつにあげられているのが「二極化」です。

人気があり受験生を多く集める学校と、志望者も少なく入学者数も定員を充足できていない学校に分かれてきたという傾向です。

全体の約3割の、人気が高い上位校に受験生全体の約7割が集中し、そして、残りの7割の学校に受験生の3割が分散しているという数字もあり、なにがなんでも上位校にと、強気に受験していく傾向が見てとれます。

しかし一方で、受験の厳しさが認識されてきたためか、強気一辺倒ではなく、確実に合格を確保するという併願パターンを組むご家庭が、ここ数年増えています。いわゆる「強気＋堅実志向」といわれる考え方です。

わが子の青春に寄り添える学校を探して選ぶこと

私立中高一貫校にはさまざまな学校がある

私立の中高一貫校とは、どのような学校なのでしょうか。

多くのご家庭が、学費無料の公立中学校ではなく、私立中高一貫校を選ぼうとするからには、私立中高一貫校にはそれだけの魅力があると考えられます。

そうでなければ、毎年毎年これほど多くのかたが私立中高一貫校を選択していくわけがありません。

それに加えて、高校部分の3年間には、国と自治体による私立高校への助成金が増額支給され、学費が公立高校とほぼ同じになる時代がやってきました。

このことから、この春の東京では都立高校が全体の定員を充足することができず、私立高校に生徒が流れる事態ともなっています。

私立中高一貫校は、近隣の公立中学校にはないよさをアピールし、どのように独自色をだすのか、公立以上の魅力をだしうるか、また、隣接の私立中高一貫校とどう対抗できるか、さらに近年では、公立中高一貫校との差別化を絶えず模索し、変化・進化をつづけていこうとしています。

近年の私立中高一貫校の傾向ですが、男子校、女子校から共学校に衣替えする学校が多くあります。

また、グローバル化の傾向も強くなっています。英語の学習に力を入れ、海外への研修旅行もさかんです。なかにはクラス丸ごと1年間留学させる学校もあります。

前述しましたが、そのような側面からもご両親の「あのころ」とは、学校も入試傾向も大きく変わっているのです。

千葉私立には男女共学校が多い、という特徴があります。女子校は3校、男子校はありません。公立志向（共学）の強い土地柄であることから、比較・選択しやすいようにと私立校も共学が多くなった、というわけでしょう。

同じく公立志向の強い埼玉でも私立には共学校が多いのですが、埼玉の公立校は難関上位高校が別学です。千葉とはあり方が対照的

これだけは知っておきたい 中学受験の基礎固め

なためか、男子校、女子校も多くあります。東京・神奈川では、昔から私立中学、私立高校が公立と同じように選択されてきた土壌があり、私立中高一貫校にも共学校、男子校、女子校、さらに別学校というスタイルの学校があります。それだけに差別化がむずかしいともいえ、各校の学校PRには工夫が見られます。

大学進学実績だけではない 私立中高一貫校の魅力

学校PRとして、学校が改革されていますよ、というアピールがめだち始めました。

その目玉は、大学合格実績を伸長させることでした。

「公立中→公立高に進むのとはちがう青春があります」と、大学受験をしなくてすむ魅力をアピールする私立の大学附属校も人気を維持しています。

大学系列に属さない進学校は、よほどの特徴を持っているか、並はずれた大学合格実績をしめすことを学校の存続にかけてきました。

これら、学校改革を早めに進めた学校は、どこをとっても公立中・高校に劣るものではなく、お子さまのために選びとって損はない学校と言っていいでしょう。

また、高校部分ではありますが、スーパーサイエンスハイスクールや、スーパーグローバルハイスクールに指定される学校は国費から大きな金額が支援されます。これらの指定では、国公立高校に負けじと私立高校が選ばれています。そのほとんどが中高一貫校です。

これには、もともと理数教育や国際理解教育に力を入れ、海外大進学などにも強い学校が選ばれて指定されます。いま、指定されている学校は、すでに実績をだしている学校が多く、「選ばれるべくして選ばれた」感があるわけで、私立の中高一貫校が多くなってい

るのもうなづけます。

私学のよさってどういうところにある？

私立の学校が持っている最も大きな柱は、どの学校にもしっかりとした「教育理念」があるということでしょう。

私立の各校は創立者が掲げた「教育理念」を連綿とつながる歴史のなかで守りぬいてきました。わが校の生徒は「こんな人間に育ってもらいたい」「こんなことが考えられる人間に育てたい」という確固たる考えを持っています。

大学や社会にでてから「ああ、この気持ちの持ちよう、がんばる精神は、学校で培われたものだ」と感じる卒業生がたくさんいます。

その教育理念に基づいて、各校の教育カリキュラムがつくられ、そのカリキュラムが有効に浸透するよう教育メソッドがつくられ、異動のない教員たちによって継続されてきました。

施設は、教室、図書館、実験室、音楽室、調理室、グランウド、校外施設、その他の設備にしても、各校それぞれ工夫をこらし、青春を過ごす環境としてすばらしいものがあります。

授業は進路教育、進学教育を柱に、国際理解教育、情操教育などが充実しています。授業の理解のために少人数習熟度別授業や補習などにも積極的です。

また、教育は授業だけではありません。学校行事、クラブ活動、生活指導も、初めにあげた教育理念のもと、生徒たちの学校生活を輝かせる一端となっています。

この本には、首都圏を中心に私立中高一貫校が273校並んでいます。各校の輝き、長所・よさを見ていただき、わが子の青春に寄り添える学校を探し、選びだしていただければと思います。

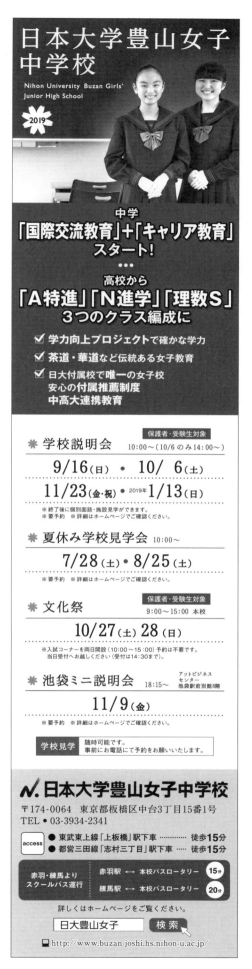

「学校を選ぶこと」は
子どもの未来を選ぶこと

子どもに合った学校を選び取るのが中学受験

さて、ご近所の公立中学校に進む道もあったはずなのに、そうはしないで「受験」をして、そのご家庭とお子さまに最も合うと思われる中学校を選び取っていく、それが「中学受験」です。

端的に言えば、「中学受験」は、ご家庭がお子さまの未来をどう選び取っていくかという視点であり、わが子には「こういう教育を授けたい」という考えがあってこその選択です。

中学受験では、保護者の役割がいかに大きくなっているかがおわかりいただけるでしょう。

私立の中高一貫校は、どこの学校でも自分に合った学校を選べます（一部、通学時間の制限を設けている学校もあります）。

つぎに中高一貫校は、6年間という長い目で教育を考え、計画的に継続した教育カリキュラムを組むことができます。そこが、中学校3年生と高校1年生の接続部分でムダや無理のある公立とはちがいます。

そのなかで生まれる時間的余裕を、授業を基本としたさまざまな教育活動にあてているのが私立の中高一貫校です。情操教育や国際理解教育、高度な理数教育など、それぞれの教育理念に照らして「その学校らしい」教育を展開しています。

いま急増している公立の中高一貫校も、これら私学が推し進めてきた「一貫教育のよさ」に「公立の側」も着目したからにほかなりません。

繰り返しますが、私立の中高一貫校のよさ、大きな魅力は、それぞれ独自の教育理念を持った学校のなかから、各家庭に合った学校を選ぶことができる「選択の自由」にあるといえます。

受験する学校は「通いたい学校」であること

中学受験をめざすことになったきっかけはさまざまにあると思います。

初めから「行きたい学校」が決まっていて、それが契機となって中学受験をする、という場合もあります。

好きなスポーツがあり、その部活動への憧れからのスタートや、ご父母の出身校にしぼっている場合がこれにあたります。

ただ、このほかの多くのご家庭は、受験準備をしながら同時進行で受験する学校を選んでいく、というスタイルだと思います。

学校選択は、「目標設定」でもあります。目標が定まればモチベーションも高まり、成績の向上につながります。ですから、目標校の設定は早めにするに越したことはありません。

早めの目標設定が学習意欲を喚起することになるのです。

では、実際の志望校選びですが、最も大切なことは、「受験する学校は通いたい学校」でなければならないということです。

偏差値をはじめとする学力指標が重要な要素であることは事実ですが、偏差値や知名度、大学の合格実績だけに左右されるような志望校選びは避けましょう。

お子さまの学習姿勢や志向、性格や志望、相性に合わせ、入学してからの6年間でかならず伸ばし

てもらえる学校を探し、選んでいただきたいのです。

その意味でも、実際に学校を訪れることができる機会を最大限にいかし、教育理念や方針、周囲の環境、先生がたの情熱、在校生のようすに触れ、各学校のいわゆる「学校文化」を肌で感じ取ることが大切です。

このあとの学校紹介ページをちょっのぞいてみてください。

ここに登場する多くの学校のなかに、お子さまに合った学校が、かならず見つかります。

お子さまに「どのような教育を受けさせるのか」という家庭の方針を大切に学校選びを進めてください。他人の評判や情報に惑わされることなく、受験生本人や家庭の教育方針に合う学校はどこかという視点に立ち返り、本質的な学校選びをお願いいたします。

「わが子のために」「わが子に合った」学校を選ぶことを、まず主眼においてください。

学校を選ぶには、まず「伸びのびとした学校生活のなかで育ってほしい」のか、「ある程度規律ある生活をとおして子どもの自我を築きあげてほしい」のか、あるいは「大学までつづく、ゆったりとした時間を過ごしてほしい」のかなど、ご家庭の方針を固めるところから始めましょう。

私立学校とその教育のよさを考えると、そこにはさまざまなタイプの学校があり、教育内容も多岐にわたりますので、学校を選んでいくなかで、よりよい教育をそれだけ「自由に選択できる」というプラス面に気づくことでしょう。

273校あれば、273の個性があるといってよい学校のなかから、わが子に合った学校を選び取ることで、青春という最も多感な時期に、「高校入試」に分断されることのない6年間を手に入れることができます。

これだけは知っておきたい **中学受験の基礎固め**

学校説明会への参加がカギ
早めの情報収集がポイントに

学校は生きている 早めに情報を集めよう

学校選びは、やはりご自身の目と耳で実際の学校を見ることから始まります。足を運び肌で感じることが第1歩です。

その機会が、各校が開く学校説明会です。

そこで、学校にでかける前の「学校基礎情報」として、本書をお読みいただければ幸いです。

「学校」は日々進化しています。そのため「中学受験」そのものも、つぎつぎと変化しています。まさに「中学受験」は〝生きている〟と言っても過言ではないでしょう。

これから中学受験に挑まれるみなさんは、学校の変化、進化、中学受験の変容に対応するためにも、早め早めの情報収集がカギとなります。

学校の改革、受験動向の変化に敏感に対応しながら受験の春までつづく「これから」を過ごされることを願ってやみません。

前述しましたが、ここ20年、首都圏における私立中学受験状況は信じられないようなスピードで変貌してきました。

学校の変化にかぎらず、小学生全体の学力レベルの進化も見逃せません。また、中学入試で求められる学力の変化、すなわち入試問題傾向の大きな変化もありますので、注意が必要です。

冷静で合理的な併願作戦で 併願校数は減る傾向に

すでに述べた「堅実志向」の傾向を受けて、受験校のしぼりこみが進み、ここ数年、併願校数が減ってきました。

ひとりあたりの受験校数（受験回数）は、2007年（平成19年）の6・1校（回）がピークとなり、ここ数年は4〜5校といわれています（※ここでいう併願校数には、同じ学校を複数回受験する場合もその数に加えています）。

東京・神奈川の受験生は、以前なら、千葉・埼玉の1月入試を受け、2月に入ってからは、午後入試も含めて連日受験していくパターンがふつうでした。

しかし、冷静に出願校を見極め、「進学してもよい」学校のみを受ける併願作戦がめだつようになりました。

受験校数を減らすことによって、受験費用の面でも、また受験生の時間的、体力的な面でもムダがなくなり、第1志望校の受験に、より集中した対策や準備を行うことができるようになっているともいえます。

「目的」と「適性」を考え ふたつの視点から学校を探す

志望校を選ぶとき、ふたつの視点から考えてみることをおすすめしています。

ひとつは「目的」、もうひとつは「適性」からの視点です。

「目的」からの視点とは、その学校に入ってなにをしたいのか、どのような中学・高校生活を送りたいのかという面から見た「学校選び」です。

「国際感覚を身につけたい」、「めざしている大学に入学したい」「この部活動がある学校が優先」など、それぞれの夢に沿ったものとなるわけで、個性の数だけ「目的」があるといってもいいでしょう。

これら「目的」をはっきりさ

「本物のわたし」に出会う

東京純心女子中学校 高等学校
Tokyo Junshin Girls' Junior and Senior High School

学校説明会&イベント日程

7月27日（金）	18:00〜19:00	ナイト説明会【要予約】
7月28日（土）	14:00〜16:00	英検5級対策講座①【要予約】
8月25日（土）	14:00〜16:00	英検5級対策講座②【要予約】
9月15日（土）	11:00〜12:00	学校説明会＊純心祭
9月16日（日）	11:00〜12:00	学校説明会＊純心祭
9月21日（金）	18:00〜19:00	ナイト説明会
9月22日（土）	14:00〜16:00	英検5級対策講座③【要予約】
10月 8日（月祝）	13:30〜16:00	学校説明会
11月10日（土）	10:30〜12:30	入試説明会
11月17日（土）	10:00〜16:00	個別相談会【要予約】
11月23日（金祝）	13:30〜15:30	小6入試体験会【要予約】
12月 1日（土）	10:00〜16:00	個別相談会【要予約】
12月23日（日祝）	9:00〜10:00	適性検査型入試説明会【要予約】
12月23日（日祝）	10:30〜12:30	クリスマスページェント【要予約】
1月 5日（土）	13:30〜15:30	小6入試体験ファイナル【要予約】
1月12日（土）	10:00〜16:00	個別相談会【要予約】

純心祭（文化祭）＜説明会・個別相談コーナーあり＞
9月15日（土）・16日（日）9:00〜15:00

〒192-0011 東京都八王子市滝山町2-600
TEL.(042)691-1345（代）
併設／東京純心大学
現代文化学部（こども文化学科）看護学部（看護学科）
http://www.t-junshin.ac.jp/jhs/
E-mail　j-nyushi@t-junshin.ac.jp
交通／JR中央線・横浜線・八高線・相模線 八王子駅
京王線 京王八王子駅よりバス10分
JR青梅線 福生駅・拝島駅、五日市線 東秋留駅よりバス

せることで、「行きたい学校」が見えてきます。

「適性」からの視点は、その学校が自分に合っているのかという「学校選び」です。

私学はそれぞれ、建学の精神や理念、教育方針を持っています。そこで培われた先生や生徒の持つ雰囲気が校風です。校風がその学校の個性ということになります。その校風に合っているかどうかも「適性」のひとつです。

「適性」からのアプローチでは、
① 進学校か大学附属校か
② 男子校か女子校か共学校（別学校）か
③ 宗教系の学校かどうか
④ 自主性を重視するか、面倒見を重視するか、などがあげられます。

「適性」といえば偏差値などの学力適性があげられます。確かに学力適性は重要な要素ではありますが、志望校を選択するとき、さきに偏差値表の数値から学校を見て、どの学校なら入れるかということから学校選択を始めるのは、「入学試験時の学力レベル」だけを優先させる考え方であり、これでは本末転倒です。入学後に本人と学校のミスマッチに気づくことほど不幸なことはありません。

学校に足を運ぶことで感じとれる学校文化

学校選びではこれまでの実績や偏差値よりも、実際に学校を訪れ、教育方針や環境、先生がたの熱意など学校文化・校風を知ることが大切だとお話ししてきました。

つぎに、そのための方策を考えてみます。まず、学校のようすを概要として知るためには、この本もそのひとつなのですが、各種の出版物が有効です。

所在地、生徒数、男女の別といった基本情報から、教育の特徴、大学合格実績などがまとめられて

いて、おおまかに各校をとらえることができます。

さらに、最寄り駅や通学のための交通の便などを考えていくうえでも、各校の状況が書籍化された「受験案内」「学校ガイド」などが役立つでしょう。

各校が作成する「学校案内」という冊子も手に入れておきたいものです。毎年7月ごろから各校の窓口で手に入れることができます。進学塾においている学校もあります。

また、いまでは、各校のホームページが例外なく充実しています。学校内容について、学校案内冊子より詳しく知ることができる学校さえあります。

さて、最も重要なのが、学校の情報公開の一環として催される「学校説明会」です。

これは、各校の教育内容や教育方針が説明される機会です。

数ある情報のなかでも、学校を訪問して得られる情報は、「自ら足を運び」「自ら目で見て」「聞いて」得られるという点で、きわめて重要な情報です。

第1志望校には、ほとんどのかたが学校説明会に参加されると思いますが、併願校についても、入学の可能性があるわけですから、時間をつくって、ぜひ参加しておきたいものです。

入学後に「こんなはずではなかった」という学校とのミスマッチの状態となるのは、入学試験日に初めて学校を訪れたというような場合が多いものです。

なお、学校によっては事前の参加予約を必要とする場合がありますので注意してください。

生徒の「目の輝き」は？交通の便も確かめたい

学校説明会に参加する目的は、言うまでもなくその学校を実際に見て、どのような教育をする学校

なのか、また、わが子が通うにふさわしい学校なのかなど、その学校を知ることにあります。

まずは、生徒のようすに注目しましょう。学校の主役は、なにをおいても生徒たちだからです。

授業見学、クラブ活動の見学などをつうじて、個々の生徒たちの「目の輝き」を見てください。瞳を輝かせて、学校生活を送っているのならば、その学校は、それぞれの生徒の個性がいかされている学校だということです。

また、生徒と先生の距離感にも注目してください。生徒と先生のやりとりを観察してみましょう。そのなかから、生徒と先生の信頼関係や、生活指導のようすを見てとることができます。

施設見学も、欠かせない情報です。いくつかの学校を見て比較することで、見る目が養われます。職員室のようす、とくに職員室前を訪れている生徒と先生のやりとりは、許されるかぎり見ておきたいことのひとつです。

生徒が積極的に質問にきているのか、先生がたの対応はどうかなど、生の師弟の姿が見られるかもしれません。

図書館の充実度、トイレの清潔感、食堂の有無なども確認したいところです。

学校への交通の便についても、学校見学の際に確認しましょう。最寄り駅から学校までの環境もチェックします。

複数校で行う合同説明会も便利だが

複数の学校が集まって説明会を開く催しもあります。「合同学校説明会」と呼ばれるものです。

大規模なものでは、各都県の私立中高協会が主催する全校参加の合同学校説明会もあります。

また、「〇〇地域の学校」「△△地区の大学系列校グループ」「女

これだけは知っておきたい 中学受験の基礎固め

子校」「キリスト教系学校」といった特徴によって限定された規模のものもありますし、2〜3校が集って行う小規模なものもあります。

こうした合同説明会は、他校との比較がしやすく、情報収集にはよい機会といえるでしょう。

一度に多くの学校の資料を手に入れることができるのも利点といえます。各校に足を運ぶ時間を短縮できることにもなります。

しかし、ねらいとする学校をよく知るには、やはりその学校に直接足を運んで、自分の目で学校を見ることが大切です。

数字には要注意 思いこみは禁物

学校説明会を中心に「学校を選ぶ」ための方策をお話ししてきましたが、つぎに、ねらいとする学校について、個別の「入試状況を知る」ことについて説明します。

まず大切なのが、ねらいとする学校の志望動向を探ることです。進学塾の先生がたと相談しながら進めてください。

ひとつ気をつけたいのは、「数字」を見ると、それは「客観的な事実」だと思いこみがちな人間の習性です。つまり、数字には惑わされることもあるので注意が必要だということです。

とくに、入試の結果から導きだされる学校の偏差値などで、「その学校のレベル」を判断した気になってしまうのは考えものです。

「大学合格者数」もよくでてきますが、それは「大学進学者数」とは異なります。私立大学はひとりの受験生が多くの大学を受けることが可能ですので、少数の受験生がたくさんの大学で合格を得ているのかもしれません。また、在校生がたくさんいる学校と、少人数の小規模校とでは、「大学合格者"数"」は大きくちがいます。

数字に惑わされてしまうと、数字には現われにくい「学校のよさ」を見逃しかねません。

また、入試時期について、試験日、発表日などの日程も調べ、一覧カレンダーをつくると併願校が選びやすくなります。

ネット情報に惑わされず 学校を見定めましょう

近年開校された学校もあれば、既存の学校も学校改革に熱心です。入試方式も大きく変えた学校があります。

受験生の志望動向や学校の評判は、学校選びを進めていくうえで重要な要素です。しっかりとした情報源のものを選択するようにしましょう。

有益な情報と、そうではない情報をしっかりと見極めることが大切です。

インターネットの掲示板などには、ねつ造された情報もあるといいます。悪意のある、いい加減な情報に惑わされることなく、本質的な学校選びの視点を見失わないようにしてほしいものです。

「入試問題」を知ることは 合格への道を探検すること

自分で考える力を追求する 私立中学の入試問題

一部の私立高校入試や現行の大学入試センター試験のように、多くの受験生がいる入試ではマークシート式で解答する場合が多いのですが、中学入試でマークシート式という学校はありません。中学入試では記述式解答が多く、決ま

った解答がなく、自らの考えを述べる形式が多くみられます。

たとえば算数では、「数学」で解くときに使う方程式では答えにたどりつけない問題さえあります。ふだん算数や数学から離れてしまっている保護者では、とても歯が立たないにちがいありません。

子どもたちは、問題に隠された情報のなかから、答えにたどりつく情報を取捨選択して解答への方向性を見出し、自ら考え、解答にたどりついていきます。そのなかで、自分の考えを表現する力も要求されています。

自ら問題を発見し、調べ、考え、問題を解決する方法を探し、発表していく。そんな人を育てたい、その思いが入試問題に凝縮されています。それは、前項で述べた今後の大学入試改革の考えに沿ったものにもなってきているのです。

中学入試に必要なものは解答テクニックではありません。もちろん基礎となる知識は必要ですが、これらの問題を解くための能力は、中学進学後、また、大学、社会に進んでからも役に立つ潜在能力となっていくはずです。

4科入試と2科入試 増えてきた英語入試

では、どんな入試問題が、中学入試の特徴なのでしょうか。

首都圏の中学入試で試される教科を分類すると、「4科型」、「2科・4科選択型」、「2科型」の3タイプに分けられます。さらに、ここ数年「英語入試」を取り入れる学校が一気に増えてきました。

「4科」とは国語と算数、社会、理科。「2科」とは、このうちの国語と算数です。「2科・4科選択型」とは、受験生が、国算社理すべてを受けるか、そのうちの国算だけを受けるかを選べる入試です。どちらを選んでも有利不利はありません。

現在、上位校、難関校は「4科型」が主流です。これは、より学力のある受験者の確保に力を入れる学校側の思惑から、大学入試の動向に対応した入試を実施しているからです。これからの大学入試で試される教科を幅広く学べる素養のある生徒がほしい、という学校側のアピールだともいえます。

ただ、受験生の負担が少ない「2科・4科選択型」、「2科型」の学校も未だ多くあります。

英語入試は、これまで帰国生を対象にしていた英語入試を一般枠でも実施する動きです。これも、2021年度からの大学入試や、つづいて順次実施される新学習指導要領に基づき、小学校高学年で英語が教科化され、3、4年生でも、楽しみながら学ぶ「外国語活動」が取り入れられることに端を発しています。

冒頭記事のとおり、2021年度大学入試では、現行の大学入試センター試験に替わり大学入学共通テストが始まります。英語は従来の「読む・聞く」の2技能に加え「話す・書く」の4技能で学力をはかることになります。

そのほかに、近年は算数1科のみの「算数入試」を導入する学校も少しずつ出てきています。

過去問を研究すれば 合格が見えてくる

さて、ねらいとする学校の入試問題の傾向を知るには、過去問を研究することに尽きます。

過去問を研究すると、その学校の入試問題は、「どんな形式なのか」「どんな問題がだされるのか」「かならず出題される学習範囲はないか」「解答のための時間配分は」「何点取れば合格できるのか」などがわかります。

ですから「過去問」対策なしでは、合格はありえません。

じつは、入試問題は、それぞれ

の「学校の顔」だといってもよいものです。受験生が初めてであう「学校の顔」は入試問題だと言えます。

そこにそれぞれの学校が望む生徒像が反映されているわけです。つまり、その学校が、どのような学力と生活観を持った受験生に入学してほしいのかが、的確に表れているのが入試問題なのです。

過去問には、その学校、その学校によって特徴がでてきます。

入試問題の特徴をつかむことは、合格を勝ち取るための大切な要素です。

学校説明会のなかで「わが校の過去問をしっかりやっておいてほしい」という話をされる学校が多くあります。

つまり「過去問で演習していれば合格の可能性が高くなります」と言っているのと同じです。

模擬試験で芳しい結果がでていなかったとしても、ねらいとする学校の過去問題対策をしっかりやっておけば、合格できる可能性が広がります。

過去問に取り組むときは、「志望校と併願校に共通した入試問題の傾向を見据え」、「最近の入試問題の傾向を探りだすこと」です。

「志望校と併願校に共通した入試問題」とは、問題の中身よりも、出題全体の配分や偏り、出題の多い分野などを見定めることです。

「最近の入試問題の傾向」ですが、いま、大学入試の改革に合わせて、中学入試は変化しています。

ご家庭では、新聞記事の話題、お父さまが読んだ本の話題など、ご家族みんなで、いつも「考える」姿勢をつくりだすことが大切になります。

なぜ、過去問対策が必要なのか、と問われれば、それは「合格への近道だから」ということになります。そんな視点で過去問と対峙して、家庭生活も考えてみましょう。

国立・私立中学校プロフィール

東 京

あ……45	た……85	は……106	や……121
か……52	な……102	ま……113	ら……122
さ……68			わ……124

●オープンスクール【要予約】
　7/15 10:00～12:20
●TDU武蔵野祭（文化祭）【予約なし】
　9/15, 9/16 9:30～16:00
●授業公開【保護者対象・申込制】
　11/ 7 10:00～
●学校説明会【定員なし・申込制】
　9/ 8 14:00～　10/ 7 14:00～
　11/10 14:00～　 1/ 6 14:30～
●過去問題解説【要予約】
　12/15 10:00～12:10

＊予約と申込は本校HPから（各イベントの約1か月前から開始）

2016年度から
新総合学習
「TDU 4D-Lab」
がスタート!!

人間らしく生きる
TDU Junior & Senior High School 東京電機大学中学校・高等学校
東京都小金井市梶野町4-8-1　TEL.0422-37-6441　https://www.dendai.ed.jp/

東京の全私立小学校・中学校・高等学校が参加

東京都私立学校展
進学相談会

2018 8.18(土) 19(日)

【有楽町】**東京国際フォーラム ホールE**
入場無料 / 予約不要 / 10:00～16:00（入場は15:30まで）
全校参加はココだけ!! 首都圏最大!! / 昨年来場者数53,400名（2日間延べ人数）

アンケートにお答えいただいた方に
2019東京都内私立学校案内をプレゼント!
（両日ともに先着6,000組）

(昨年発行見本)

東京の私立中学校・高等学校
416校の進学相談 ほか
中学校・高等学校お問い合せ
東京私立中学高等学校協会
TEL. 03-3263-0543

東京の私立小学校
54校の進学相談 ほか
小学校お問い合せ
東京私立初等学校協会
TEL. 03-3261-2934

同時開催!

学び体験フェア マナビゲート
「学び」のおもしろさ新発見!
昨年は10大学が出展

秋の予告
2018東京私立中学・高等学校 **池袋進学相談会**
池袋サンシャインシティ 文化会館2F 展示ホールD
10.21(日)

主催：一般財団法人東京私立中学高等学校協会、東京私立初等学校協会、公益財団法人東京都私学財団　東京私学ドットコム [検索]

青山学院中等部

東京 渋谷区 / 共学校

「若い時に 本物を 存分に」

新しい本校舎には、教科教育のさらなる充実をはかるための「教科センター方式」が導入されました。「教科センター方式」とは、各教科が専用のゾーンを持ち、専用の教室、教科の発表や作業のためのメディアスペース、教科の先生の研究室をそれぞれ隣接させることです。それにより、従来型の教室に比べ、より充実した教科教育が可能になります。

教科を媒体とする学習コミュニケーションの場は、クラスや学年を越えた生徒同士、生徒と教職員をつなぐ空間として機能し、学校全体が新たなコミュニケーションを生みだしていきます。

小クラス制によるゆとりある学校生活

青山学院では、基礎学力の徹底と、自ら考える力を身につけることを重視し、1クラス32名、1学年8クラスの少人数制を実施しています。外国人教師による英会話、数学の習熟度別授業、各教科での多彩な選択授業などにより、一人ひとりの個性を引きだす教育を推し進めています。

国際交流もさかんです。中等部では、オーストラリア、フィリピン、韓国の中学校との交流プログラムが用意されており、いろいろな国の人との交流をとおして、海外へ目を向けるとともに、日本についての認識も深まっていきます。また、青山学院大に通う留学生と交流するチャットルームも自由に参加できます。

幼稚園から大学までを併設している青山学院では、高等部からは卒業生の約8割が青山学院大および青山女子短期大へ進学しています。他大学を受験する生徒も増えており、高等部では、各自の進路に応じた多様な選択科目が準備されているので、他大学受験への対応も万全です。

伝統のキリスト教教育で人間性を養い、世界を舞台に活躍できる人材を育成する青山学院中等部です。

SCHOOL DATA

- 東京都渋谷区渋谷4-4-25
- JR線ほか「渋谷」徒歩15分、地下鉄銀座線・半蔵門線・千代田線「表参道」徒歩10分
- 男子380名、女子383名
- 03-3407-7463
- http://www.jh.aoyama.ed.jp/

麻布中学校

東京 港区 / 男子校

「自由闊達」の校風が自主自立を育む

毎年多くの難関大へ進学者を輩出する、麻布中学校・高等学校。1895年（明治28年）創立という伝統校です。

創立者江原素六先生の教育姿勢のもと、創立以来、ものごとを自主的に考え、判断し、自立した行動のとれる人物の育成をめざし、自由闊達な校風を伝統としてきました。

こうした伝統を持つ麻布では、明文化された校則はなく、標準服はありますが服装も自由です。

また、文化祭や運動会、学年旅行といった学校行事もすべて生徒の自主運営に委ねられていることも特徴です。

豊かな人間形成をめざす

麻布では、幅広く深い教養を身につけ、豊かな人間形成をはかることを教育の主眼としています。

全人教育の観点から、感性・感覚・情操を涵養するため、音楽・美術・工芸・書道などにもじっくりと時間をかけています。体育では柔道・剣道の選択必修授業もあります。

各教科ごとに、中高6年間の連続性が考慮された独自のカリキュラムを編成し、生徒の自発的な学習意欲を引きだし、思考力・創造力・感受性を育てることに努めています。中学段階では、基本的な知識を幅広く身につけるとともに、柔軟な思考力を養うことに力点をおいた教育がなされています。

授業はどの教科も質・量ともに相当な密度となっており、各教科で独自に編集したプリントや教科書以外の副読本を多用しながらきめ細かく進めていきます。

また、高1・高2では、土曜日に2時間の教養総合授業を行っています。これは少人数ゼミ形式で、約40講座から希望するものを選択します。

自由の意味を理解し、それに応えられる自主・自立の精神を深く学び、未来をめざす青年を育む場が麻布中学校・高等学校です。

SCHOOL DATA

- 東京都港区元麻布2-3-29
- 地下鉄日比谷線「広尾」徒歩10分、都営大江戸線・地下鉄南北線「麻布十番」徒歩15分
- 男子のみ904名
- 03-3446-6541
- http://www.azabu-jh.ed.jp/

足立学園中学校

品格あるたくましい男子の育成

東京 足立区 / 男子校

国際社会で活躍できる人材の育成

「自ら学び 心ゆたかに たくましく」を教育目標に掲げる足立学園中学校・高等学校。井上実校長先生は、「生徒が志を持ち、夢や希望をかなえるためのサポートを教職員が一丸となって全力で行います。自己肯定感を高め、楽しく生活し、将来に役立つさまざまな力を育み、品格あるたくましい男子に育ってほしいです」とおっしゃいます。

中学には特別クラスと一般クラスがあり、特別クラスは難関国公立大学・難関私立大学をめざし、一般クラスはきめ細かい指導で基礎学力の定着をはかり、中3では数学・英語を少人数グレード別授業で指導しています。

中3の企業インターンでは、4000字のレポート作成やプレゼンテーションに取り組み、高校の探究総合の授業では、自ら課題を発見して解決する力を育み、世界で活躍できる人材を育成します。高校は探究、文理、総合の3コースに分かれて進学し、自分のめざす進路に応じて学びを進めます。

全人教育をめざす多彩な行事

足立学園には中高をつうじて多くの行事があります。

30kmの強歩大会は中学3学年を縦割りにし、上級生が下級生の面倒を見ながら歩くことで、心身の鍛錬や学年を超えた「きずな」が生まれます。

そのほかにも、命の誕生・尊さを学ぶ性教育講演会や高校でのデートDV(交際相手からの暴力)講話で男女のあり方を学びます。

高1では福島県喜多方市での農業・農泊体験で、日本の農業が抱える問題や、東日本大震災からの復興について考え、意見をまとめて発表できるようにします。

こうした行事をとおして生徒の主体性を引き出し、社会性、協調性を備えた「品格あるたくましい男子」へと成長させています。

SCHOOL DATA
- 東京都足立区千住旭町40-24
- JR線ほか「北千住」徒歩1分、京成線「京成関屋」徒歩7分
- 男子のみ475名
- 03-3888-5331
- http://www.adachigakuen-jh.ed.jp/

跡見学園中学校

創立143年を迎え新たな歴史を歩み始める

東京 文京区 / 女子校

高い学力と人間力を育む2コース制

新しい大学入試制度に向けた学力と国際社会で生きる人間力を身につける跡見の中高一貫教育。難関大学合格をめざすIクラス(難関進学クラス)・G-MARCHクラス以上の大学合格をめざすPクラス(総合進学クラス)の2コース制で、実践的な学力指導を行っています。

いずれのコースでも、140年を超える伝統の女子教育をつうじて、豊かな教養としなやかな心を持って国際社会で生きる人間力を磨きます。「放課後プログラム」では、茶道・華道・箏曲のおけいこや英検の実力養成講座、補習授業などを実施。きめ細やかな指導を行っています。

本物に触れ豊かな感性を養う

「本物に触れる」ことを大切にしている跡見学園では、世界の一流演奏家やオーケストラによるコンサート、能・狂言などの古典芸能鑑賞を行うとともに、放課後プログラムとして、茶道・華道・箏曲を習える場を用意しています。

校外学習も体験を重視しており、浅草寺の散策や江戸東京博物館での学習をつうじて江戸・東京の歴史を学んだり、東京地方裁判所で裁判を傍聴し、裁判官の話を聞くことで、司法の現場を身をもって体験します。さらに、中1・中2では自然教室を実施。ふだんの生活では味わえない、自然とのふれあいを満喫します。

さて、いまではほかの女子校にも広がっている「ごきげんよう」のあいさつ。これは跡見学園発祥で、学校側が強制しているものではなく、生徒の間から自然に生まれ、継承されてきたものだといいます。

このように、長い歴史のなかで生徒の自主性が重んじられ、それが伸びやかな校風に結びついている跡見学園中学校です。

SCHOOL DATA
- 東京都文京区大塚1-5-9
- 地下鉄丸ノ内線「茗荷谷」徒歩2分、地下鉄有楽町線「護国寺」徒歩8分
- 女子のみ592名
- 03-3941-8167
- http://www.atomi.ac.jp/jh/

郁文館中学校

東京 文京区 共学校

「夢を持たせ、夢を追わせ、夢を叶えさせる」

郁文館中学校は1889年（明治22年）に創立された歴史ある学校です。「夢」をテーマとした「夢教育」を実施しているのが特徴で、「子どもたちに人生の夢を持たせ、夢を追わせ、夢を叶えさせる」ことを目的に、独自のプログラムを実施しています。

夢の実現に必要な3つの力

郁文館では、夢をかなえるためには「学力の向上」「グローバル力の向上」「人間力の向上」の3つの力が必要だと考えられています。

「学力の向上」に向けては、中1から「特進クラス」「進学クラス」「グローバルリーダー特進クラス」の3つを用意し、将来の進路に応じてていねいに指導しています。また、日々の勉強の計画や結果を書く「家庭学習ノート」を活用するなど、学習習慣を身につけられるように配慮されているのも特徴です。

「グローバル力の向上」としては、毎朝、英語のリスニングをしたり、ネイティブスピーカーの教員と昼食をとるスペースを用意したりと、日常的に英語に触れる機会をつくっています。また、ニュージーランドや台湾、カンボジアなど、さまざまな国を訪れられる研修があるのも魅力です。

さらに、グローバル社会に対応できる人物を育成することを目標とする「グローバルリーダー特進クラス」では、ネイティブスピーカーの教員が朝礼や授業をすべて英語で行うといった取り組みも実施されています。

そして「人間力の向上」をめざすプログラムも他校にはない特色が光ります。農業などを体験する「夢合宿」、MVD（生徒のなかで最も郁文館生らしい生徒＝モースト・バリアブル・ドリーマー）を決める「郁文夢の日」、各界で活躍している「夢」をかなえた「夢達人」の講演会「夢達人ライブ」などです。

こうした多彩な取り組みをつうじて夢をかなえるための力を育み、社会で輝ける人材へと生徒を成長させる郁文館中学校です。

SCHOOL DATA

- 東京都文京区向丘2-19-1
- 地下鉄南北線「東大前」徒歩5分、都営三田線「白山」・地下鉄千代田線「根津」「千駄木」徒歩10分
- 男子202名、女子126名
- 03-3828-2206
- http://www.ikubunkan.ed.jp/

上野学園中学校

東京 台東区 共学校

グローバルな視野の育成、芸術の学びのある進学校

1904年（明治37年）に創立された上野学園中学校・高等学校は、「自覚」を建学の精神として、自己を深く見つめ、個々の持つ可能性と個性を伸張させます。自らの世界を豊かにすると同時に、グローバル化が進む社会にあって、自立し、貢献できる人材の育成をめざします。

中学では、「アドヴァンスト・コース」と「プログレス・コース」があり、6年後の大学進学をめざし、学力の向上をはかります。主要5教科の学力を強化し、学び、考える生徒を育てるとともに、英語音声教育の充実や異文化への理解など、次世代の担い手となるグローバル教育に力をそそぎます。伝統ある音楽教育の環境のなかで、「ひとり一つの楽器演奏」や、さまざまな演奏会をとおして、豊かな感性を育てます。

とくに、思考力を育む教育プログラムとして、「上野公園フィールドワーク」を実施します。中1では、「サイエンスプログラム」を、中2では、「ソーシャルプログラム」をとおして課題発見や情報収集、レポート作成、プレゼンテーション力など、社会で活躍するための力を養います。

「アドヴァンスト・コース」では、中3で高校の授業内容にふみこみ、国公立大や難関私立大をめざします。「プログレス・コース」では、基礎的学力を強化し、高校での学習につなげ、大学進学をめざします。少人数制の特色をいかし、個々の進路目標に沿って、生徒と教員が近い距離で、徹底指導をはかります。

音楽専門をめざす学び

高校で音楽科をめざす生徒には、音楽基礎科目のソルフェージュの授業や、大学の教授や演奏家として第一線で活躍している指導者による専門実技のレッスン、校内にて行われる多くの演奏会での発表など、恵まれた音楽教育の環境のなかで、豊かな音楽性を育んでいきます。

SCHOOL DATA

- 東京都台東区東上野4-24-12
- JR線・地下鉄銀座線・地下鉄日比谷線「上野」徒歩8分、京成線「上野」徒歩10分、つくばエクスプレス「浅草」徒歩12分
- 男子45名、女子58名
- 03-3847-2201
- http://www.uenogakuen.ed.jp/

穎明館中学校

東京 八王子市 共学校

生徒の可能性を最大限に伸ばす

「多方面で活躍できる魅力あるグローバルな人材」の育成をめざす穎明館中学校は、1985年（昭和60年）に東京・八王子の緑豊かな丘陵に設立されました。2017年（平成29年）には緑あざやかな人工芝グラウンドが完成しました。広大なキャンパスは6年間を過ごすのに理想的な環境と言えます。

カリキュラムは、中高一貫の特性をいかしたゆとりのあるつくりになっています。高2で文系・理系に分かれますが、どちらに進んでも、5教科は必修です。安易に科目をしぼらずバランスよく学ぶことで、国公立大も無理なくめざすことができます。

また、日々の学習の積み重ねを大切にしており、小テストや提出課題などの平常点を定期テストと同程度に評価しています。目標点に満たない生徒には再テストや再提出をうながし、個々の学習状況を細かく把握します。

そんな穎明館のキャリア教育は、学年ごとに段階をふんで進んでいきます。

一歩ずつ進む充実のキャリア教育

中1・中2では、穎明館をよく理解し、基本的な生活習慣と学習習慣を学びます。中3・高1では、卒業論文作成や、保護者・卒業生などによる職業ガイダンス、大学の学部学科説明会など、自己の適性を見極め、関心を広げるプログラムを実施。全員参加のUSA・カナダ研修を経験して国際交流に目覚める生徒もいます。また、医療系を志望する生徒には医師・看護体験が用意されています。

最終段階では、具体的に進路をしぼるため、各大学のオープンキャンパスなどに積極的に参加するとともに、穎明館を卒業した大学生の先輩による進学懇談会なども行います。

このような充実したキャリア教育で、多方面で活躍する卒業生を輩出している穎明館中学校。創立30周年が過ぎ、「面倒見のよい」学校として注目を浴びる1校です。

SCHOOL DATA
- 東京都八王子市館町2600
- JR線・京王高尾線「高尾」バス、JR線・京王相模原線「橋本」スクールバス
- 男子352名、女子229名
- 042-664-6000
- http://www.emk.ac.jp/

江戸川女子中学校

東京 江戸川区 女子校

豊かな情操と教養を持つ自立した女性を育成

ステンドグラスや大理石の柱など、優雅な雰囲気の校舎を持つ江戸川女子中学校・高等学校。創立以来、建学の精神として「教養ある堅実な女性の育成」を掲げ、きめ細かな学習指導と伝統の情操教育を重視し、幅広い知識を持つ自立した女性を育てています。

学習面では、国語・数学・英語・理科で、中学から高校の学習内容に入る先取り教育が取り入れられ、数学ではさらに習熟度別少人数授業も行われています。ていねいな指導に加え、朝テストや補習・講習も定期的に実施されるので、確実に学力を身につけることができます。高2からは個々の希望進路によって「普通科Ⅱ類」、「普通科Ⅲ類」、「英語科」に分かれ学びを深めていきます。

一生役立つ英語力を養う

6年間をとおして英語教育に重点がおかれているのも特徴です。中1から「Progress21」を使用し、中3までに高校で学ぶ基本的な文法事項のほとんどを学習します。中学で2500語以上の語彙を習得し、例年70％前後の生徒が中3で英検準2級を取得しています。外国人教師と日本人教師によるチームティーチングの英会話授業も実施されています。

高校では海外研修として、カナダまたはフィリピン修学旅行、4カ国から行き先を選べる語学研修や1年留学があります。

こうした教育により、大学受験に必要な英語と一生使える英語の両方をしっかりと身につけることができるのです。

そして、英語教育に加え、日本文化に触れることも大切にされています。週に1時間設けられている「特別教育活動」では、茶道、箏曲、華道を学びます。芸術への造詣を深め、感性や品格を磨くことで、生徒は凛とした女性へと成長していくのでしょう。

「生徒の夢をかなえる」を合い言葉に、教育に惜しみない情熱をそそぐ江戸川女子中学校・高等学校です。

SCHOOL DATA
- 東京都江戸川区東小岩5-22-1
- JR線「小岩」徒歩10分、京成線「江戸川」徒歩15分
- 女子のみ491名
- 03-3659-1241
- http://www.edojo.jp/

桜蔭中学校

東京 文京区 女子校

学びて人を愛す―伝統の心

　文京区本郷の高台、閑静な住宅街に中高一貫の女子校、桜蔭中学校・高等学校があります。

　中学校では、時代に適応した学習と道徳の指導をつうじて建学の精神である「礼と学び」の心を養い、高等学校進学にふさわしい品性と学識を備えた人間形成をめざしています。高等学校では、中学校の教育を基礎として、豊かな愛情と自主の精神を持って広く学び、正義の念に基づいて行動する女性の育成を目標とします。

　校訓となっている「勤勉・温雅・聡明であれ」「責任を重んじ、礼儀を厚くし、よき社会人であれ」の言葉どおり優秀な生徒が多く、卒業後はさまざまな分野で活躍する有能な女性を送りだしています。

　また、「学びて人を愛す」という桜蔭の伝統の心を学ぶため、中学校では礼法の時間が設けられています。礼法は、高2の「総合学習」のなかでも指導されています。

独自カリキュラムとていねいな指導

　桜蔭では、中高一貫のメリットと女子校の特性をいかした独自のカリキュラムを編成しています。中学では、主要教科の授業進度を早くし、親身な指導により基礎学力を育むとともに、高い学習能力を身につけます。

　授業では独自教材などを使用しながら、教科書の範囲を超えた高度な内容を展開しています。数学では中3から高校の内容に入り、国語では中2から古典文法を学びます。

　中学校の総仕上げとして、中3全員に「自由研究」の課題が与えられます。各自が自分の興味や関心のあるテーマを選び、4月から1学期間を費やして資料・文献を集めて分析・研究し、論文のかたちにまとめて提出します。研究テーマは幅広い分野におよび、充実した内容となっています。

　女子教育への熱い情熱が現在も受け継がれている桜蔭中学校・高等学校です。

SCHOOL DATA

- 東京都文京区本郷1-5-25
- 都営三田線「水道橋」徒歩3分、JR線「水道橋」徒歩5分、地下鉄丸ノ内線・都営大江戸線「本郷三丁目」徒歩7分
- 女子のみ713名
- 03-3811-0147
- http://www.oin.ed.jp/

桜美林中学校

東京 町田市 共学校

キリスト教に基づく国際人の育成

「英語の桜美林」の伝統を発揮

　1946年（昭和21年）、国際教育・国際ボランティアのパイオニア、清水安三・郁子夫妻により創立された桜美林学園。「自分を愛するように隣人を愛する」というキリスト教の精神を大切にし、他者の心の痛みに共感でき、国際社会に目を向け、国際社会に貢献・奉仕する人材の育成をめざしています。

　桜美林では、文化のちがいを認めて理解しあうためのコミュニケーションツールとして英語は欠かせないものと考えています。「Express Yourself in English（英語で自分を表現しよう）」を合言葉に、『New Treasure』を使用して、独自の英語プログラムを展開します。週6時間の英語の授業のうち2時間を外国人専任教員が担当し、生徒による発言・発表の機会がふんだんに盛りこまれ、英語が身体にしみこむような工夫がなされています。

　英語学習の成果を発表する「English Presentation」や、シンガポールでの英会話合宿「イングリッシュスタディツアー」、中3のオーストラリア研修旅行など、英語学習への意欲を高める機会が多いことも特徴です。中3から自由選択科目として学習できる中国語・コリア語講座、アメリカ・イギリス・オーストラリア・ニュージーランド・中国・韓国で展開される短期留学制度など国際交流システムも充実しています。

桜美林の進路指導

　桜美林では、希望者は桜美林大へ進学できます。実際に桜美林大へ進学する生徒は例年5～8％程度です。進路指導では、担任以外にも進路指導専任教員による特化した指導が特徴で、生徒一人ひとりのニーズに対応しながらサポートします。こうしたきめ細かな対応の結果、大学進学実績は顕著な伸びをみせています。桜美林は、6カ年一貫教育で生徒の力を確実に伸ばしています。

SCHOOL DATA

- 東京都町田市常盤町3758
- JR線「淵野辺」徒歩20分・スクールバス8分、小田急線・京王線・多摩都市モノレール「多摩センター」スクールバス20分
- 男子219名、女子246名
- 042-797-2668
- http://www.obirin.ed.jp/

鷗友学園女子中学校

東京 世田谷区 / 女子校

グローバル社会で活躍する女性リーダーの育成

校訓は「慈愛と誠実と創造」。人と人との関係のなかで相手も自分も尊重し、社会のなかでともに成長しようとする力。自らの可能性を発見し、意欲を持って学べる力。自由な発想を大切にし、新しいものを創造できる力。これらの力を大切に、グローバル化の進む社会で多様な価値観をひとつにまとめ、リーダーシップを発揮できる女性を育てます。

互いを認めあいながら、自己肯定感を育む

中1はクラスを30人の少人数編成にし、3日に1回席替えを行うなど、生徒一人ひとりがありのままの自分でいられるような居心地のよい集団づくりに取り組んでいます。また、エンカウンターやアサーショントレーニングを取り入れるなど、互いに自由に発言しあいながらも、他者も自分も尊重できるような人間関係づくりを大切にしています。

学校行事や生徒会活動、部活動もとてもさかんです。とくに学園祭や運動会は、実行委員の生徒を中心に1年がかりで準備し、すべて生徒主体で運営しています。生徒が自らの責任で決定、実行するなかで、達成感を得る体験を積み重ね、自己肯定感を育みます。

本物の学びに出会える6年間

鷗友の授業では、自ら学び、自ら発信する主体的な学習をとおして、学びのおもしろさ、学ぶ感動を体験することができます。

理科では、多くの実験に取り組みながら、自分たちで課題を見つけ探求できる力を育みます。英語では、中1から日本語を使わないオールイングリッシュの授業を展開し、大量の英語に触れる環境のなかで英語を英語のまま理解できる力を身につけます。

各教室に設置された最新のプロジェクターやICT機器も利用しながら、幅広い学びを土台に、ディスカッションする力やプレゼンテーション力を高め、どのような社会の変化にも対応できる力を育てます。

SCHOOL DATA

- 東京都世田谷区宮坂1-5-30
- 小田急線「経堂」徒歩8分、東急世田谷線「宮の坂」徒歩4分
- 女子のみ733名
- 03-3420-0136
- http://www.ohyu.jp/

大妻中学校

東京 千代田区 / 女子校

社会で50年輝きつづける女性

社会に貢献できる自立した女性の育成

1908年（明治41年）の創立以来、知性と品性を備えるよき社会人を育ててきた大妻中学高等学校では、校訓「恥を知れ」のもと、時代の要請に応える教育を実践しています。

生徒一人ひとりが確かな学力を身につけるとともに、社会に向かって視野を広げ、自分の将来を着実に考えていく環境が、大妻には整っています。充実した学校生活をつうじて、生徒たちは、つぎの4項目の資質を身につけ、6年間で大きく成長していきます。

・自律と自立の精神（自分で考えて行動し、主体的に物事に取り組む）
・協働の心（目標に向かって、ともに助け合いながら活動する）
・確かな学力（自ら学び、高い知識や技能を着実に身につける）
・社会とつながる（現代社会とどう関わるか、自己の夢と将来像を描く）

すべての普通教室への電子黒板、理科室へのタブレット設置により、生徒が能動的に学習に取り組むアクティブラーニング型授業も促進されています。「中学研究論文」と合わせて、基礎知識の活用法や表現方法を学んでいます。英語教育では5人のネイティブ教員による少人数英会話授業に加えて、課外の発展的講座や個別レッスンが充実しています。

進路指導と大学合格実績

「進路学習」と「進学指導」の両輪が大妻の持ち味です。中3から始まる「進路学習」は「キャリア・レインボー」の理解に始まり、OGによる進路講演会、大学模擬講義などをとおして、従来の職業逆算型の進路学習だけでなく、「社会のかかわり方」から進路を考える「探求型学習」を取り入れています。長期休暇中の講習、小論文、面談など、進学指導も充実し、国公立大や早稲田大、慶應義塾大など難関大学合格に結びついています。

SCHOOL DATA

- 東京都千代田区三番町12
- 地下鉄半蔵門線「半蔵門」徒歩5分、JR線・都営新宿線・地下鉄有楽町線・南北線「市ヶ谷」徒歩10分
- 女子のみ883名
- 03-5275-6002
- http://www.otsuma.ed.jp/

大妻多摩中学校

東京 多摩市 女子校

未来を見据えてふたつのプロジェクトを開始

　創立80周年を迎えた大妻学院が先進的な教育を行う目的で1988年（昭和63年）に設置した学校です。豊かな自然と広大なキャンパス、整った教育環境が魅力。100年以上つづく伝統の女子教育を大切にしながら、3つのCALL教室での少人数制英語授業や5つの実験室を活用した理科授業など、グローバル化や2020年度の新大学入試に対応する教育改革をはかっています。オーストラリア、ハワイ、イギリス、ドイツ、ニュージーランドへのターム留学制度もあり、英語教育には高い評価を受けていますが、昨年度よりさらに「人間関係スキル・キャリア教育」と「英語・国際教育」で6年間を見通すプロジェクトも開始。人間力と英語力を拡充し「世界を視野に活躍できる女性」の育成をめざしています。

伝統の中高一貫女子進学校

　大妻多摩では、ほとんどの生徒が系列の大妻女子大学以外の大学を受験・進学することから、進学校であるといってよいでしょう。学校では、生徒全員を受験生ととらえ、一人ひとりに実力をつけさせ、さまざまなかたちで受験補習を行うなど、意欲のある生徒をバックアップする体制があります。毎年多くの進学実績をだし、昨年度は東北大をはじめとする国公立大に11名、私立大は早稲田大10名、慶應義塾大9名、上智大6名、東京理科大10名など多数が現役合格しています。

小規模校ならではのていねいな指導

　毎年、半数以上の生徒が国公立、早慶上理、G-MARCHのいずれかに合格していますが、猛スピードの先取り型つめこみ教育や上位者だけに特化したクラス編成はとらず、1学年160名の規模をいかし、全員をていねいに指導するのが教育方針です。勉強の仕方や楽しさを最初に時間をかけて教え、高3の中盤では各自の進路探しを支え、最終的には自立した勉強ができることを目標としています。

SCHOOL DATA
- 東京都多摩市唐木田2-7-1
- 小田急多摩線「唐木田」徒歩7分
- 女子のみ486名
- 042-372-9113
- http://www.otsuma-tama.ed.jp

大妻中野中学校

東京 中野区 女子校

「変わる」から「変える」を学ぶ6年間。

　「グローバル社会で輝く女性」を育てるためにはなにが必要でしょうか？　大妻中野中学校は、「積極的に多様性を受け入れるグローバル感覚」「話す・聴く・読む・書く～4技能すべてに優れた語学力」「自ら他者に働きかけ、分かりあおうとするコミュニケーション力」が必要だと考えています。

　大妻中野で過ごす6年間は、グローバル化する未来を見据えたプランに基づくものです。「大妻中野Frontier」「妻中Success」をスローガンに学校全体で活気に満ちて前進する大妻中野。エネルギッシュに学びと向きあい、お互いに刺激しあって自分が「変わる」。自らの成長を実感し、世界を、だれかを「変える」ために一歩をふみだす。未来社会に力強く歩みだす女性が育つ充実の6年間が用意されています。

「私らしい」学びを実現する学習プラン

　大学入試に直結する学力、ハイレベルな語学力。求められる多種多様な学びを理想的にサポートするには充実の設備も必要です。大妻中野は、全教室に電子黒板を完備し、ひとり1台のタブレット端末利用により最新のICT教育環境も実現しています。また、世界各国の提携校が利用できる2週間～1年間の留学プランを多彩に設定。ほしい学びにつながる方法がかならず見つかる学校です。

2018年度入試から2コース制に

　大妻中野では、変化する大学入試に対応し、2018年度（平成30年度）入学生からは「アドバンストコース」「グローバルリーダーズコース」の2コース制で夢の実現を支えます。2017年度（平成29年度）に新しく加わった新思考力入試に加え、理数系の才能を見出す算数入試も実施。きたえられた英語力が試されるグローバル入試（英算国3科目）もあわせ、入学する生徒たちの多様性が織りなす知の相乗作用をいっそう高めています。

SCHOOL DATA
- 東京都中野区上高田2-3-7
- 西武新宿線「新井薬師前」徒歩8分、JR線・地下鉄東西線「中野」徒歩10分
- 女子のみ766名
- 03-3389-7211
- http://www.otsumanakano.ac.jp/

小野学園女子中学校

東京 品川区 / 女子校

次代を担う実力と志を持った「自立した女性」を育てる

人はだれでも、なんらかの使命と存在意義を携えてこの世に生まれてきた奇跡の存在です。そして、科学技術の驚異的な進歩とその力によって日々変化していく世界にあって、女性がどのように生き、社会にかかわっていくのかということは、人類的課題でもあります。こうした状況のなかにあって、小野学園女子中学校は80年有余の「女性教育の伝統」の上に、次代を支え、切り拓いていく実力と志を持った女性を育てるための取り組みをつづけてきました。また、自然と環境の調和・共生などを視野におき、生徒たちの自主的な活動をうながしながら、「人間教育」「英語教育」に力をそそいでいます。

「国数英」を核に「できる生徒をさらに伸ばす」

その成果はいまやゆるぎないものとして定着していますが、これにとどまることなく、自らが主体的に考え、決断し、実行する力の養成を日々の教育活動の中心に据えて挑戦しています。たとえば実験や実習によって「なぜだろう」を大切にする理科授業とともに自然環境を身近な問題として考えるなかから、大井町自然再生観察園での先進的な取り組み「ホタルプロジェクト」を行っています。

中学校では6カ年を見通した学習と進路計画をもとに「国語・数学・英語」を核にした学習で、国公立大、G-MARCH以上の私立大への進学をめざします。また、英語はネイティブ教員を活用して、耳と口の徹底的な訓練を実施。3年間をつうじてネイティブ教員の授業は週3回、日本人教員の授業は週3回です。

「わかる」が主体性を育てる

生徒の理解度を優先した授業を進めています。シラバス中心・進度重視の授業ではなく、生徒の「わかる、できる」に重点をおいた授業によって、自分の特性や適性に気づき、やがて自主的な学習へと向かう「完熟主義」学習を行っています。

SCHOOL DATA
- 東京都品川区西大井1-6-13
- JR線「西大井」徒歩6分、JR線・東急大井町線・りんかい線「大井町」徒歩12分
- 女子のみ39名
- 03-3774-1151
- http://onogakuen-jyoshi.jp/

海城中学校

東京 新宿区 / 男子校

「新しい紳士(ジェントルマン)」を育成する

海城では、「国家・社会に有為な人材の育成」という建学の精神のもと、「リベラルでフェアな精神をもった新しい紳士」の育成に取り組んでいます。

海城が求める理想の人物像は、人間力と学力がバランスよく身に備わった人間です。しかもそれらは、その時代その時代が要請する「新しい人間力」と「新しい学力」をそれぞれ含み持っていなければなりません。

では、グローバル化が進み、価値観が多様化している現代社会において求められる「新しい人間力」・「新しい学力」とはなんでしょうか。海城では、異質な人間同士が深くかかわって生きていき、お互いのよいところを引き出しあって創発を生み出す、「共生」と「協働」の能力が「新しい人間力」の中心であると見定め、仲間と協力して課題を克服する「プロジェクト・アドベンチャー」や演劇的手法を用いた「ドラマエデュケーション」といった体験学習をとおして、これらの能力を育成しています。また、「新しい学力」である「課題設定・解決型の学力」を、探求型の社会科総合学習や実験・観察に重きを置いた理科の授業をとおして育てています。

国際理解教育

2011年度(平成23年度)から帰国生の受け入れを本格的に開始したことにともない、2012年度(平成24年度)よりグローバル教育部が発足しました。同教育部では、①帰国生の支援のほか、②高い英語力を備えている生徒の英語力保持・増強、③在学中の海外研修・留学支援、④海外大学進学支援(SAT・TOEFL対策講座／海外大学進学カウンセリング等)を積極的に行っています。

現在、中学3年の春休みと高校1・2年の夏休みに各30人の海外語学研修を実施。また、2016年度(平成28年度)からは高校1年の3学期の1学期間をカナダの公立高校で過ごす短期留学も行っています。

SCHOOL DATA
- 東京都新宿区大久保3-6-1
- JR線「新大久保」徒歩5分、地下鉄副都心線「西早稲田」徒歩8分、JR線「大久保」徒歩10分
- 男子のみ986名
- 03-3209-5880
- https://www.kaijo.ed.jp/

開成中学校

東京 荒川区 / 男子校

東大合格者第1位を誇る難関校

日本を代表する私学、「開成」。毎年、3桁におよぶ東大合格者を輩出し、その数は他校を圧倒しています。

1871年(明治4年)、幕末の進歩的知識人であった佐野鼎によってつくられ、日本で最も長い歴史を持つ名門私立学校でもあります。創立以来、社会のあらゆる分野に多くのリーダーを輩出してきました。

学校名は中国の古典「易経」にある「開物成務」に由来し、ものごとの道理と人間性の啓発培養に努めることを意味しています。また、校章は有名な格言「ペンは剣よりも強し」を図案化したもので、いずれも開成の校風を象徴するものになっています。

校風は自由かつ質実剛健

「進取の気性・自由の精神」という建学の精神は、初代校長高橋是清のもとで確立され、自由、質実剛健の気風のなかで現在にいたるまで連綿と継承されています。

開成では、そうした校風のもと、生徒の自主性を尊重した教育が行われています。勉強においても、生徒が自ら学び取っていく「自学自習」の学習態度が要求されます。生徒は、質問があれば積極的に先生のところへ出向き、自学自習の精神を発揮して勉学に励んでいます。

授業のカリキュラムには独自のものが用意され、進み方は早く、内容も濃くハイレベルなものばかりです。工夫された自主教材をもとに進められる授業も多く、教員作成のプリントが中心となっていることも特徴です。

さらに、「知・心・体」のバランスを重視する学園の理念に基づいて、音楽、美術、技術・家庭科などにもしっかりと取り組むことができ、実技を中心とした活発な授業が展開されています。

また、開成では、9割以上の生徒が部活動に参加し活躍しています。文武両道は当たり前という開成教育の表れといえるでしょう。

SCHOOL DATA
- 東京都荒川区西日暮里4-2-4
- JR線・地下鉄千代田線・日暮里・舎人ライナー「西日暮里」徒歩1分
- 男子のみ909名
- 03-3822-0741
- http://www.kaiseigakuen.jp/

開智日本橋学園中学校

東京 中央区 / 共学校

夢を実現するための学力と人間力を養う

「6年あるから夢じゃない!!」を合言葉に2015年(平成27年)に誕生した開智日本橋学園中学校。

「世界中の人々や文化を理解、尊敬し、平和で豊かな国際社会の実現に貢献するリーダー」の育成をめざしています。

開智日本橋学園では、中1から4つのクラスに分かれて学んでいきます。

「グローバル・リーディングクラス(国際先端クラス)」は、すでに英語力がじゅうぶんにある生徒のクラスで、海外大学をめざします。「デュアルランゲージクラス(多重言語クラス)」は、英語を中学から本格的に勉強し、国内・海外の大学を目標とします。どちらも世界トップレベルの学力を育むために、世界標準の大学進学プログラムである国際中等教育と国際大学進学教育が導入されています。こうした教育により、開智日本橋学園は、国際的に通用する大学入学資格(国際バカロレア資格)を取得できる国際バカロレア中等教育プログラムの候補校となっています。

日本のトップレベルの大学をめざす「リーディングクラス(最先端クラス)」では、アクティブ・ラーニングを主体に探究型・協働型授業が実施されています。すべてのクラスでネイティブによる本格英語教育も進めています。

さまざまな力を伸ばす探究学習

どのクラスにも共通する特徴的な学びとして探究学習があげられます。フィールドワークを行いながら課題に対する結論を導きだす取り組みで、中学生はグループで、高校生は個人で探究を進め、高2は海外で現地の大学生にそれまでの成果を発表します。探究学習で大切なのは結論ではなく、どのように考え、調査、実験、検証したのかという過程です。こうした経験が主体性や創造性、発信力、課題解決能力といった力を伸ばすのです。

6年間の「創造的な学び」により、学力と人間力を育てる開智日本橋学園中学校です。

SCHOOL DATA
- 東京都中央区日本橋馬喰町2-7-6
- JR線・都営浅草線「浅草橋」・JR線「馬喰町」徒歩3分、都営新宿線「馬喰横山」徒歩7分
- 男子264名、女子250名
- 03-3662-2507
- http://www.kng.ed.jp/

53

かえつ有明中学校

21世紀型グローバル人材を育成

　正解のない問いにいかに答えを見出すか。欧米型の教育が求められ、日本の大学入試も思考力重視に切り替わるなか、かえつ有明では、2006年（平成18年）の共学化の折から、思考力を育むオリジナル科目の「サイエンス科」をつづけています。サイエンス科では、3年間の教育プログラムが確立されており、「だれもが思考力・判断力・表現力が身につく」内容になっています。そして、このサイエンス科の授業の担当者は、毎週毎週集まって勉強会をし、そのプログラムは日々進化しています。

　また、帰国生が多いのも特徴で、その総数は6学年で234名。今年の中1はおよそ26％が帰国生です。国際色豊かで、グローバルが「ふつう」と言えるような環境が広がっています。そのお陰もあって、帰国生でない生徒たちも世界への意識が高く、英語の学習にも熱心に取り組んでいます。また、日常的に多様な価値観に触れることで、幅広い人間性が育まれるという側面もあります。さらに、全教科的にアクティブラーニングの取り組みを行う一方で、モデルコアカリキュラムをつくり、すべての生徒が高3までに身につける知識と資質・能力を明示しているのもかえつ有明の大きな特徴のひとつです。

中高大の教育連携が充実

　2016年（平成28年）、東京理科大とインターンシップ協定を締結。かえつ有明の教員が東京理科大で授業を行う場面もあり、教員をめざす熱い学生に向け、最先端の中高教育を伝えています。今後さらに連携の強化が予定されています。また、法政大には20枠以上の推薦枠があり、大学訪問を含め、法政大の教育に触れる機会がさまざまあります。北里大特別栄誉教授で、ノーベル生理学・医学賞を受賞された大村智博士の奥様は、かえつ有明の元教員です。そのご縁があり、生徒に向けた講演会も実施されています。

SCHOOL DATA

- 東京都江東区東雲2-16-1
- りんかい線「東雲」徒歩8分、地下鉄有楽町線「豊洲」バス、地下鉄有楽町線「辰巳」徒歩18分
- 男子291名、女子235名
- 03-5564-2161
- http://www.ariake.kaetsu.ac.jp/

学習院中等科

個性と可能性を伸ばすきめ細かな指導が魅力

　学習院の創建は1847年、公家の学問所としての開講でした。多くの支持者を持つ、そのつねに変わらぬ教育風土は、「自由と倫理」の精神によって特徴づけられています。自由を尊ぶ気持ちは独立性、創造性へとつながり、倫理性は、その自由を放縦に走らせず、個性ある人材を育てます。教育目標は「ひろい視野、たくましい創造力、ゆたかな感受性の実現」です。学習院では中学時代を、自分がどのような人間であるのかを自覚し、自分のなかに可能性を見つけ、個性を育むための準備をする時期であるととらえ、そのあと押しをする教育を行っています。

将来のいしずえとなる力を育む

　各教科の授業内容や指導は、中高で綿密に連絡を取ることで、合理的かつ効果的なカリキュラム編成になっています。授業では独自のテキストやプリント、資料集、問題集などを使い、少人数制や習熟度別の授業を取り入れたきめ細かな指導が行われています。

　そして、長距離歩行や沼津游泳、東北自然体験などの行事や、運動部・文化部合わせて20以上あるクラブ活動をとおして生徒はたくましく成長していきます。

　高等科では中等科で芽生えた個性や可能性をさらに伸ばしていきます。高等科に進むと、教科書にとらわれない、さらに高度な内容の授業が実施され、高2・高3では多彩な選択科目が設けられます。協定留学制度や公認留学制度もあり、これからの国際社会へ羽ばたく生徒を支援しています。

　学習院大へは毎年約50％の生徒が推薦により進学していきます。その一方で他大学受験を応援する体制も整えられています。

　生徒の興味・関心に応え、学ぶ心、探究する心を育てる魅力的な教育を行っている学習院中等科・高等科。個性や可能性を伸ばしながら、大学進学だけでなく、将来のいしずえとなる力を養うことができる学校です。

SCHOOL DATA

- 東京都豊島区目白1-5-1
- JR線「目白」・地下鉄副都心線「雑司が谷」徒歩5分、都電荒川線「学習院下」徒歩7分
- 男子のみ606名
- 03-5992-1032
- http://www.gakushuin.ac.jp/bjh/

学習院女子中等科
未来を切り拓く力を育てる

東京 新宿区　女子校

ダイヤモンドの原石を磨きあげる

都心にありながらも緑豊かなキャンパスを持つ学習院女子中・高等科。学習院女子というと、その前身が1885年（明治18年）に設立された「華族女学校」であることから、特別なイメージを抱くかたもいらっしゃるかもしれません。しかし、現在の学習院女子は伝統を大切にしつつも、ごくふつうの私学として、また優秀な大学進学実績が表すように、女子進学校として着実にその名を高めている学校です。

ダイヤモンドの原石である生徒の能力を磨きあげるとともに、生徒一人ひとりの個性を引きだし、伸ばす教育を実践しています。

中高一貫の学習院女子は、6年間をひとつの流れとして、中1・中2は基礎課程、中3・高1は応用課程、高2・高3は発展課程と位置づけ、無理なく高い教育効果をあげています。

国語・数学・英語は基準時間数より多く、体育や芸術などについてもバランスよく配分されています。高2・高3では、文理コースを設定し、生徒一人ひとりの進路に応じた科目を学習することが可能です。

中1・中2では教科によって少人数制授業を採用しています。英語は6年間一貫して分割授業を行い、口頭練習や口頭発表の機会も多く設けています。

異文化理解への積極的姿勢

早くから国際理解教育に取り組んできた学習院女子では、留学や海外研修旅行もさかんです。帰国生の受け入れにも熱心で、海外生活経験者の数は中等科全体の1割程度で、滞在先も欧米、アジアと多様です。異文化体験豊かな生徒と一般生徒が、それぞれの考え方を認めあうプロセスをとおして、異文化理解への前向きな姿勢を養っています。

「その時代に生きる女性にふさわしい知性と品性を身につける」女子教育を行います。

SCHOOL DATA
- 東京都新宿区戸山3-20-1
- 地下鉄副都心線「西早稲田」徒歩3分、地下鉄東西線「早稲田」徒歩10分、JR線・西武新宿線「高田馬場」徒歩20分
- 女子のみ614名
- 03-3203-1901
- http://www.gakushuin.ac.jp/girl/

川村中学校
21世紀に輝く女性をめざして

東京 豊島区　女子校

1924年（大正13年）創立の川村学園。「感謝の心」「女性の自覚」「社会への奉仕」を教育理念として掲げ、生徒一人ひとりを大切に見守りつづけています。教育目標は「豊かな感性と品格」「自覚と責任」「優しさと思いやり」。感謝の心を基盤として、知・徳・体の調和がとれた学びを実践し、豊かな感性と品格を兼ね備えた女性の育成をめざしています。

川村の特色ある教育

①「考える力」「伝える力」「確かな学力」の育成…2学期制や土曜授業をいかし、じゅうぶんに授業時間を確保。数学と英語は全学年で習熟度別授業を行います。年間をとおして英検対策講座を開講し、学年に応じて目標級を定め、2級まで合格する力をつけます。夏には英国語学研修なども実施し、生きた英語に触れる経験を大切にしています。

②「感謝の心」を基盤に豊かな人間性を育てる学習…自分自身の「生きる力」を養うため、「総合的な学習の時間」を活用し各学年でテーマを設けて、体験・思考・発表のサイクルを繰り返し、学習を進めています。

③豊かな心と健康な身体を育成…行事などをとおして情操・健康教育に取り組み、日々の会食（給食）でマナー指導も行います。

④6年間育んだ「力」で夢の実現…しっかりと自分の将来と向き合うキャリア教育（職業探究プログラム等）を実践しています。

⑤スクールライフの充実…緑豊かで閑静な文教地区の中心にありながら、山手線目白駅から徒歩1分という安心な立地で落ちついた学校生活を送ることができます。

⑥豊かに、美しく、清らかに…さまざまな行事に全力で取り組み、自らの成長をめざします。

⑦かけがえのない時間の大切さ…クラブ活動では、授業とはちがった充実感を味わえます。

⑧安全・安心に徹した教育環境…校舎は高い防災対策と木のぬくもりのある明るい雰囲気を兼ね備えています。

SCHOOL DATA
- 東京都豊島区目白2-22-3
- JR線「目白」徒歩1分、地下鉄副都心線「雑司が谷」徒歩7分
- 女子のみ215名
- 03-3984-8321
- http://www.kawamura.ac.jp/cyu-kou/

神田女学園中学校

東京 千代田区 女子校

革新的女子教育を行うリベラルアーツ校をめざす

　128年の歴史と伝統を誇る神田女学園。神田猿楽町に位置し、旧校舎を思わせる地上7階建ての趣のある校舎には、生徒全員を収容できる講堂や使いやすく工夫された図書館、茶室、体育館、校庭、さらに武道室まであり、都内の女子校でも屈指の施設環境が整っています。近年、これまでのカリキュラムを見直し、中学は2015年度（平成27年度）に「グローバルクラス」を立ちあげ、2018年度（平成30年度）からはすべてのクラスを「グローバルクラス」とし、神田女学園独自のリベラルアーツ教育を実践しています。

中学はすべて「グローバルクラス」

　「グローバルクラス」はネイティブ教員と日本人教員の2名担任制で、HRはすべて英語で行われています。週6時間の英語の授業以外に、中1・中2では週2時間のオンライン英会話、中3からはフランス語・中国語・韓国語から1科目を選択する「トリリンガル教育」が始まります。そして中学の集大成として中3全員必修の「ニュージーランド短期留学」で3年間培ってきた英語力を実践し、英語学習のモチベーションをさらに高めていきます。また、中学から課題解決型のプロジェクト学習も始まります。主体的な深い学びと問題発見力・解決力、コミュニケーション力を養うためのオリジナルプログラムです。

知識×教養×品格＝リベラルアーツ教育

　神田女学園がめざす教育は言語学習をベースとしたリベラルアーツ教育です。「シックス・パックス」と呼ぶ放課後学習を利用した圧倒的な基礎学力の育成、トリリンガル教育を中心とする教養としての言語教育、そしてロジカル・クリティカルシンキングに必修の数学と理科の教養言語の習得、さらに長い歴史に育まれた他者の立場を思いやる品格、これらを効果的に融合することで神田女学園独自のリベラルアーツ教育が生まれます。

SCHOOL DATA

- 東京都千代田区神田猿楽町2-3-6
- JR線・都営三田線「水道橋」、地下鉄半蔵門線・都営三田線・都営新宿線「神保町」徒歩5分
- 女子のみ66名
- 03-6383-3751
- http://www.kandajogakuen.ed.jp/

北豊島中学校

東京 荒川区 女子校

「一人ひとりの想い」をカタチにする

　北豊島中学・高等学校は、1926年（大正15年）に創立した女子校です。一人ひとりが持っている「個性」や「かぎりない可能性」を大切にしながら、すぐれた才能を見つけて伸ばす教育理念を据えて、1クラス20名前後という徹底した少人数制教育を推進しています。生徒と教員の距離が近いからこそ、さまざまな話ができ、個々を把握しているからこそできるコミュニケーションや質の高いアプローチがあります。また、さまざまなことにチャレンジできる環境が生まれ、そこでは、一人ひとりに役割と責任が与えられ、スポットライトが個々にあたります。こうした機会や経験をいかしながら土台を築きあげ、教育目標である「社会で活躍できる女性」の育成をめざします。

笑顔あふれるアットホームな進学校

　国語・数学・英語英会話の主要科目では、個々の学習状況や学力状況をふまえた習熟度別授業が行われます。点数にはみえない学力まで把握しクラス編成をするからこそ個々の力は伸びています。「みなさんわかりますか」ではなく、「あなたはわかりますか」というフレーズもその視点のひとつです。英語の授業は週8時間、そのうち3時間を専任の外国人教師が担当し、5時間は日本人教師による習熟度別授業で行われます。独自教材をふんだんに取り入れ、語学研修などとリンクしたインタラクティブな授業が進められます。

　少人数制教育は進路指導にもいかされ、予備校に通わずに現役で大学へ進学します。語学系の強みをいかしながら、近年では海外大学にも合格しています。

　校内には厨房設備が整備され、季節の食材を現場調理し、食材からカロリー計算までしっかり管理された、温かくておいしい昼食を安価300円で提供しています。

　さらに、2016年（平成28年）2月に新校舎も完成し環境面も整いつつあります。

SCHOOL DATA

- 東京都荒川区東尾久6-34-24
- 日暮里・舎人ライナー・都電荒川線「熊野前」徒歩5分、京成線・地下鉄千代田線「町屋」徒歩15分
- 女子のみ72名
- 03-3895-4490
- http://www.kitatoshima.ed.jp/

吉祥女子中学校

東京 武蔵野市 / 女子校

社会に貢献する自立した女性の育成

　JR中央線に乗っていると、吉祥寺〜西荻窪間で北側に、赤いレンガづくりの校舎が目印の吉祥女子中学・高等学校が見えてきます。創立は1938年（昭和13年）。卓越した独自カリキュラムにより、優秀な大学進学実績をあげる学校として知られています。

　吉祥女子では、「社会に貢献する自立した女性の育成」を建学の精神に掲げ、自由ななかにも規律があり、互いの価値観を尊重しあう校風のもと、一人ひとりの個性や自主性が発揮されています。

学習意欲を引きだすカリキュラム

　学習意欲を引きだす独自のカリキュラムに基づき、思考力や創造性、感受性を育成しています。授業では、生徒の知的好奇心を刺激する内容を数多く取り入れているのが特長です。主要科目は時間数を多くとり、ハイレベルな教材を使用しています。

　国語では、調べ学習や小論文、レポート指導などを重視し、幅広く知識を身につけます。理科では実験を多く取り入れ、こちらもレポート指導に力を入れています。英会話では、クラスを2分割し、日本人とネイティブの先生による少人数授業を行っています。また、数学と英語では週1回の補習を実施します。

　高2から文系・理系・芸術系と、進路別にクラスが分かれ、英語や理数系科目では習熟度別授業も行い、進路達成をはかります。

　また、進学指導では、生徒が自分自身と向きあい、自分にふさわしい生き方を見出すことができるようなプログラムが組まれていることも特長です。

　中学では、「進路・生き方に関するプログラム」を組み、人間としてどう生きるかを見つめ、将来像を掘り起こす指導をしています。

　高校では、各学年ごとに綿密な進路指導を実施。目標とする職業の設定から学部・学科の選択、そして第1志望の決定まで、進路ガイダンスを中心に指導します。

SCHOOL DATA
- 東京都武蔵野市吉祥寺東町4-12-20
- JR線「西荻窪」徒歩8分
- 女子のみ808名
- 0422-22-8117
- http://www.kichijo-joshi.jp/

共栄学園中学校

東京 葛飾区 / 共学校

「至誠一貫」〜誠を貫く生き方〜

　学識の高揚と礼節・徳操の涵養をめざし、知・徳・体が調和した全人的な人間の育成を基本理念として設立。中学校は、1947年（昭和22年）に開学しました。先行して開学した高等学校は、2018年（平成30年）に創立80周年を迎えます。多様化する現代社会においても、建学のいしずえである「至誠一貫」の基にゆるぎない精神を育成していきます。

3ランクアップの進路実現

　中学校では、「特進」と「進学」の2コースで募集が行われます。「特進」は発展的な問題の研究を積極的に取り入れ、「進学」は基礎学力の徹底を主眼に授業を進めます。中2・中3・高校進級時には、本人の希望と学力適正で、クラスを変わることもできます。

　高校では、外部中学からの生徒と交わり、より高い学習目標を掲げ、中学入学時の学力から、6年間で「3ランク」上の大学への現役合格をめざした進路指導を行います。

多彩なプログラムで生徒をサポート

　さまざまな分野の外部専門家を招いての講演会、自然環境を学ぶ校外学習（尾瀬・谷津干潟・釧路湿原）、2泊3日国内滞在型のイングリッシュキャンプ、希望者対象のカナダ海外研修や交換留学、長期休暇中の特訓講習。高校では、特進夏期勉強合宿や大手予備校の衛星放送授業、外部模試のデータを生徒・保護者・担任教師で共有しての進路指導、卒業生チューターによるアドバイスなど、授業以外にも生徒をサポートするプログラムが多数用意されています。また、基礎から見直したい生徒には、高校進学コースで授業の一環として「スタディサプリ」が導入されています。特進コースの希望者も受講することができます。中学校の全教室には、国内最大級の電子黒板が設置され、授業改革が進んでいます。

　また、共栄学園には全国で活躍する部活も多くあります。「文武両道」がモットーです。

SCHOOL DATA
- 東京都葛飾区お花茶屋2-6-1
- 京成本線「お花茶屋」徒歩3分
- 男子104名、女子159名
- 03-3601-7136
- http://www.kyoei-g.ed.jp/

暁星中学校

東京 千代田区 / 男子校

深い教養・高い倫理観・広い視野

1888年(明治21年)、カトリックの男子修道会マリア会によって創立された暁星中学校。その教育理念は「キリストの愛」そのものです。

暁星では、宗教教育や生活指導をとおして、①厳しさに耐えられる人間、②けじめのある生活のできる人間、③他人を愛することのできる人間、④つねに感謝の気持ちを持つことのできる人間づくりをめざしています。

英語とフランス語が必修

中高6カ年一貫教育を行う暁星では、一貫したカリキュラムに則って授業を展開しています。中学では基礎学力の充実をめざすとともに、グレード別授業や先取り授業も実施しています。

高2からは文系・理系に分かれ、さらに高3では志望コース別に分かれます。

習熟度別授業やそれぞれの進路に応じたクラス編成を実施しているだけでなく、中・高一貫教育の利点を最大限にいかすため、教育内容を精選・再編し、独自の教材やカリキュラムに基づく授業が行われています。

少人数による授業や、課外指導、添削指導は確実に成果をあげています。

また、定期試験のみならず、中1から高3までの学力の推移をはかるため実力試験も実施し、中だるみや苦手科目の発見、克服に役立てています。

暁星は語学教育も特徴で、中1から英語とフランス語の2カ国語を履修します。もちろん、外国人教師に生きた言葉を直接教わることが可能です。また、英語4技能の習得をめざし、オンライン英会話、エッセイライティングなどに取り組んでいます。

キャリア教育をとおして生徒のモチベーションが高まるため、毎年、東京大をはじめとした国公立大や、早稲田大、慶應義塾大などの難関私立大へ多くの卒業生を送りだしています。

SCHOOL DATA

- 東京都千代田区富士見1-2-5
- 地下鉄東西線ほか「九段下」徒歩5分、JR線・地下鉄有楽町線ほか「飯田橋」徒歩8分
- 男子のみ524名
- 03-3262-3291
- http://www.gyosei-h.ed.jp/

共立女子中学校

東京 千代田区 / 女子校

時代を超えて"輝き、翔ばたく女性"を育成

共立女子は、創立以来、自立して社会で活躍できる女性の育成をめざしてきました。「誠実・勤勉・友愛」を校訓とした教育は、長年培った伝統をしっかりと継承しながら、時代に応じた柔軟性も持ち合わせています。

4+2体制によるカリキュラム

どの教科にも相当の時間数を割き、知識と教養の幅を広げることにより、発展性のある確かな基礎学力をつくりあげます。

国数英では中学段階から少人数制や習熟度クラスを採用し、きめ細やかな指導がなされています。また、中1から国語表現の時間を独立で設けて記述力やプレゼンテーション力を磨くなど教育改革対策にも取り組んでいます。実技系科目は本格的な内容に取り組むことで技術習得と同時に教養も深めます。

時代の要請に合わせてグローバル教育プログラムも続々と用意されています。生徒全員が英語に親しめるよう、語学や異文化を学べるランゲージスクエアの開設、ネイティブスピーカーとのオンライン英会話課題(中1～中3)やブリティッシュヒルズ研修(高1)があります。さらに希望者を対象に、イングリッシュシャワー(中1～中3)や夏季海外研修(高1・高2)、ニュージーランド姉妹校交換留学(高1)など、世界への飛躍をめざせる環境も整えられています。

気品ある女性を育む

グローバル社会だからこそ日本文化の精神を理解し、自然で美しい振る舞いを身につけることを大切にする共立女子。隔週で3年間、正式な小笠原流礼法を学びます。

中1では基本動作、中2では日常生活での作法、中3では伝統的なしきたりとしての作法というように、女性として身につけておきたい作法を学びます。美しい礼のかたちを学ぶことをつうじて、思いやりのある豊かな心を育んでいきます。

SCHOOL DATA

- 東京都千代田区一ツ橋2-2-1
- 都営三田線・新宿線・地下鉄半蔵門線「神保町」徒歩3分、地下鉄東西線「竹橋」徒歩5分
- 女子のみ1005名
- 03-3237-2744
- http://www.kyoritsu-wu.ac.jp/chukou/

共立女子第二中学校

東京 八王子市 / 女子校

10年後、20年後に活躍できる女性を育てる

めざす3つの女性像

八王子の丘陵「月夜峰」に東京ドーム5個ぶんのキャンパスをかまえる共立女子第二中高。共立女子学園の建学の精神は「女性の自立」、校訓は「誠実・勤勉・友愛」です。

共立女子第二では、校訓から導きだされた3つの女性像「真の美しさを身につけた女性」「自ら考え、発信できる女性」「他者を理解し、共生できる女性」を掲げ、大学附属校の利点である進学保証のシステムを土台に、充実した施設・設備と豊かな自然環境をいかし、社会で活躍できる自立した女性を育てます。

新カリキュラム・新校舎・新制服

中学校では、幅広い教養の核となる、多様な体験を重視した教育をとおして、思考力や表現力・健全な判断力を育み「人間の根幹」をしっかりきたえることを重視しています。一方、2011年度（平成23年度）にはカリキュラムや教育制度を改革。中高一貫教育による先取り学習導入と進学指導の充実、主要教科の単位数と年間授業日数の増加をとおして基礎学力の習得と深くきめ細かい学びが可能になりました。

中3からは外部難関大受験をめざすAPクラスも置かれ、高校2年以降のコース制に効果的につなげる体制を整えました。

2011年には現在の校舎が完成し、6万冊の蔵書を持つ図書館をはじめ、少人数授業に対応する多数の小教室、生徒の憩いの場となるオープンスペース、食育の場となる食堂など、伸びのびと学べる環境が整備されました。翌年には制服も一新。デザイナーズブランド「ELLE」とのコラボレートによる清楚でおしゃれな制服となりました。

社会のニーズに応えさまざまな改革を行い、豊かな感性と情操を育む共立女子第二。恵まれた環境のもとで送る中高6年間の学園生活は、明るく優しい生徒を育てています。

SCHOOL DATA
- 東京都八王子市元八王子町1-710
- JR線「八王子」、JR線・京王線「高尾」、JR線「八王子みなみ野」、京王線「めじろ台」スクールバス
- 女子のみ165名
- 042-661-9952
- http://www.kyoritsu-wu.ac.jp/nichukou/

国本女子中学校

東京 世田谷区 / 女子校

人に愛され、社会に必要とされる女性を育成

1942年（昭和17年）、高等女学校として設立。建学の精神は、創立者の著書『おむすび』に記され、校名は中国の『礼記』の「重礼所以為国本也」(礼を重んずるは国の本を為す所以なり)に由来します。「礼」＝人を敬う心を大切にし、「眞心の発揮・自然に対する素直さの涵養・恩を知り恩に報ゆる心の育成」の校訓を柱に、教育活動を行っています。

英語教育と情操教育に注力

笑顔で交わされる明るい「挨拶」と人を大切にする心は、国本女子の宝です。国際化社会を見据えて英語教育にも力を入れています。ネイティブの先生は3人。生の英語に触れる機会が多く、4技能を軸にコミュニケーション能力を身につけるのに役立っています。6月には、中1・中2がブリティッシュヒルズで2泊3日の語学研修を行います。夏には、2週間のホームステイができるカナダ語学研修もあり、中3全員と高校生の希望者が参加します。「茶道」「華道」「百人一首」等をとおして幅広く日本文化とそれらの美を学びます。そうして情操を涵養し、愛され、必要とされる女性を育成しています。

放課後講習・校外での学習も充実

生徒個々の課題に応じた放課後講習を実施しています。進路指導室では、現役女子東大生による学習支援を実施。また、近隣商店街での職業インタビューや職業体験を行い、主体的に学ぶ姿勢や意欲を育てます。さらに事後学習としてパソコンとプロジェクターを用いた報告会を実施しています。

高校生とともに学ぶ楽しい部活動

吹奏楽・ラクロス・美術・英語・茶道・ダンス部などは、高校生とともに活動しています。吹奏楽部は「東日本大会」など、多くの大会で金賞を受賞。先輩たちといっしょに活動することで、多くのことを学んでいます。

SCHOOL DATA
- 東京都世田谷区喜多見8-15-33
- 小田急線「喜多見」徒歩2分
- 女子のみ23名
- 03-3416-4722
- http://www.kunimoto.ed.jp/

慶應義塾中等部

東京 港区　共学校

「独立自尊」の思想を重視

慶應義塾大学三田キャンパスの西隣に、慶應義塾中等部はあります。1947年（昭和22年）に設立、福澤諭吉が提唱した「独立自尊」「気品の泉源」「智徳の模範」の建学の精神に則って、誇り高き校風を形成してきました。とくに重視されるのが独立自尊の思想です。「自ら考え、自ら判断し、自ら行動する」と現代風に言いかえられ、教育理念の要ともなっています。

それを端的に表すのが、禁止事項の少なさです。服装は、基準服は定められていますが、制服はありません。中学生にふさわしい服装とはどんなものかを自ら判断する自発性と主体性が求められます。

校則でしばらず、生徒の自主的な判断にまかせるという教育により、伸びやかでしなやかな自立の精神を学んでいきます。

私学の雄へのパスポート

慶應義塾大学を頂点とする進学コースのなかで、中等部を卒業すればほぼ全員が慶應義塾内の高等学校に推薦により進学し、さらに大学へと道が開かれています。慶應義塾内でのきずなは強く、六大学野球の慶早戦の応援など、多彩な行事が用意されています。

創立以来の伝統ある共学教育により、数多くの人材の輩出をもたらしています。幼稚舎（小学校）からの進学者を合わせ、1学年は約250名。男女比は2対1となっていますが、人数の少ない女子の元気さもめだちます。

オールラウンドに学ぶ姿勢が強調され、学科や科目に偏りをなくし、さまざまな学問の基礎を身につけることが求められます。そこには、自らの可能性を発見するために、多くの経験を積ませたいという学校の想いもうかがえるのです。

学校行事やクラブ活動もさかんで、生徒たちも熱心に取り組んでいます。慶應義塾中等部での体験は、きっと人生の財産となっていくことでしょう。

SCHOOL DATA

◆ 東京都港区三田2-17-10
◆ JR線「田町」、都営浅草線・三田線「三田」、地下鉄南北線「麻布十番」徒歩10分、都営大江戸線「赤羽橋」徒歩15分
◆ 男子466名、女子288名
◆ 03-5427-1677
◆ http://www.kgc.keio.ac.jp/

京華中学校

東京 文京区　男子校

ネバーダイの精神で未来をたくましく

120年の歴史と伝統をいしずえに、「今を超える」教育を展開し、建学の精神「英才教育」と校訓「ネバーダイ」「ヤングジェントルマン」の精神に基づく教育を実践する京華中学校・高等学校。教育のテーマにつぎの3つを掲げています。

ひとつ目は「自立と自律の心を持ち、自らを見つめる力を持つ豊かな人間性を形成する」こと。ふたつ目は「将来の夢や進路希望の実現に向け、勉学の意欲を高める徹底した進路教育を実践する」こと。3つ目は「多様化する社会に対応する、自己表現力とコミュニケーション能力を育成する」ことです。

無限大の未来を実現する教育

進学校として、個々の志望に応じた指導を行う京華。生徒の可能性を引き出し、育てるさまざまな教育システムが整っています。

中学ではタブレットを導入し主要教科を徹底指導。標準単位よりも多くの授業時間を設定し、じっくりと学べる環境を整えています。

効率のよい学習を支援するコース制プログラムでは、入学時より「特別選抜クラス」と「中高一貫クラス」のふたつのコースに分かれ、中2より「国際先進クラス」を加え、高1からは「S特進コース」「特進コース」「進学コース」へ分かれます。

学力・志望に応じたきめ細かい指導は、数学と英語の2分割授業でもみられます。

数学では、実践的な問題演習の数学ゼミを実施し、授業の内容をさらに深め、基本的な計算問題から発展問題へと無理なく演習を進めています。英語では、「イングリッシュ・コミュニケーション」として、2名の外国人講師と英語教員による少人数の英会話・リスニング・ライティングの演習を行います。

そのほかにも、「放課後キャッチアップ講座」や「検定試験対策講座」「ティーチングサポート」「Z会添削＋東大生学習サポーター制度」など、京華独自の教育が光ります。

SCHOOL DATA

◆ 東京都文京区白山5-6-6
◆ 都営三田線「白山」徒歩3分、地下鉄南北線「本駒込」徒歩8分
◆ 男子のみ300名
◆ 03-3946-4451
◆ http://www.keika.ed.jp/

京華女子中学校

東京 文京区 / 女子校

Women of Wisdom ～深い知識と豊かな心を育む～

　東京の文教地区・白山に位置する京華女子中学校・高等学校は、1909年（明治42年）に現在の地に誕生しました。

　京華女子では、「自ら考える力の基礎となる学習の充実、コミュニケーション能力を高める積極的なクラブ活動、人間尊重の規律ある生活態度」を教育理念とし、生徒一人ひとりの無限の可能性を引き出す教育を推進しています。創立当時の理念は、120年を経た現在も継承されつづけています。

きめ細やかな手づくりの教育

　京華女子では、つぎの3つを教育方針として掲げています。

　「EHD（Education for Human Development）」は、体験学習を中心とした独自の教育プログラムです。毎朝10分間の朝読書をはじめ、中学では土曜日を「EHDの日」と定め、ボランティア体験学習、箏曲（そうきょく）、茶道・華道・礼法などを学ぶ伝統文化学習、国際・情報・環境を考える総合学習などを行っています。

　ふたつ目は「英語と国際理解教育」で、英語を重視したカリキュラムが組まれています。英語の授業は週6日行い、英会話はネイティブスピーカーが担当します。中1の「八ヶ岳英会話基礎教室」、中3の「カナダ海外修学旅行」、高1の「語学研修疑似留学体験」など、異文化体験プログラムも豊富に用意されています。

　3つ目は「ICT」です。マルチメディアラボには最新のパソコンを設置し、自由に使うことができます。全教室に電子黒板を設置、中学生にはひとり1台ずつタブレットPCを渡し、アクティブラーニングにも役立てています。

　京華女子でのこうした学びは、国際感覚や人間愛を身につけた、自ら考える力を持つ21世紀を支える真に賢い女性を育てています。

　小規模校であるからこそできるきめ細やかな授業と、一人ひとりに目を向けた進路指導・教育相談などを実践している注目校です。

SCHOOL DATA

◆東京都文京区白山5-13-5
◆都営三田線「千石」徒歩5分、都営三田線「白山」徒歩7分、地下鉄南北線「本駒込」徒歩8分
◆女子のみ110名
◆03-3946-4434
◆http://www.keika-g.ed.jp/

恵泉女学園中学校

東京 世田谷区 / 女子校

自ら考え、発信する力を養う

　恵泉女学園は、キリスト教信仰に基づき、自立した女性、自然を慈しむ女性、広く世界に心を開き、平和の実現のために尽力する女性を育てたいという願いのもとに、河井道が創立しました。

　その実現のために恵泉女学園では、思考力と発信力の育成に力をそそいでいます。

　週5日制で、土曜日はクラブ、課外活動、特別講座、補習などがあります。高2からは豊富な選択科目があり、自分の進路に合ったカリキュラムを組んでいきます。

「考える恵泉」を支える施設設備と「英語の恵泉」

　メディアセンターは生徒の自立的学習を支える情報センターです。図書館の機能のほかに、コンピュータ教室、学習室などを含み、蔵書数は9万冊を超えます。理科では6つの理科教室を使い、実験を重視した授業で、レポートの添削をていねいに行っています。

　英語では直しノート添削や補習などのきめ細かい指導により、まず基礎力を固めます。その後、学年を追って増えるプレゼンテーション（すいこう）の機会や英文エッセイの添削推敲などをつうじて、生徒は発信力を身につけていきます。その結果、中3の67％が準2級以上、高2の52％が英検2級以上に合格、21％がGTECの海外進学を視野に入れることができるレベルに到達しています。とくにリスニングとライティングのスコアが高いのが特徴で、2020年度の大学入試改革にもすでに対応しています。

　校内スピーチコンテストは43年目を迎え、本選に進んだ生徒は外部のコンテストでも毎年上位に入賞しています。アメリカとオーストラリアへの短期留学、オーストラリアへの3カ月留学・1年留学のほか、夏休みにはアメリカの女子大学生・大学院生との交流によるコミュニケーション力向上プログラムなど、英語を実際に使う機会も数多く設けられています。

SCHOOL DATA

◆東京都世田谷区船橋5-8-1
◆小田急線「経堂」・「千歳船橋」徒歩12分
◆女子のみ610名
◆03-3303-2115
◆http://www.keisen.jp/

啓明学園中学校

東京 昭島市 / 共学校

「真の世界市民」を育てます。

啓明学園の歴史は1940年（昭和15年）から始まります。三井高維が港区赤坂台町の私邸を開放して、帰国子女のための学校として創立したのです。

1947年（昭和22年）に、3万坪におよぶ三井家の別邸を寄贈されて、現在地に移転。現在も帰国生、外国籍の生徒、留学生が3割以上を占め、世界を感受できる教育環境があります。

学校の特色

キリストの教えである4つの標語「正直・純潔・無私・敬愛」に基づく人格形成をめざし、「広い視野のもと豊かな人間性と独自の見識を持ち、世界を心に入れた人を育てる」ことを学園の理念としています。

心を育む教育：キリスト教の教えに基づき、自己の大切さや共生の重要性について学びます。
知性を磨く教育：基礎学力の定着を基盤に、個の持つ力を最大限に「伸ばす教育」を行っています。世界市民として自立した人間となるために、自らの意見を持ち表現できるように知性を磨きます。

世界をつなぐ教育：啓明学園では、さまざまな国の文化に触れる機会が豊富にあります。世界について学び、世界のために行動する「Peacemaker（世界平和を創り出す人）」を育てる教育を大切にしています。

授業の特色

始業前の「朝学習」のほか、毎週漢字・英単語テストを実施し、日々のノートチェックや教科担任による放課後補習など、基礎学力をつけるサポートが充実。そして中3からは5教科横断型の授業を展開して、理解力や思考力を育てる「リベラルアーツクラス」を新設します。

さらに、夏季・冬季休暇中には、「特別学習」を実施して、高校での進路実現をめざした基礎学力を養成しています。

SCHOOL DATA

- 東京都昭島市拝島町5-11-15
- JR線・西武拝島線「拝島」徒歩20分・スクールバス6分、JR線・京王線「八王子」・スクールバス30分、JR線「立川」バス25分
- 男子84名、女子89名
- 042-541-1003
- http://www.keimei.ac.jp/

光塩女子学院中等科

東京 杉並区 / 女子校

「キリスト教の人間観・世界観」を基盤に

光塩女子学院中等科・高等科の「光塩」とは、聖書の「あなたがたは世の光、あなたがたは地の塩」という「人は誰でも、ありのままで神さまから愛されており、一人ひとりはそのままで世を照らす光であり、地に味をつける塩である」ことを表す言葉から生まれました。光塩ではこの精神のもと、日々の教育が行われています。

一人ひとりを温かく見守る

生徒は、学校生活をとおしてさまざまな人とのかかわりを経験し、自分自身も他者もともにかけがえのない存在であること、多様な人との共存が相互の豊かさとなることを体験的に学んでいます。

一人ひとりを大切にする光塩では、1学年4クラス全体を6人ほどの先生で受け持つ、独自の「共同担任制」を取り入れています。多角的な視点で生徒一人ひとりを指導し、個性を伸ばすなかで、生徒も多くの教師とかかわる豊かさを体験します。

生徒や保護者との個人面談が学期ごとに行われるなど、生徒と教師のかかわりを大切にしているのも光塩の大きな魅力です。

理解度に応じた教科指導

例年多くの生徒が難関大へ進学している光塩では、教師がそれぞれの生徒の現状に合わせてきめ細かく学習指導を行っています。

また、中等科では数・英、高校では数・英・理・選択国語などで習熟度別授業を取り入れ、手づくりの教材を活用し、生徒の理解度に合わせた指導が効果をあげています。

全学年で週1時間の「倫理」の授業があるのも特色です。中等科では、「人間、そしてあらゆる生命」をテーマに、他者も自分も同様にかけがえのない存在であることを認め、共生していくことの大切さを学んでいきます。人間として成長することを重視し、生徒を温かく見守る光塩女子学院中等科・高等科です。

SCHOOL DATA

- 東京都杉並区高円寺南2-33-28
- 地下鉄丸ノ内線「東高円寺」徒歩7分、地下鉄丸ノ内線「新高円寺」徒歩10分、JR線「高円寺」徒歩12分
- 女子のみ459名
- 03-3315-1911
- http://www.koen-ejh.ed.jp/

晃華学園中学校

東京 調布市 / 女子校

カトリック精神に基づく全人教育

1949年（昭和24年）、フランスの「汚れなきマリア修道会」を母体として設立された晃華学園。カトリック精神に基づく全人教育、ならびに、語学教育重視の教育方針のもと、学力、品格、および豊かな国際性を備え、世界に貢献できる女性の育成をめざした教育を実践しています。

学校生活では多くの学年行事を設け、リーダーシップと協調性を育み、コミュニケーション能力を高める工夫を行っています。

世界に通用する英語力を育成

晃華学園では、生きた英語の習得をめざした語学教育をとくに重視しています。

授業は週6時間、高い教授力の外国人教員5名による実践的な英語の授業を数多く設置しています。とくに中3のリーディングは週2時間を使ってさまざまな文章をあつかうレベルの高いもの。高1ではクラスを分割した少人数制でリスニングとスピーキングの授業を行っています。高2・高3はハイレベルのライティングが週2時間行われています。

進路別選択で進路対策も万全

晃華学園では、中1～高1までは、高1の芸術を除いてすべて必修科目です。内容は、基礎学力の上に、思考力を築く難度の高いものになっています。

高2では進路に応じた授業選択が可能となり、高3では全授業時間数の半分以上が受験選択となります。一人ひとりにていねいに対応する進路対策指導が特長で、毎年多くの生徒が、国公立大学や難関私立大学へ進学しています。

とくに近年めだつのが理系の進路をめざす生徒の増加で、学年の文理の比率は5：5、医療系を志す生徒も増えています。晃華学園の理科教育は6年間で140以上の実験を行う実践的なもので、文理を問わず理科好きな生徒が多くなっています。

SCHOOL DATA

◆ 東京都調布市佐須町5-28-1
◆ 京王線「つつじヶ丘」・「調布」・JR線「三鷹」バス、京王線「国領」・JR線「武蔵境」スクールバス
◆ 女子のみ472名
◆ 042-482-8952
◆ http://www.kokagakuen.ac.jp/

工学院大学附属中学校

東京 八王子市 / 共学校

国際社会に羽ばたく人材を育成する

「世界から必要とされる若者になるための教育」を理念とする工学院大学附属中学校。①「グローバル教育により語学力と表現力を向上させること」、②「21世紀型の授業で自ら考え解決する力を養うこと」、③「iPadやPCを用いてITリテラシーの養成」の3つを教育方針として掲げています。

2015年（平成27年）からは、特色ある3クラス制がスタート。「ハイブリッド特進理数クラス」は数学と理科教育に重点をおき、実験レポートや科学論文の書き方など、専門分野で必要とされる能力を養います。

「ハイブリッド特進クラス」では、幅広く学ぶリベラルアーツで、多様な進路に対応できる学力を育みます。時事問題について議論や発表を行う対話型の授業が多く実施され、幅広い教養を身につけると同時に、深い思考力も培うことが可能です。

「ハイブリッドインターナショナルクラス」では、数学、英語、理科を英語で学ぶイマージョン教育を実施。ネイティブ教員と日本人教員のチームティーチングで、日本語と英語の両方で討論できる力を身につけます。

工学院大附属ならではの国際交流プログラム

原則中3全員が参加する「異文化体験研修」（3週間）は、オーストラリアでホームステイをしながら、英語のレッスンや現地校での授業、アクティビティを体験します。高校では、アジア新興諸国で社会事業家が抱えている経営課題の解決に挑む、実践型の教育プロジェクト「MoG（Mission on the Ground）」に挑戦できます。昨年に、ベトナムとフィリピンで商品開発に挑戦し、今年3月にもカンボジアで実施しました。今後も課題に挑戦します。

ほかにも希望者を対象に、中学校ではアメリカへの海外研修とフィリピンへの語学研修、高校では3カ月間の短期海外留学（昨年度はオーストラリア）が用意されています。

SCHOOL DATA

◆ 東京都八王子市中野町2647-2
◆ JR線ほか「新宿」「八王子」「拝島」、京王線「北野」「南大沢」スクールバス
◆ 男子200名、女子90名
◆ 042-628-4914
◆ https://www.js.kogakuin.ac.jp/

攻玉社中学校

東京 品川区　男子校

創立155年を迎えた男子名門進学校

　難関大へ毎年多くの合格者を輩出し、創立155年の歴史と伝統を持つ名門進学校、攻玉社中学校・高等学校。校名「攻玉」は、詩経の「他山の石以って玉を攻（みが）くべし」から取られ、攻玉社の建学の精神となっています。大きな志を持ち、明日の日本や世界に飛躍する人材を育成しています。

6年一貫の英才教育

　攻玉社では、つぎの4点の教育目標を掲げて教育を実践しています。
　①［6年間一貫英才開発教育を推進］
　6年間を2年ごとにステージ1、ステージ2、ステージ3に分けています。ステージ1では学習の習慣づけに努めて基礎学力を養い、ステージ2では自主的学習態度の確立と基礎学力の充実強化をはかり、ステージ3では進学目標の確立と学力の向上強化によって進学目標を達成させることをめざしています。
　②［道徳教育を教育の基礎と考え、その充実のために努力する］
　あらゆる教育活動をとおして「誠意・礼譲・質実剛健」の校訓の具体的実践をはかり、徳性を養います。
　③［生徒の自主性を尊重し、自由な創造活動を重視して、これを促進する］
　学習活動や部活動等で生徒の自主性と創造的活動を重んじています。
　④［強健の体力、旺盛な気力を養う］
　体育的諸行事、授業、保健活動を中心にあらゆる活動をとおしてこれを養います。
　また、国際教育にも力が入れられています。中1から外国人教師による英会話の授業を展開、中3では希望者によるオーストラリアでのホームステイも実施しています。
　さらに、ふだんの授業のほかに、特別授業や補習授業を実施。学習意欲を持たせ、より高いレベルの大学をめざせる学力と気力を育むことで、合格への道を築く攻玉社中学校・高等学校です。

SCHOOL DATA

- 東京都品川区西五反田5-14-2
- 東急目黒線「不動前」徒歩2分
- 男子のみ782名
- 03-3493-0331
- http://www.kogyokusha.ed.jp/

麹町学園女子中学校

東京 千代田区　女子校

国際社会に貢献できる自立した女性を育成

　都心にありながら緑が多く落ちついた環境で「聡明・端正」の校訓のもと、豊かな人生を自らデザインし、かつ国際社会に貢献できる自立した女性の育成をめざし、きめ細かな教育を行っています。
　学習面では、思考型の授業を積極的に行い、目まぐるしく変革する社会においても持続・発展可能な学力「みらい型学力」を育成しています。なお、一生役立つ本物の英語力を確立するために、6年間毎朝行う音声活動や徹底した4技能向上プログラム「アクティブイングリッシュ」（英語科特別顧問・安河内哲也氏監修）で、モチベーションをあげる体験を重ね、将来への展望をひらいていきます。
　2019年度より中1・中2は、グローバルコース（英語選抜コース）とスタンダードコース（みらい探究コース）に分け、それぞれの資質を磨いていきます。中3・高1では、生徒それぞれの目標に合わせたコース制（中3次にGA・SAプレコースを設置）としています。難関大学国際系学部・海外大学進学を視野に入れたGAコース、難関大学進学を視野に入れたSAコース、MARCHなどの私立大学進学で多様な分野に対応するAコースを設けることで、明確な目標を持つための準備を進めます。なお、高1から併設の高校に設置されている「東洋大学グローバルコース」への進学も可能。高2・高3の発展期では文系・理系に分かれ、志望する大学に現役合格するための突破力を養います。

独自の「みらい科」プログラム

　オリジナルのキャリア教育として、「みらい科」があります。6年間かけてしなやかにたくましく生きる力を身につけ、自立した女性の育成をめざします。研究論文「みらい論文」の作成をはじめとしたキャリア教育、異文化理解、企業や大学と連携してのプログラムなどをとおして自らの将来に必要となる総合力に磨きをかけます。

SCHOOL DATA

- 東京都千代田区麹町3-8
- 地下鉄有楽町線「麹町」徒歩1分、地下鉄半蔵門線「半蔵門」徒歩2分、JR線ほか「市ケ谷」・JR線ほか「四ツ谷」徒歩10分
- 女子のみ178名
- 03-3263-3011
- http://www.kojimachi.ed.jp/

佼成学園中学校

東京 杉並区 / 男子校

大切なのは"心"の成長！ 社会で活躍する人物を育成

1954年（昭和29年）の創立以来、佼成学園では、生徒と教師のコミュニケーションを大切にしながら、感謝の心、思いやりの心を持った生徒の育成を行っています。

新たな教育へ向けた改革

新たな教育へ向けて、全生徒にひとり1台iPadを導入し、全教室に電子黒板プロジェクターを完備。この環境により、生徒が主体的・積極的に学び、21世紀型能力を涵養する教育が実現しました。大学入試改革への対応をはじめ、自信を持って自己の目標を実現できる人物の育成を行っています。また、クラウドを利用することによって学校・生徒・家庭間での情報の共有や連絡がスムーズとなり、いままで以上に信頼と安心を高めた教育活動を推進しています。

さらに、国際化に対応するため導入したグローバルリーダープロジェクト（GLP）では、地球の手触りを実感しながら高い英語力を身につけます。海外での異文化体験プログラムを取り入れ、寛容な心と知性豊かな行動力のある人物を育てます。GLPは、庭野国際交流スカラシップ制度を設けており、費用面でも生徒を支えています。

高校では充実した学習支援体制を整備。朝7時から夜8時までほぼ年中無休で開室している自習室。難関大学で学ぶ佼成学園の卒業生が生徒の学習を親身にサポートするチューター制度。通常の講習からトップレベル講習まで取りそろえ、生徒の多様なニーズに応える進学指導を実現しています。

やりたいことができる環境整備

「実践」と「学問」の二道を重視する佼成学園では、部活動も活発。男子だからこそ、6年間夢中になれるものと向きあってもらいたい。そんな願いから、勉強との両立がはかれるよう配慮した環境を用意し、生徒を応援しています。

SCHOOL DATA
- 東京都杉並区和田2-6-29
- 地下鉄丸ノ内線「方南町」徒歩5分
- 男子のみ372名
- 03-3381-7227
- http://www.kosei.ac.jp/kosei_danshi/

佼成学園女子中学校

東京 世田谷区 / 女子校

グローバル・リーダー育成のいしずえとなる充実の英語教育

佼成学園女子は、英語教育に力を入れ、1日をとおして、そして年間をとおして、つねに英語に「つかる」ことのできる環境が整っています。春と秋の年2回の英検に生徒全員が挑戦し、これを学校行事として取り組むなかで生徒のやりぬく力を育みます。2014年度（平成26年度）に文部科学省のスーパーグローバルハイスクール（SGH）に指定され、地球規模で広くものごとを考える事ができるグローバル人材の育成に努めています。2017年度（平成29年度）SGH全国高校生フォーラムでは、参加133校のうち最優秀校に授与される「文部科学大臣賞」を受賞しました。

豊かな英語学習環境

音楽や美術の授業を外国人教員が英語で行うイマージョンプログラムを展開するなど、豊かな英語学習環境が魅力です。中学英語教育の集大成として、中3でニュージーランド修学旅行を体験。希望者は旅行後も現地に残り、ホームステイをしながら学校に3カ月間通う中期留学プログラムもあります。また、英検祭りの取り組みにより英検上位級合格をめざし、昨年度中3は、「全員英検3級以上合格」を達成しました。こうした英語教育向上への積極的な取り組みが評価され、今年3月に日本英語検定協会による「ブリティッシュ・カウンシル駐日代表賞」を受賞しました。

中学の学びを伸ばす3つのコース

高校に進むと3つのコースに分かれます。「特進留学コース」は、高1〜高2の1年間、全員がニュージーランド留学生活を送り、英語力と人間力を磨きます。「特進文理コース」は、文理クラス、メディカルクラス、スーパーグローバルクラスに分かれており、国公立・難関私立大突破をめざすコースです。「進学コース」は、生徒会活動やクラブ活動と学習を両立させながら主要3教科を中心に学び、多様な進路の実現をめざします。

SCHOOL DATA
- 東京都世田谷区給田2-1-1
- 京王線「千歳烏山」徒歩6分、小田急線「千歳船橋」「成城学園前」バス
- 女子のみ103名
- 03-3300-2351
- http://www.girls.kosei.ac.jp/

香蘭女学校中等科

東京 品川区 / 女子校

ミッションスクールとしての「心の教育」

1888年（明治21年）、英国国教会の伝道団が、弱い者小さい者に寄り添おうとするさまざまな活動のひとつとして、香蘭女学校を創立しました。キリスト教の教えに基づき、豊かな情操と国際的な教養を持った女性を育てています。

創立当初より日本の伝統文化を大切にしており、本格的な茶室「芝蘭庵」があり、礼法が必修科目です。

一人ひとりを大切にする教育

香蘭女学校では「他者のために尽くす女性を育てる教育」を重んじ、生徒の人格を尊重し、生徒一人ひとりの資質を学業と人格の両面で伸ばすことをめざしています。

そのために、茶道・華道・囲碁・女性史・理科実験・英語発展など、多彩な講座の独自の自己啓発学習を中学2年より実施しています。

生徒がひとり1台タブレット端末を持つのも、個々に合わせた学習プログラムを実現するためです。生徒の主体性と自主性を重んじる生活指導、宗教教育、情操教育を6年間一貫して行うことで、人を愛する優しい思いやりの心を育て、他者と協働することのできる女性を育成します。

英語教育がカリキュラムの柱

創立以来最も重視してきた英語教育は、現在も香蘭女学校のカリキュラムの柱です。ハーフクラスの少人数授業が効果的に取り入れられ、ネイティブによる必修授業、多読やオンラインスピーキング授業などにより4技能をバランスよくきたえます。

また、イギリスのケンブリッジ大や、カナダのプリンス・エドワード島大での短期語学研修に加え、中長期留学、大学への推薦入学の道も開かれています。立教大への推薦者80名に対しての高大連携プログラムも充実しています。

SCHOOL DATA
- 東京都品川区旗の台6-22-21
- 東急池上線・大井町線「旗の台」徒歩5分
- 女子のみ535名
- 03-3786-1136
- http://www.koran.ed.jp/

国学院大学久我山中学校

東京 杉並区 / 別学校

明日の日本を担う青少年の育成

国学院大学久我山中学校・高等学校では、毎年東京大、一橋大をはじめとする国公立大や、早稲田大、慶應義塾大、上智大などの難関私立大へ多数の合格者をだしています。

教育理念の根幹をなすのは、「忠君孝親」「明朗剛健」「研学練能」の3つです。それらを基に、「規律を守り誇りと勇気を持って責任を果たそう」、「たがいに感謝の心をいだき明るいきずなを作ろう」、「たゆまざる努力に自らを鍛えたくましく生きよう」を実践目標として、教育を行っています。

男女別学教育の魅力

国学院久我山は成長期の中高時代だからこそ、男女それぞれの特性をいかした学校生活を営むのが望ましいという方針から、男女別学制を採用しています。校舎と授業は男女別々ですが、そのほかの行事、部活動、校外学習などはいっしょに行います。

特徴的な取り組みとして、男子部では中学の3年間をとおして柔道や剣道などの武道に親しみ、精神をきたえます。女子部では華道・茶道や能楽講座・日本舞踊などをとおして日本人としての教養と精神を身につけます。

また、男子と女子では将来の職業観にもそれぞれ特性があることから、女子は中2から、男子は中3からキャリア教育を行います。

それぞれの個性と男女の特性をいかし、かつ互いが尊重しあう環境が整っています。

カリキュラムは国公立大に対応して組まれており、6年間を3つの時期に分けています。前期過程の中1・中2では、先取り学習により基礎を固めます。中期過程となる中3からは少人数制授業も導入し、個に応じた指導を行います。個々の特性を発見し、具体的な職業意識を持ち、後期課程の高2から文理にコースが分かれます。

また高2からは、正規の授業に加え「選択演習」の講座を多く設け、大学入試に万全の態勢でのぞむことができます。

SCHOOL DATA
- 東京都杉並区久我山1-9-1
- 京王井の頭線「久我山」徒歩12分、京王線「千歳烏山」バス
- 男子632名、女子380名
- 03-3334-1151
- http://www.kugayama-h.ed.jp/

国士舘中学校

東京 世田谷区 / 共学校

「これからの力」を養う6年間

国士舘中学校は、東急世田谷線「松陰神社前」駅から歩いてすぐのところに、大学に隣接し、高等学校と同一の校舎にあります。

国士舘が大切にしているのは「数値でははかることのできない力」です。

人として大切な思いやり・リーダーシップ・行動力などは数値で表すことはできません。しかし、その力はだれもが期待し、存在を実感しているはず。

考え、計画し、行動する。そのような総合的な力を、学校生活における多彩な経験と学習機会をつうじて身につける。それが国士舘の教育です。

学習面では、生徒一人ひとりの学習能力に応じ、その個性・可能性に配慮した多様な対応を行います。

部活動や学外での活動は、学習の両立を徹底するため、放課後の「全員学習」を日課として取り組みます。また、コミュニケーション英語を体感する「英語村」も開設。自由に利用できます。

社会で「期待される人」になる！

国士舘では、職場でも、組織でも共通して期待される力を学校で身につけさせます。返事・あいさつは当然のこと、礼節を重んじ、適切な敬語の使い方も学びます。必修の武道（柔道・剣道）と国語の書写（書道）を中心に、日常生活で徹底指導します。

さらに、グローバル化に対応するコミュニケーション英語の体得をめざし、人と人との直接的なふれあいと会話を大切に、「英語村」など、校内に文化の交流の場を設けています。

国士舘の生徒なら、行事をつうじて協力・協調性の大切さは十二分に理解することができます。なぜなら、多種多様な行事が年間をつうじて盛りだくさん！ 学習も、部活動や習いごとも、多くの経験も、国士舘中学校は「all in one」！ 社会で期待される人を育む、工夫された教育が魅力の学校です。

SCHOOL DATA
- 東京都世田谷区若林4-32-1
- 東急世田谷線「松陰神社前」徒歩6分、小田急線「梅ヶ丘」徒歩13分
- 男子83名、女子29名
- 03-5481-3114
- http://jhs.kokushikan.ed.jp/

駒込中学校

東京 文京区 / 共学校

子どもたちの未来を支える教育理念「一隅を照らす」

グローバル化など社会構造の大きな変化により、大卒の肩書きや終身雇用による安心、安定がなくなってしまった現代社会で、生徒たちが希望を持って力強く生きていけることはだれもが願うところです。

したがって駒込では、中学校・高等学校はたんに将来の大学進学に備えるためではなく、そのさきにある真の目的、安心して望んだ社会生活が送れるために選ばれるべきだと考えています。

駒込は「一隅を照らす」人材の輩出を建学の精神に掲げて330年あまり、つねにさきの時代を見つめながら、仏教的人間教育を行っています。

考える力、主体的に行動できる高度な学力、他者のために貢献できる心力、そして多彩なプログラムによる国際感覚力のそれぞれを高いレベルで結実させて、付加価値の高い、駒込ならではの独自性のある教育を行っているのが魅力です。

時代性へ挑戦する駒込の国際化教育

駒込では、自国の風土をよく知りその文化思想をしっかり学んだうえで世界の人びととともに活躍してもらいたいと考えています。

海外への語学研修、留学制度、修学旅行などのすばらしい経験をとおして、さまざまな人びとと触れあうことで、共通語である英語の習得がたんなる語学を超えて、コミュニケーションの道具のひとつであるという認識を強く持つことができます。

学習面では、本科コースと国際先進コースの2本柱で、6年間という時間を利用して、シラバスに則り、ICT教育も取り入れた最先端の学びを実践しています。フリップドラーニング（反転学習）も実施し、より深く確実に知識の定着と学びを進めていきます。

また「英語入試」を実施し、英語力を早期に伸ばす「イングリッシュコース」を設定しています。

SCHOOL DATA
- 東京都文京区千駄木5-6-25
- 地下鉄南北線「本駒込」徒歩5分、地下鉄千代田線「千駄木」・都営三田線「白山」徒歩7分
- 男子213名、女子101名
- 03-3828-4141
- https://www.komagome.ed.jp/

駒場東邦中学校

東京 世田谷区　男子校

自主独立の気概と科学的精神で次代のリーダーを育てる

都内屈指の大学進学実績を誇る駒場東邦中学校・高等学校。例年、東京大をはじめとする超難関大学へ多くの卒業生を送る学校として知られています。

創立は1957年（昭和32年）、東邦大学によって設立されました。中高6年間を一体化した中等教育の必要性を唱え、「資源のない日本では、頭脳の資源化こそが急務である」という理念から、「科学的精神に支えられた合理的な考え方を培うこと」そして「自主独立の精神を養うこと」を重視しています。

「自分で考え、答えを出す」

駒場東邦の学習方針として、すべての教科において「自分で考え、答えを出す」習慣をつけること、そして早い時期に「文・理」に偏ることなく各教科間でバランスの取れた能力を身につけることを第一に掲げています。

中学時では、自分でつくるレポート提出が多いのが特徴となっています。中1の霧ヶ峰林間学校、中2の志賀高原林間学校、中3の奈良・京都研究旅行でも、事前・事後にレポートや論文を作成します。

英語・数学・理科実験などには分割授業を取り入れ、少数教育による理解と実習の充実がはかられています。また、英・数・国は高2までで高校課程を修了しますが、「文・理」分けは高3からです。

自分の行動に責任を持つ

駒場東邦では、生活指導の基本を生徒による自主的な判断に委ねていることが特色です。それは、「自らの行動に自らが責任を持つことを基本とする」と駒場東邦では考えられているからです。自分の判断に基づき、責任をしっかりと持って行動することが求められています。

生徒会やクラブ活動、文化祭、体育祭なども生徒が主体となり、上級生が下級生を導くよき伝統が受け継がれています。

SCHOOL DATA
- 東京都世田谷区池尻4-5-1
- 京王井の頭線「駒場東大前」・東急田園都市線「池尻大橋」徒歩10分
- 男子のみ717名
- 03-3466-8221
- https://www.komabajh.toho-u.ac.jp/

桜丘中学校

東京 北区　共学校

未来にはばたく「翼」と「コンパス」

創立から90余年。桜丘中学・高等学校は、大学進学のための学力に加え、生涯学習につながる深い教養と知識、論理的な思考や繊細で豊かな表現力を身につけた真の「自立した個人」の育成をめざしています。

校訓である「勤労」と「創造」のもとに、「たゆまぬ努力と創意・工夫が新しい自分を作る」と考え、さまざまな特色ある取り組みを行っています。

教育の3つの柱

桜丘では、進学教育・英語教育・情報教育を柱として教育を行っています。

独自に考案された「家庭学習帳」と「SSノート（Self-study notes）」は、生徒自身が自分に必要な学習を判断し、与えられた課題にしっかりと取り組む姿勢を身につけるために重要な役割を果たします。また、定期考査前には指名自習が実施され、学校全体で見守ってくれているという安心感があります。

ふたつ目の柱である英語教育では、ネイティブ教員による授業や放課後に行われるアフタースクール・レッスンなどが充実し、3年次にはオーストラリア研修旅行が実施されます。このような取り組みをとおして「本当に使える英語」の習得をめざしています。

そして、最後の柱である情報教育をつうじて、生徒は、情報の収集・取捨選択、論理的な思考力、効果的なプレゼンテーション能力を身につけていきます。書籍・マルチメディア資料・インターネットからの情報収集が可能なSLC（Sakuragaoka Learning Commons）、プレゼンテーションに必要な機器が完備されているSMART Lab.などの施設も充実しています。さらに全校生徒がiPadを学校生活で活用しています。

創意工夫を積み重ねることによって養われる判断力を「コンパス」に、たんなる知識ではない教養を「翼」として、生徒は未来へとはばたいていきます。

SCHOOL DATA
- 東京都北区滝野川1-51-12
- 都電荒川線「滝野川一丁目」徒歩1分、JR線・地下鉄南北線「王子」・都営三田線「西巣鴨」徒歩8分
- 男子88名、女子90名
- 03-3910-6161
- https://sakuragaoka.ac.jp/

実践学園中学校

東京 中野区／共学校

さらなる飛躍をめざし、大きな一歩をふみだす

実践学園の教育理念は「豊かな人間味のある人材の育成」であり、「人間性に富み、志が高く倫理観の強い、国際社会でリーダーとして活躍できる人材を育成する」ことです。この理念のもと、「難関大学をめざす指導の徹底」をはかりながら「学習と部活動の両立の支援」・「倫理観・道徳心を養う」ことを教育目標としています。

実践学園独自の教育プログラム

実践学園では、阿部宏喜東大名誉教授による理科特別授業や実習を組みあわせることにより、理科や環境教育において興味・関心を高める工夫をしています。

さらに英語力向上にも力を入れ、授業をとおして身につけた英語力に加え、日本文化・歴史学習やブリティッシュヒルズ（中3春）での国内研修を行い、ニュージーランド語学研修（中3夏）につなげます。高校でもハワイへの修学研修旅行や希望者によるオーストラリア語学研修、アメリカ・ニュージーランドへの留学制度があり、生徒の多様な意欲に応えています。

また、先進的な教育の場として、明るく開放的な学習空間であり、生徒一人ひとりの可能性を大きく広げる学びの館「自由学習館（Freedom Learning Manor House）」は、自学自習（読書・調べ学習・予習・復習）を支援する3つの学習エリアを有し、これからの時代を生きる土台となる「確かな学力」を育み、生徒の学習スタイルに対応する機能的な学びの環境です。放課後と長期休業中には、授業と連動した進学講習「J・スクール」を実施し、大学現役合格に必要な力を身につけることができます。

このような取り組みとコミュニケーションデザイン科によるコミュニケーション力の育成を有機的に結合することにより、グローバル社会で活躍できる人材を育成する実践学園中学校・高等学校です。

SCHOOL DATA
- 東京都中野区中央2-34-2
- 地下鉄丸ノ内線・都営大江戸線「中野坂上」徒歩5分、JR線「東中野」徒歩10分
- 男子119名、女子83名
- 03-3371-5268
- http://www.jissengakuen-h.ed.jp/

実践女子学園中学校

東京 渋谷区／女子校

グローバル時代を生きる真の人間力を育成する

明治の女子教育の先覚者下田歌子によって1899年（明治32年）に創立された実践女子学園。下田歌子の言葉「女性は生まれつき純粋で思いやりの心が深く、その清らかな人柄と豊かな情緒で社会の悪い習わしをなおし、多くの人々に最高の幸福感を与えることができる」に基づき、「堅実にして質素、しかも品格のある女性の育成」を建学精神とする中高一貫の女子校です。実践女子学園におけるグローバル化は、たんに語学の修得だけにとどまらず、「日本を知る」「世界を知る」「自分の役割を知る」の3ステップをそれぞれの発達段階で身につけます。中1・中2では週1回の「日本文化実習」で華道・茶道・箏曲・着付・仕舞を体験し足元を固めます。中3・高1で希望者は海外研修や英語ゼミなどに参加し視野を広くします。高2・高3は自己実現に向けて実践するとき。多くの刺激を受けた生徒は自分の役割を知る段階となり、将来の自分を主体的に切り開いていきます。

英語は自分に合ったスタートラインから

英語の授業は学習歴別の2クラス3展開を実施。より少人数で自分に合ったスタートラインから学ぶことができるので、海外経験のあるかたにも、また、いちから英語を学ぶかたにも適した授業を展開しています。4技能を重視し、中3までに英検準2級取得が目標です。もっと英語を学びたい生徒には、ネイティブによる放課後講座も充実しています。

5教科はともにゆるやかな先取り学習を実施。国語は読解力、表現力の育成に力を入れ、中2から独自教材による古典文法を導入。数学は中3から高校の内容に入ります。

きめ細かな指導は日常の生活にもそそがれ、中1は頻繁に席替えを実施。また昼食は担任も教室でとり和やかに食育をしています。

実践女子学園では「生涯を支える人間力」を養い、世代を越えて継承される"実践規範"を大切にしています。

SCHOOL DATA
- 東京都渋谷区東1-1-11
- JR線ほか「渋谷」徒歩10分、地下鉄銀座線・千代田線・半蔵門線「表参道」徒歩12分
- 女子のみ759名
- 03-3409-1771
- http://hs.jissen.ac.jp/

品川女子学院中等部

東京 品川区 / 女子校

社会で活躍する女性を育てる「28project」

女子中高一貫教育において「社会で活躍する女性の育成」を実践していることで知られ、文部科学省からスーパーグローバルハイスクールに指定されている品川女子学院。

「世界をこころに、能動的に人生を創る日本女性として教養を高め、才能を伸ばし、夢を育てる」ことを目標に、積極的な学校改革を推し進め、進学実績を伸ばしています。

品川女子学院では、中高一貫教育のメリットをいかし、精選したカリキュラムのなか、効果的な学習過程を実現しています。

きめ細かな学習指導

学習内容については、各学年ごとに詳細なシラバスを発行し、いつでも勉強について的確に把握できるようになっています。

これからの国際化時代に対応できる人材の育成をめざし、英語教育にも力が入れられています。中学では週7時間の英語授業を実施。中3の3月にはニュージーランドへの修学旅行も行っており、さまざまな経験をとおして英語力を育むことができます。

将来を見据えた「28project」

大学進学という18歳のゴールはもちろん、卒業後の人生を視野に入れた進路指導が展開されています。それが、28歳をイメージし、社会で活躍できる女性を育てる「28project」です。中3の総合学習の時間には、企業や大学の協力を得た長期間のプログラムが組まれ、おとなといっしょに、企画・デザイン・営業・広告などの課題に学年全員が取り組み、数字でははかれないさまざまな能力を伸ばします。

高等部では起業体験プログラムや大学教授の出張講義、海外研修・留学など、多様な人とのかかわりから視野を広げます。

品川女子学院では、こうした取り組みをとおして将来の夢を明確にし、卒業後の進路選択に役立てることができるのです。

SCHOOL DATA
- 東京都品川区北品川3-3-12
- 京浜急行「北品川」徒歩2分、JR線・都営浅草線・京浜急行「品川」徒歩12分
- 女子のみ635名
- 03-3474-4048
- http://www.shinagawajoshigakuin.jp/

芝中学校

東京 港区 / 男子校

伸びやかな校風のもと人間力を培う

芝中学校・高等学校は都心の芝公園を望み、校庭からは東京タワーが間近に見える交通至便の地にあります。そのため、東京、神奈川、千葉、埼玉など広い地域から生徒が通学しています。

芝中高は、2006年(平成18年)に創立100周年を迎えた伝統ある学校です。学校の基本理念に仏教の教えを有し、「遵法自治」を教訓として生徒の自主性を重んじた教育を行っています。校舎は地上8階、地下1階の総合校舎と、地上2階、地下1階の芸術棟からなり、都心の学校らしい洗練された学習環境となっています。

ゆとりある独自のカリキュラム

男子の中高一貫校として高い進学実績を誇る芝中高は、伸びやかな校風のもと、しっかりとした学力をつけてくれる学校として定評があります。

進学校ではありますが、勉強一色といった雰囲気はありません。授業だけが学びの場ではないと考えられ、校外学習や学校行事なども大切にされています。また、全校生徒の約8割がいずれかのクラブに参加していることからもわかるように、クラブ活動もさかんに行われ、男子校らしい活発なようすが校内のいたるところで見られます。

こうした校風を生みだす芝中高独自のゆとりあるカリキュラムは、無理やムダを省いた精選されたもので、完全中高一貫教育のなかで効果的に学習できるように工夫されています。

注目される高い大学合格実績を支えているのは、すぐれたカリキュラムとともに、全校生徒約1700名に対して専任教員を94名もそろえているという充実した教諭陣の、熱心な指導です。各クラスともに正・副の担任ふたり体制をとり、きめ細かな指導を行っています。伸びやかな校風と親身な学習指導により、生徒の人間力を培う学校です。

SCHOOL DATA
- 東京都港区芝公園3-5-37
- 地下鉄日比谷線「神谷町」徒歩5分、都営三田線「御成門」徒歩7分
- 男子のみ880名
- 03-3431-2629
- http://www.shiba.ac.jp/

芝浦工業大学附属中学校

東京 江東区 / 男子校

世界で活躍するエンジニアへの夢

　芝浦工業大を併設大学とする半附属校です。昨年4月に芝浦工業大のメインキャンパスのある豊洲へ移転し、校名を芝浦工業大学附属中学高等学校へと変更をしました。校訓は「敬愛の誠心を深めよう」「正義につく勇気を養おう」「自律の精神で貫こう」が掲げられ、世界と社会に貢献できる、心身ともに強くたくましい人材を育てていきます。

　理系の生徒が多いことに配慮した特色あるカリキュラムが組まれています。中3では「サイエンス・テクノロジーアワー」という独自プログラムを実施。教科書から飛びだし、生徒の興味関心を引きだす「手作りスピーカーと電池のないラジオ」などの11のプログラムが用意されています。全学年全教科で展開される教科と科学技術のかかわりあいを学ぶ「ショートテクノロジーアワー」もあります。

　言語教育にも力を入れています。3つの言語の習得が、社会での活躍のカギになると考え、「英語・英会話スキル」「コンピューターリテラシー」（RubyやC言語によるプログラミングなど）「日本語運用能力」の習得に力を入れます。とくに「ランゲージアワー」（言語技術教育）では、「論理力・伝達力・分析力」を柱に言葉を操る技術をきたえます。

魅力的な中高大連携教育

　大学との連携教育も特色のひとつです。中学では「工学わくわく講座」「ロボット入門講座」などが開かれ、高校ではさらに専門性の高い講座が用意されます。なかでも、高2の理系選択者を対象とした「理系講座」は、芝浦工大の教授陣をはじめとする講師のかたがたから、最先端の研究内容を聞ける魅力的な講座です。また、高3の希望者が大学の講義を受けられたり、推薦進学者の最優秀者に無償で3カ月間の海外留学のチャンスが与えられるなど、併設校ならではの制度もあります。キャンパス移転により、こうした連携教育がさらに充実していくことでしょう。

SCHOOL DATA

- 東京都江東区豊洲6-2-7
- ゆりかもめ「新豊洲」徒歩1分、地下鉄有楽町線「豊洲」徒歩7分
- 男子のみ509名
- 03-3520-8501
- http://www.ijh.shibaura-it.ac.jp/

渋谷教育学園渋谷中学校

東京 渋谷区 / 共学校

またたく間に進学名門校の座を獲得

　渋谷教育学園渋谷中学校は開校23年目の学校ですが、短期間のうちに進学校としての評価を高め、いまや受験生たちから憧憬を集める対象となっています。

　「自調自考」の精神を教育理念とし、自分で課題を調べ、自分で解答をだしていく自主性と、自ら学ぶ姿勢が重視されます。

　シラバスは渋谷教育学園渋谷で使用されている独自の学習設計図で、学年始めに1年間で学ぶ内容と計画を細かく記した冊子を生徒全員に配ります。特長は、「それぞれの教科の基礎からの学習をなんのために学び、覚えるのか、いま全体のどのあたりを勉強しているのか」をはっきり理解したうえで勉強を進めることができるという点にあります。

　これは自分で目標を理解し、自分で取り組み方を決め、自分で自分の力を判断するというもので、渋谷教育学園渋谷の自調自考を授業のなかで実践していくための取り組みです。

効率のよい6年間

　進学校として急速に評価を高めた要因には、渋谷教育学園渋谷のすぐれた授業システムがあります。

　授業は6年間をA、B、Cの3つのブロックに分け、中1と中2をAブロックの「基礎基本」、中3と高1をBブロックの「自己理解」、そして高2と高3をCブロックの「自己実現」の各期とします。

　これは6年間の長いレンジで起きやすい中だるみを防ぐ意味もありますが、3つに分割することで期間ごとのテーマが鮮明になり、生徒の自主性が喚起され、前向きに取り組む姿勢が明確になる利点を持っています。

　さらに、効率的な教程を組み、教科内容を錬成工夫することで戦略的な先取り学習を推し進めています。カリキュラムや年間の教育目標も将来の難関大学をめざした主要教科重視型となっています。

SCHOOL DATA

- 東京都渋谷区渋谷1-21-18
- JR線・東急東横線ほか「渋谷」徒歩7分、地下鉄千代田線・副都心線「明治神宮前」徒歩8分
- 男子295名、女子315名
- 03-3400-6363
- https://www.shibushibu.jp/

修徳中学校

東京 葛飾区 共学校

「君の熱意を必ず未来につなげます」

　110年を超える歴史と伝統を持つ修徳学園。生徒の可能性や潜在能力を信じ、得意分野や個性的能力を最大限に発揮し、理想の実現に向かって努力できる教育を行います。2014年（平成26年）には大学受験専用学習棟「プログレス学習センター」が完成し、大学受験の学習サポートが強化されました。

三位一体教育

　徳育、知育、体育の3つのバランスがとれた三位一体教育が特徴です。将来を築くにふさわしい体力と知性、それに個性豊かな人間形成「文武一体」を目標に、学校生活をとおして自律心を養う徳育指導を行い人間性を高め、勉学と部活動の一体化を果たしています。
　学習プログラムも充実しています。授業は週6日制で、土曜日も正規授業を実施。さらに、「学力定着のためのプログレス学習センター」や「講習・補習制度」を設けています。
　また、修徳では「特進クラス」と「普通クラス」を用意しています。「特進クラス」は、発展的な学習を取り入れ、大学受験への土台をつくるクラスです。「普通クラス」は、「文武一体」をモットーに、勉強とクラブ活動の一体化を果たし、総合的人間力を高める教育を実践しています。

プログレス学習

　修徳では、「授業での集中力」「家庭での学習」を習慣づける独自のシステムとして「プログレス」を実施しています。月〜土の朝プログレスには英単語テストを実施。そして放課後は毎日50分以上プログレス学習センターで自律学習を行い学習習慣の定着をはかります。
　そのほか、基礎学力のフォロー講習（学力向上期待者講習）も設けられ、親身な指導がなされています。
　生徒の目標達成をめざすきめ細かな指導が注目される、修徳中学校です。

SCHOOL DATA

- 東京都葛飾区青戸8-10-1
- JR線・地下鉄千代田線「亀有」徒歩12分、京成線「青砥」徒歩17分
- 男子109名、女子72名
- 03-3601-0116
- http://shutoku.ac.jp/

十文字中学校

東京 豊島区 女子校

2020年を見据えた学校改革「Move on プロジェクト」

　創立者・十文字こと先生の「これからの女性は、社会にでて、世の中の役に立つ人にならねばならない」という理念を、現在も受け継ぎつつ、多様化する社会でもしっかりと生きていける力を育んでいます。十文字の1日は、朝の陽光を浴びながら、心と身体をリフレッシュする「自彊術体操」から始まります。創立以来つづく伝統であり、「自彊」とは「自らを強くきたえる」という意味です。
　2014年（平成26年）3月には新館が完成しました。カフェテリア、プールだけではなく、多目的教室や多目的ホールなども充実し、どんな課題にも柔軟に対応できるグローバルな人材を育むステージが整っています。

グローバル社会に対応した進路指導

　中学では基礎学力の養成に力を入れ、少人数による授業も取り入れています。高校では、習熟度に合わせて総合的な学力を養成し、大学進学に向けた指導を行っています。
　最難関国立・私立大、医歯薬学部現役合格をめざす生徒をはじめ、個に応じた進路指導を行っています。放課後講習などを活用し、一人ひとりに最もふさわしい大学・学部の選択をサポートする態勢も万全です。
　また、ディベートなどのアクティブラーニングや電子黒板を活用したICT教育などをとおして、自ら考え発信できる力、相手の意見にも耳を傾けられる力を養い、グローバル世界でも通用する人間力を育成しています。

多彩な行事とクラブ活動

　十文字では、さまざまな行事があります。演劇やコンサートなど、プロの芸術家の演奏や演技を鑑賞し、芸術に対する感性と教養を深めていきます。クラブ活動もさかんで、2014年にはマンドリン部が、2016年（平成28年）にはサッカー部が日本一を獲得しました。生徒たちは日々充実した学校生活を送り、豊かな感性と知性に磨きをかけています。

SCHOOL DATA

- 東京都豊島区北大塚1-10-33
- JR線・都営三田線「巣鴨」、JR線「大塚」、都電荒川線「大塚駅前」徒歩5分
- 女子のみ510名
- 03-3918-0511
- http://js.jumonji-u.ac.jp/

淑徳中学校

東京 板橋区 共学校

21世紀のリーディング校をめざして ～東大選抜(セレクト)コース～

淑徳中学高等学校は、1892年（明治25年）に創立された126年の歴史を誇る伝統校です。「進み行く世におくれるな、有為な人間になれ」という創立者である尼僧・輪島聞声(もんじょう)先生の掲げた理念は「淑徳フィロソフィ」として、現在においてもなお学校に息づいています。

淑徳では、高い知性と豊かな人間性を併せ持つ「カインド・リーダー」を育成しています。中学は「スーパー特進東大選抜(セレクト)コース」と「スーパー特進コース」の2コース制で、生徒一人ひとりの可能性を伸ばすきめ細かな学習指導が行われています。

国際教育も重視され、全員参加のオーストラリア語学研修や1年留学コースを展開しています。2016年（平成28年）より、MIT・ハーバード大学の講義やボストン美術館見学などが行われるハイレベルスプリングキャンプや、ワークショッププログラムなど、新たな取り組みも実施されています。

2013年（平成25年）には校舎のリニューアルが完了。地下アリーナ、映像設備、ガラス黒板、3つの実験室、自習スペース、図書館の洋書ライブラリーなど充実の環境が整いました。また、英会話の場として2015年（平成27年）9月にオープンしたイングリッシュスタジオでは、電子黒板やプロジェクターを完備。最先端で快適な総合ステーションとなっています。

さらに、タブレットを使用したICT教育やアクティブラーニングが加わり、21世紀のリーディング校をめざします。

スーパー特進東大選抜コース

2012年（平成24年）よりスタートした「スーパー特進東大選抜(セレクト)コース」は、1期生が昨年度卒業となりました。このコースでは、東京大や医学部などの最難関大学の合格をめざし、ハイレベルな問題演習や論理的思考をきたえる学習、また世界で通用する語学力を育成します。

SCHOOL DATA

◆東京都板橋区前野町5-14-1
◆東武東上線「ときわ台」・都営三田線「志村三丁目」徒歩13分、東武東上線「ときわ台」・JR線「赤羽」・西武池袋線「練馬高野台」スクールバス
◆男子242名、女子325名
◆03-3969-7411
◆http://www.shukutoku.ed.jp/

淑徳SC中等部

東京 文京区 女子校

進行形の伝統の女子教育

淑徳SC中等部の歴史は、1892年（明治25年）東京小石川の傳通院に創設された「淑徳女学校」に始まります。校祖輪島聞声(もんじょう)先生が説いた「進みゆく世におくれてはならない。おおいに勉強して有為な人間になってほしい」という考えは、女性も時代を先取る精神を備えた自立した存在であるべきという、当時としては大変進歩的なものでした。

「淑徳」を備えた女性の育成という創設以来の理念と伝統を受け継ぎながら社会の変容に対応し、2008年（平成20年）に新校舎が完成すると、校名を淑徳SCとして新しく生まれ変わりました。校名にある「SC」とは、「サクセスフルキャリア」のことで「よりよく生きる」ことを意味します。学力、向上心、自立心、礼節などを養い、「よりよく生きる」ための地力を身につける教育を実践しています。

よく学び、よく考え、よく生きる

淑徳SCでは、一人ひとりの個性に合ったていねいな教育が必要であると考えています。そのため、熱意あふれる教師陣が思いやりのある教育を行うことで、生徒が持つ人間性や特質を伸ばし、それぞれの能力を引き出します。

また、基礎学力を高めることはもちろんですが、自ら考え、思考する能力を養うことも重要だと考えています。「疑問を持ち」、それを「解決する」ことも学習であり、論理的な思考力を育てるために課題研究や段階的な小論文の指導を行っています。

独自のプログラムとして、DFL（Design the Future for Ladiesの頭文字をとったもの）で女性の特性を考慮して、女性ならではの人生設計を考えていく講座を6カ年をとおして実施しています。

淑徳SCは、発展段階に応じた継続的・段階的な進路学習により、「理想の自分」を見つけ、その実現をめざしていける学校なのです。

SCHOOL DATA

◆東京都文京区小石川3-14-3
◆地下鉄丸ノ内線・南北線「後楽園」、都営三田線・大江戸線「春日」徒歩8分
◆女子のみ39名
◆03-3811-0237
◆http://ssc.ed.jp/

淑徳巣鴨中学校

東京 豊島区 共学校

「感恩奉仕」の心と未来を生き抜く力を育てる

淑徳巣鴨中学校は、1919年（大正8年）に社会事業家で浄土宗僧侶の長谷川良信により創立されたのが始まりです。1992年（平成4年）に男女共学化、1996年（平成8年）には中高一貫校となりました。そして2019年には100周年を迎え、つぎの100年に向けて新たなチャレンジをつづけていきます。

教育方針として「感恩奉仕」を掲げ、自分が他の多くの恩を受けて生かされていることに感謝し、自分を他のために役立てていくことのできる人間を育てています。2020年度の大学入試制度改革に向けて、新たなステージが始まっています。

気づきの教育が叡知の包みをひらく

淑徳巣鴨では「気づきの教育が叡知の包みをひらく」の教育方針のもと、生徒のさまざまな可能性を見つけだし、育んでいます。

"誉める指導"による温かいまなざしに包まれた環境でやる気を育み、充実した学習支援と進学指導、夢や好奇心をふくらませるスポンサー講座や"多彩な留学制度"などを展開しています。また、部活動にも力を入れることで、学習活動との相乗効果を発揮させてきました。今後はさらに大学入試改革を見据え、総合的な理数教育をとおして「"感恩奉仕"思いやりの心の大切さ」への科学的理解をうながすことで、これからとくに重要となる主体的思考力の開発を進めています。

新コース「スーパー選抜コース」設置

2017年度（平成29年度）から「スーパー選抜コース」が設置されました。東京大をはじめとした難関国公立大への現役合格をめざし、大学入試を視野に入れた授業を日々展開し、中学3年間で大学入試に向けた「思考力・判断力・表現力」の基礎を培っていきます。

また、放課後や長期休暇中に行われる特別講座で個々の能力に合わせた学習指導を行います。

SCHOOL DATA

- 東京都豊島区西巣鴨2-22-16
- 都営三田線「西巣鴨」徒歩3分、都電荒川線「庚申塚」徒歩4分、JR線「板橋」徒歩10分、東武東上線「北池袋」徒歩15分、JR線ほか「池袋」よりバス
- 男子150名、女子134名
- 03-3918-6451
- http://www.shukusu.ed.jp/

順天中学校

東京 北区 共学校

理想の未来へと導く一貫教育

順天中学校は、「順天求合」という建学の精神のもと1834年（天保5年）に創立された順天堂塾に始まり、今年で184年の歴史を刻んできました。そんな伝統ある順天中学校の教育理念は「英知を持って国際社会で活躍できる人間を育成する」ことです。知識だけではない、思考力や表現力をそなえた創造的学力を養い、グローバルスタンダードな人間観や世界観を持った国際的な人間性を育てています。

独自の「系統」「探究」「総合」学習

そうした目標を実現するため、6年間を基礎期・養成期・完成期という3つの段階に分け、進路目標を掲げています。

教科学習においては、主要3教科（国語・数学・英語）の授業時間が公立中学校よりも700時間以上も多く設定された独自のプログラムが行われています。

これまで以上にじゅうぶんな時間をかけた「系統学習」として、体系的な学習を重視し、未到達者は補習（リピート学習）を行い、完全習得をめざします。

社会・理科は、体系的な教科学習に加えて、問題を発見し解決していこうという「探究学習」が行われています。

そのほかの、芸術・技術家庭・保健体育・道徳の実践的な4教科は、合科（クロスカリキュラム）を展開する「統合学習」と位置づけています。

これらすべての教科に体験的な課外活動を組み入れ、豊かな表現力やコミュニケーション力を育て、フィールドワークやワークショップをとおして、自分の進路選択を考えて、中2以降は選抜クラスと標準クラスに分かれます。

こうした取り組みにより、生徒たちは、「より高みの自分」へと意識をシフトしていき、それが進学校として確かな実績を残すことにつながっています。

SCHOOL DATA

- 東京都北区王子本町1-17-13
- JR線・地下鉄南北線「王子」、都電荒川線「王子駅前」徒歩3分
- 男子177名、女子146名
- 03-3908-2966
- http://www.junten.ed.jp/

頌栄女子学院中学校

東京 港区 / 女子校

キリスト教に基づき理想の女子教育を行う

頌栄女子学院中学校・高等学校は、キリスト教の学校で、聖書の教えを徳育の基礎においています。

校名「頌栄」は神の栄光をほめたたえるという意味で、学院の特色を表します。

また、土曜日を休日にして日曜日には教会の礼拝に参加することを奨励しているほか、入学式・卒業式などの学校行事は礼拝で始まり、週日にも毎朝礼拝があります。

頌栄女子学院の特徴は、聖書の時間があることと、数学・英語の授業時数が標準よりも多いことです。数学と英語の授業（一部学年）は、中・高とも少人数制習熟度別の特別クラス編成で行います。

また、コース制を採用し、高2からは文科コースと理科コースに、さらに高3では理科コースがふたつに分けられます。高3では、コース別の授業のほかに主要科目を中心とした受験講習があり、進路に合わせて自由に選択することが可能です。

多彩な英語教育と高い進学実績

英語の授業は中1～高1では週6時間を配当し、各学級を2分割して少人数制による授業を行っています。高2・高3では、学年を習熟度別に7クラスに分け、個々の到達度に応じた効果的な学習指導を実施しています。また、高校卒業までに英検2級以上を取得することを目標としています。

そのほか、語学修養の機会として中学では軽井沢での英会話研修およびカナダ語学研修、高校ではイギリス語学研修を希望者のために設けています。

大学進学実績では、長期の計画に基づいて中3より進路指導を行っています。このほか説明会や卒業生の体験談を聞く会などを設けています。こうした取り組みの結果、難関大学進学者が着実に増加し、卒業生の半数程度が現役で国公立大や早稲田大・慶應義塾大・上智大など難関私立大へ進学しています。

SCHOOL DATA
- 東京都港区白金台2-26-5
- 都営浅草線「高輪台」徒歩1分、JR線・東急池上線「五反田」・地下鉄南北線・都営三田線「白金台」徒歩10分、JR線・京浜急行線「品川」徒歩12分
- 女子のみ689名
- 03-3441-2005
- http://www.shoei.ed.jp/

城西大学附属城西中学校

東京 豊島区 / 共学校

自由な校風のもと大切にする「報恩感謝」の心

さまざまな個性が共生する城西教育

城西大学附属城西中学・高等学校が所属する城西学園は、1918年（大正7年）、大正デモクラシーを背景とした自由主義教育の私学として誕生しました。そのため、創立当初からつづく自由な校風のもと「報恩感謝」を校訓とし、子どもたちの「豊かな人間性」「自主・自立の精神」の育成に努めてきました。

さまざまな個性が共生しあう環境が形成されるなかからすぐれた人間性を育むために、学校生活の基本となるホームルームを学力で分けることはしません。生徒たちは互いに学びあい、助けあうことで、ちがいを認め、自然と「共生」の感覚を身につけていきます。

カリキュラムは、中学では基礎基本の徹底と、先取り教育をあわせながら、学力差がでやすい数学と英語について習熟度別授業を実施し、個人の実力を養成していきます。高校では希望進路により、2年次より文理のクラス分けがされ、3年次より志望学部に合わせた学部系統別のクラス分けとなります。

国際理解教育の新たな展開

新たな中高一貫教育プログラムとしてJosai Future Global Leader Programがスタートします。

「義務教育の終わりに親元を離れ、海外で生活できた自信をつける」ことをめざし、中学3年次には全員が2週間の海外研修に参加します。南オーストラリア州のアデレードでホームステイしながら現地校のクラスに参加し、現地の中学生と同じ生活を体験します。

中学1年・中学2年次には、この海外研修に向けてさまざまな授業や行事に取り組み、学力を向上させるとともに精神的な自立をうながします。

高校では、各クラスに1名は海外からの留学生が在籍している環境で視野を広げ、中期、長期の留学に挑戦することもできます。

SCHOOL DATA
- 東京都豊島区千早1-10-26
- 地下鉄有楽町線・副都心線「要町」徒歩6分、西武池袋線「椎名町」徒歩7分
- 男子109名、女子71名
- 03-3973-6331
- http://josaigakuen.ac.jp/

聖徳学園中学校

東京 武蔵野市 / 共学校

Global＋STEAM教育で高みをめざす

学校の特色

聖徳太子の「和」の教えを建学の精神に、生徒の「個性」「創造性」「国際性」を育てる教育を行う聖徳学園。生徒と教師の距離が近く、アットホームな校風のもと、中1・中2では2名担任制できめ細かな指導を行います。ICT教育には定評があり、中1から高1までの全生徒がひとり1台iPadを所有しています。聖徳学園が新しく取り組んでいる、21世紀型スキルを身につけるためのSTEAM教育では、教科を超えた多角的観点から問題を発見する力、論理的思考力で問題を解決する力、自らの意見を発信する力を養います。

グローバル教育では、日本型グローバルリーダーの育成を目的とし、海外での研修はもちろん、国内でのプログラムもたくさん用意されています。中1スプリングキャンプでは新潟県で民泊や田植えを体験して日本の生活について学び、中2関西研修旅行では日本の歴史や文化を学んだのち、中3からは希望制による海外研修旅行にでかけます。高校ではJICA・大学・企業と連携し、途上国の問題を理解し、それを解決するにはどうしたよいかを考える課題解決型の国際協力プロジェクトにも取り組みます。語学教育においては、5名のネイティブ教員が語学力向上をサポートするほか、3カ月や1年の留学制度も充実しています。

進学セミナーと進路指導

各学年に選抜クラスを設け、学習意欲の高い生徒には進度・深度に負荷をかけた授業を実施。中学では教養セミナー、高校では進学セミナーという放課後の課外授業を設け、大学進学に特化した講座を約45用意し、生徒のサポートをします。

また、超難関大進学講座を別途設定し、東京大や旧帝大・医学部などの進学をめざす生徒のサポートも充実しています。

SCHOOL DATA
- 東京都武蔵野市境南町2-11-8
- JR線・西武多摩川線「武蔵境」徒歩3分
- 男子161名、女子79名
- 0422-31-5121
- http://www.shotoku.ed.jp/

城北中学校

東京 板橋区 / 男子校

教育目標を具現化し社会に有意な人間を育成

教育目標に「人間形成と大学進学」を掲げる城北中学校。儒学に裏づけされた規律正しい生活習慣や礼儀、厳しい態度で公正を守る「質実厳正」という創立者・深井鑑一郎先生の教えを受け継ぎ教育を行っています。

城北の考える人間形成とは、「社会に有為な人間を育成する」ということです。社会を支え導くリーダーを育てるために、クラブ活動や行事も大切に考え、コミュニケーション能力や統率力といった力を育んでいます。

学習面では6年間を2年ずつに分け、生徒の発達・変化に応じた指導を行っています。中1・中2の「基礎期」は、基本的な生活習慣を身につけたうえで、各教科の基礎力を養います。中3・高1の「錬成期」は自立的・自主的な学習生活の確立をめざし、自分に合った進路を見つける期間です。高2・高3の「習熟期」は、より高い学力と豊かな教養を身につけ、進学への意識を高めます。成長に合わせた理想の「3期指導体制」により、毎年多くの生徒が難関大へと進学しています。

ICTに特化した新たな教室が完成

ICT教育が積極的に展開されているのも特徴です。全教室に大型モニターが設置され、生徒用のiPadが360台導入されています。さらに、2017年（平成29年）にはICTに特化した特別教室「iRoom」が完成。「iRoom」の「i」には、「ICT（情報通信技術）・IDEA（アイデア）・INTEREST（興味関心）・INTERACTIVE（双方向の）・INQUIRE（探求する）」という5つの意味があります。iPad40台、プロジェクター2台、大型モニター2台が備えられるとともに、移動可能なミニホワイトボードといったグループワークに最適な設備も整えられています。こうした設備を活用して生徒の思考力を刺激しながら、自ら発信できる能力を育てていきます。

城北中学校は、教育目標を具現化し、社会に有意な人間を育てる教育を行っています。

SCHOOL DATA
- 東京都板橋区東新町2-28-1
- 東武東上線「上板橋」徒歩10分、地下鉄有楽町線・副都心線「小竹向原」徒歩20分
- 男子のみ833名
- 03-3956-3157
- http://www.johoku.ac.jp/

昭和女子大学附属昭和中学校

東京 世田谷区 / 女子校

「世の光となろう」を目標としてグローバル社会で輝く

豊かな人間性としっかりとした学力を

創立者・人見圓吉、緑夫妻は、偉大な教育者でもあったロシアの文豪トルストイのヒューマニズムに満ちた教育観に共鳴し、1920年（大正9年）、学校を創立しました。その誠実で自立心に富み、自己実現をめざしながら社会に貢献できる人間を育成する姿勢は、学校目標「世の光となろう」という言葉にしめされています。

昭和女子大学附属昭和中学校は、知識だけでなく、知育・徳育・体育の面でバランスのとれた人間を育む全人教育を実践してきました。そして2016年（平成28年）からは2014年度（平成26年度）にスーパーグローバルハイスクール（SGH）に指定されたことを受けて、思考力、プレゼンテーション能力など「知識や技能を活用する能力」とグローバルマインドをバランスよく磨き、チャレンジ精神旺盛で、人のために尽くせる女性を育てる新しい中高一貫プログラムをスタートさせました。全コースで一歩進んだグローバル教育を実践し、充実した語学力と確かなグローバルマインドを身につけます。また1年間の海外留学が必修となり、高度な語学力とコミュニケーション力を養うグローバル留学コースも設置されました。

6年間を縦割りにした年齢の異なる集団活動「朋友班」は、伝統的に継承され、レクリエーションや環境美化などに取り組みます。上級生が責任を持ってグループをまとめ、下級生は上級生を見習うなど、校内にはたくさんの「姉妹」が誕生しています。まるで家族のような雰囲気のなか、協調性や自主性を身につけ、生徒の個性と人間性を育みます。

昭和女子大へは成績や人物などを総合的に判断し、学校長の推薦により進学します。この推薦を得ながら、他大学を受験することもできます。こうした制度で生徒の可能性への挑戦を応援しています。

SCHOOL DATA

- 東京都世田谷区太子堂1-7-57
- 東急田園都市線・世田谷線「三軒茶屋」徒歩7分
- 女子のみ598名
- 03-3411-5115
- http://jhs.swu.ac.jp/

女子学院中学校

東京 千代田区 / 女子校

自主性を尊重した明るく自由な校風

創立は1870年（明治3年）。140年以上という長い歴史に育まれた女子学院中学校は、キリスト教主義を教育理念として、独特の校風を培ってきました。学校の規則はほとんどなく、制服もありません。

こうした自由な雰囲気のなかで、生徒たちは自主性を持った生活をしています。ほんとうの意味で自立した女性の育成をめざす女子学院の教育は、多くの保護者や生徒たちから高い支持を集めています。

完全中高一貫教育で洗練された授業

多くの生徒が難関大学への入学をめざしていますが、学校の授業はとくに大学入試だけを目的にしたものではありません。じっくり考え、ものごとへの興味と関心を養う授業が基本となっています。

前後期の2期制で、授業は週5日・30時間で行われます。中高6年間の一貫教育の利点をいかし、教科間の重なりを整理した効率のよいものになっています。科目によってはクラスを分割した授業も行われています。

また、実験・観察と考察、レポート、作文、作品制作なども多く、課題を着実にこなしながら学習の仕方を体得していきます。

女子学院独自の科目として、各学年に「聖書」の授業がおかれています。高校では「近現代史」、「キリスト教音楽」の授業があります。

また、高2までは文系と理系に分かれずに、基本的な学力の育成と心身のバランスのとれた成長をめざし、全科目を共通に学んでいます。高3では、一人ひとりの個性や可能性に応じた選択科目を用意しています。

総合的な学習の時間も6年間を見通した目標を立て、学校行事を中心にその準備活動やまとめを組みあわせて行うことで生徒の成長へとつなげています。

女子学院中学校では、こうした教育体制により、自主的に勉強に向かう姿勢が養われ、高い大学合格実績につながっています。

SCHOOL DATA

- 東京都千代田区一番町22-10
- 地下鉄有楽町線「麹町」徒歩3分、地下鉄半蔵門線「半蔵門」徒歩6分、JR線・都営新宿線「市ヶ谷」徒歩8分
- 女子のみ681名
- 03-3263-1711
- http://www.joshigakuin.ed.jp/

女子聖学院中学校

東京 北区 / 女子校

Be a Messenger ～語ることばをもつ人を育てます～

英語教育と国際理解教育で世界に目を向ける

キリスト教教育を基盤とする女子聖学院中学校は1905年（明治38年）に設立されました。「神様から1人ひとりに与えられた良きもの（賜物）を見出し、その与えられたものを活かす教育」を長きにわたり実践してきた学校で、建学の精神には「神を仰ぎ 人に仕う ～Love God and Serve His People～」、教育モットーには「Be a Messenger～語ることばをもつ人を育てます～」を掲げています。

毎朝の礼拝はチャペルで心静かに祈る大切な時間です。そのほか「人間教育プログラム」として、中1で「賜物」をテーマとし、プロジェクト・アドベンチャーを取り入れた「アドベンチャーキャンプ」、中2で「自己啓発」を目標に遠足や講習会を実施。中3では北海道修学旅行、ライフプランニングなどをとおして「社会の中の自分」を見つめます。こうした取り組みによって、「自分のことば」を他者に伝えられる生徒を育成しています。

中学の英語授業は英語既習者・帰国生対象のSA（スペシャルアドバンスト）クラスと、一般生対象のS（スタンダード）クラスに分かれて行い、参加型・発信型の授業で英語を楽しく学びながら4技能をバランスよく養います。さらに週1～2時間、ネイティブ教員によるオールイングリッシュの英会話の授業があります。これは1クラスを習熟度別に3分割にした少人数制で行うのが特徴です。

国際理解教育としては世界の人々とともに生きる力を養うため、「Global 3day Program」（中1～高2対象）を用意しています。どれも少人数グループで楽しく英語に触れられる内容で、最後は全員が英語でプレゼンテーションを行います。

こうした取り組み以外にも、ホームステイやターム留学（希望者対象）、海外大学指定校推薦制度を整えるなど、海外へ羽ばたきたい生徒をさまざまな形で応援しています。

SCHOOL DATA

- 東京都北区中里3-12-2
- JR線「駒込」徒歩7分、地下鉄南北線「駒込」徒歩8分、JR線「上中里」徒歩10分
- 女子のみ379名
- 03-3917-5377（広報室直通）
- http://www.joshiseigakuin.ed.jp/

女子美術大学付属中学校

東京 杉並区 / 女子校

美を柱とする教育で夢にあふれた人間を育成

創立100年以上の歴史を持つ女子美術大学付属中学校。母体の女子美術大は、1900年（明治33年）に設立許可を受けた古い歴史を有する大学です。その歴史のなかで、片岡珠子、三岸節子、堀文子など多くの優秀な美術家を世に送りだしてきました。建学の精神「我が国の文化に貢献する有能な女性の育成」のもと、「智の美、芸の美、心の美」という3つの美を柱に、将来、美術分野のみならず幅広い分野で活躍できる人材を育成しています。

美術を軸としたカリキュラム

中学では、美術の授業を週4時間確保するぶん朝学習と補習の機会を多く設けています。高校・大学への一貫性をふまえ、絵画・デザインのほかに彫刻・陶芸なども学び、美術の世界に触れる楽しさを理解することに重点をおいています。高校でも、普通科としての学習を重視しつつ、美術の授業を週7～10時間実施。高2からは絵画コースかデザインコースに進んでより専門的な技術を学び、高3では卒業制作に取り組みます。

各教科でも美術教育を取り入れた独自の授業を展開します。たとえば、中1の国語で故事成語カルタを、数学で独創性ある正多面体を作成。高1ではイラストを交えた元素カードや人体模型、科学おもちゃといった科学に親しめるものをつくったり、高3の英語では自分の美術作品を英語で紹介したりと、美術とのコラボレーション授業を行っています。

1年で1番盛りあがる女子美祭では、作品展示のほか、お化け屋敷などのクオリティの高いアトラクションも作製、校内が日常と異なる空間へと変貌を遂げます。さらに、中国やアメリカの学校と美術をとおして友好を深め、フランスやイタリアでの美術研修旅行も実施。女子美術大と連携したキャンパス見学会やアトリエ訪問、ワークショップ体験なども行い、生徒の美術が好きという気持ちを大切に夢の実現を支援します。

SCHOOL DATA

- 東京都杉並区和田1-49-8
- 地下鉄丸ノ内線「東高円寺」徒歩8分
- 女子のみ430名
- 03-5340-4541
- http://www.joshibi.ac.jp/fuzoku/

白梅学園清修中学校・中高一貫部

東京 小平市　女子校

気品とフロンティア精神を備えた女性を育成

2006年（平成18年）に開校した白梅学園清修中学校。同じ学園には、伝統ある白梅学園高等学校がありますが、席を異にする新たな女子の中高一貫教育を行っている学校です。

校名「清修」は、「厳冬にあっても凛と咲く白梅のような清々しい姿で学び修め、気品とフロンティア精神を兼ね備えた女性に育てる」という熱き思いがこめられています。

特長的な学習プログラム

白梅学園清修の教育は、大学進学をめざした、日々の授業を最も重視する教育が基本です。全教室に電子ボードを導入し、視覚により訴えかける授業を展開しています。建物中央に吹き抜けがある校舎は、開放的で明るい空間です。

毎日の授業前には、学年ごとに設定した課題に取り組む朝学習の時間があります。この積み重ねは、高1で全員が行う5000字の論文で実を結ぶこととなります。

また、従来の部活動にかわるものとして「エリアコラボレーション」があります。これは、近隣の専門家を招き、指導してもらう取り組みです。ダンス、テニスなどの運動系はもちろん、弦楽器、茶道、演劇、鉄道模型などの文芸系もあります。曜日ごとに活動が異なり、複数の活動への参加も可能です。

さらに、国際感覚を持ち、社会の一線で活躍できる女性の育成をめざしている白梅学園清修では、海外研修を視野に入れた中学校課程の英語の授業の大半を、ネイティブ教員が担当しています。

また、英語宿泊研修も行っており、年に1度実施する「English Expo」にて、スピーチやプレゼンテーションといったかたちで成果発表を行っています。電子黒板を用いた双方向型授業と、少人数教育ならではのきめ細やかな指導によって、生徒はみずからすばらしい進路を切りひらいています。

SCHOOL DATA
- 東京都小平市小川町1-830
- 西武国分寺線「鷹の台」徒歩13分
- 女子のみ82名
- 042-346-5129
- http://seishu.shiraume.ac.jp/

白百合学園中学校

東京 千代田区　女子校

キリストの愛の教えに基づく全人教育

白百合学園中学校の設立母体は、17世紀に誕生したシャルトル聖パウロ修道女会です。1878年（明治11年）、函館に上陸した3人のフランス人修道女により日本での活動が始まりました。1881年（明治14年）に東京に学校が設立されて以来130年以上にわたって、誠実さと愛をもって社会に貢献できる女性の育成をめざし、「キリストの愛の教え」に基づく全人教育を行っています。

白百合学園では、週5日制のゆとりあるカリキュラムのもと、家庭との連絡を密にしながら、一人ひとりに与えられた能力を豊かに開花させるためのきめ細やかな指導を行っています。宗教教育を基盤とする学園生活のあらゆる場面で、生徒たちは「愛と奉仕」の心を学び成長していきます。

中学1～2年生は基礎的な学力・体力を養成し、ものごとへの意欲と豊かな感性を身につけることが目標です。中学3年生～高校1年生では基礎・基本の定着に重点をおき、自己の確立と個性の発見に努めます。

高校2～3年生は確立した基礎力の上に、自己実現に向けた発展的な学力開発をめざす2年間です。高校2年生から進路（文・理・芸術）に合わせた科目を選択し、高校3年生では大学卒業後の将来像を見つめたうえで具体的な「進路」を決定します。つねに「授業を大切に」という指導を行い、生徒もそれに応えています。

中学からフランス語の学習

白百合学園の教育の大きな特色のひとつとして、外国語教育があげられます。中学3年間は英語とフランス語を平行して学びます。少人数クラスでコミュニケーション能力を養い、2カ国語を学ぶことで豊かな国際感覚の育成を目標としています。高校では一方を第1外国語として集中的に学び、応用力と実践力を養います。スピーチや劇の発表など外国語で自己表現する機会も多く設けています。

SCHOOL DATA
- 東京都千代田区九段北2-4-1
- JR線・地下鉄東西線・有楽町線・南北線・都営大江戸線「飯田橋」、地下鉄東西線・半蔵門線・都営新宿線「九段下」徒歩10分
- 女子のみ537名
- 03-3234-6661
- http://www.shirayuri.ed.jp/

巣鴨中学校

東京 豊島区 / 男子校

最先端のグローバル教育を展開する伝統校

日々の努力が真のエリートを生む

　巣鴨中学校・高等学校では、先生や級友たちとの学校生活のなかで、「がんばったからできた」「努力が実った」という達成感を味わっていくことを大切にしています。巣鴨でそのような経験を積み重ねて、自らの可能性を切り開いていきます。

　巣鴨では、巣鴨でしかできないグローバル教育を確立し、刻々と変化しつづける社会で力強く活躍する「グローバル人材」の育成に努めています。

　ひとり1台ずつノートパソコンとヘッドセットを使用し、最大週5回、4年間のスカイプによるオンライン英会話。

　中2～高1の希望者を対象に、オックスフォード大やケンブリッジ大を卒業し、第一線で活躍するイギリス人7名と6日間寝食をともにし、グループディスカッションやアクティビティを行う「Sugamo Summer School」。

　中3～高2の希望者を対象に、イギリスの名門校イートンカレッジが作成した3週間のプログラムに沿って授業を受け、イギリスの歴史と文化を深く体感する「イートン校サマースクール」。

　約3カ月間オーストラリア、カナダ、アメリカ、イギリスでホームステイをしながら現地校の授業を受けるターム留学。

　さらにイギリスの名門クライストカレッジとの「Friendship Agreement」も結ばれ、長期留学も可能になりました。このような伝統校だからこそできる最先端のグローバル教育を展開しています。

　アカデミック=フェスティバル、百人一首歌留多大会、合唱コンクールなどの文化系行事や、大菩薩峠越え強歩大会、早朝寒稽古などの伝統行事もあり、それぞれの行事で生徒の個性が発揮されています。

　2016年（平成28年）に完成したばかりの新校舎、新スポーツ設備も魅力的です。

SCHOOL DATA
- 東京都豊島区上池袋1-21-1
- JR線「大塚」徒歩10分、JR線・私鉄各線・地下鉄丸ノ内線「池袋」徒歩15分ほか
- 男子のみ634名
- 03-3918-5311
- https://sugamo.ed.jp/

駿台学園中学校

東京 北区 / 共学校

伸びのびとした環境のもと"ほんもの"を学ぶ

　駿台学園中学校では、行き過ぎた先取り学習ではなく生徒の興味、関心を引き起こし、本質的な理解に結びつくような学習を重視しています。

　必要に応じて積極的に「先取り学習」を行う単元もありますが、「小手先」の受験テクニック習得をめざすのではなく、深い知性や教養に裏打ちされた教育により、自ら明日に強く羽ばたいていく人間を育てることを目標としています。

　駿台学園は、土曜日も授業を行う週6日制です。じゅうぶんな授業時間を取り基礎学力を確立したうえで、さらに一歩進んだ内容にも時間を割いて指導を行っています。

　駿台学園は生徒をいろいろなところに連れていき、さまざまな"ほんもの"を見せることを心がけています。"ほんもの"で学べば地に足がついた視点を育むことができます。

　それが、その後の人生を豊かにしていくいしずえとなると考えているからです。

「特選クラス」と「総合クラス」

　駿台学園には「特選クラス」と「総合クラス」があります。両クラスで個々の生徒の習熟度に合わせた授業を行っています。〈進度〉よりも〈深度〉を大切にし、一人ひとりの理解度を確認しながら授業が進みます。

　「特選クラス」では、より応用的な内容で理解度を深めます。個々の潜在能力をいかして伸ばし、学力に自信のある生徒に育てあげます。6年後にはG-MARCH以上の大学合格という目標をサポートするべく、教員も生徒とともに走りつづけます。

　「総合クラス」では、より基本的な内容で基礎学力の定着をはかります。創立以来培われてきた元気ハツラツとした校風を担う、文武両道にすぐれた生徒たちが集うクラスです。両クラスとも授業の進度は同じなので、総合クラスから特選クラスへの移動をめざし、勉学に励む生徒もいます。

SCHOOL DATA
- 東京都北区王子6-1-10
- 地下鉄南北線「王子神谷」徒歩7分、JR線・地下鉄南北線「王子」・都電荒川線「王子駅前」徒歩10分
- 男子123名、女子36名
- 03-3913-5735
- http://www.sundaigakuen.ac.jp/

聖学院中学校

東京 北区　男子校

キリスト教教育に基づくOnly One教育

「Only One for Others」の理念のもと、「他者のために生きる個人」を育てる聖学院中学校は教育の柱に「人間力」「思考力」「国際力」の3つを掲げています。

「人間力」はキリスト教教育をはじめとする人間教育によって養います。聖書の授業や毎朝の礼拝をとおして隣人愛の精神を育み、独自の授業「L. L. T.（Learn Live Together）」でのグループワークで命の大切さや人間関係について学び、互いの価値観を尊重する姿勢を身につけます。また、登山やキャンプをする夏期学校（中2）、農村の家庭に宿泊しながら田植えを体験する「糸魚川農村体験学習」（中3）など、各学年で行う体験学習も人間力を高めるために重要視されています。

思考力を育む21世紀型教育

「思考力」を伸ばすカギは、Project Based Learning（PBL）を用いた探究型学習、いわゆる21世紀型教育です。PBLとは生徒が議論を重ねながら、自分たちの力で課題解決に取り組む学習方法のことです。各教科ではPBLを積極的に取り入れて思考力を培っています。また、思考力育成のために、理数教育にも力を入れており、理科は本格的かつ充実した設備を使用して、中学3年間で約150種もの実験・実習に取り組み、数学は土曜放課後に統計学やプログラミングを学べる「数学思考力Lab」を開催しています。

3つ目の柱は「国際力」です。英語の授業は個々の力に合った授業を受けられるように4コース制で展開、さらに週1回のネイティブ教員と日本人教員によるチームティーチングの授業を行うなど工夫を凝らしています。実際に海外を訪れ、見聞を広める機会としては、オーストラリア、アメリカ、イギリスなどへの海外研修を用意しています。

聖学院中学校はこのような3つの力を伸ばす教育で、自分らしさを大切に、他者のために生きる人を育てています。

SCHOOL DATA

- ◆東京都北区中里3-12-1
- ◆JR線「駒込」徒歩5分、地下鉄南北線「駒込」徒歩7分
- ◆男子のみ467名
- ◆03-3917-1121
- ◆http://www.seig-boys.org/

成蹊中学校

東京 武蔵野市　共学校

学年全体に根づく3つの建学の精神

成蹊中学校の前身は1912年（明治45年）に設立された成蹊実務学校です。「個性の尊重」「品性の陶冶」「勤労の実践」の3つの建学の精神に基づき、知性や品性をバランスよく備え、主体性と社会性に富んだ人格の育成をめざしています。小学校から大学までが集うキャンパスで、成蹊小からの進学生、海外からの帰国生など、多様な背景を持つ生徒がともに学ぶなかで、偏らないものの見方、他者を理解し尊重する姿勢を身につけます。

多彩な進路を支える教育システム

カリキュラムは中1～高1は全員共通履修で、高2で文系・理系に分かれ、高3で18種類のコースから各自選択します。卒業生の約80％は他大学へ、約20％は成蹊大へ進学するため、その両方に対応できるようなカリキュラムを編成しているのです。加えて、卒業生の協力を得ての進路ガイダンス、ワンキャンパスの利点を活かした大学教員による講演会や模擬授業などを行います。これらの取り組みが医歯薬、芸術分野を含む多彩な進路の実現へとつながっています。

行事も大切にしており、中学では自然観察などを行う「夏の学校」、各教科で事前学習した内容を現地で実体験する「修学旅行」、高校では「学習旅行」を実施します。これは一般的な修学旅行とは異なり、生徒が行程を計画するのが特徴で、国内外問わず約8つのコースを設定し、長期休暇中に希望者が参加します。ほかにも生徒主体でつくりあげる「蹊祭（こみちさい）」「体育祭」など魅力的な行事が多数あります。

国際交流もさかんで、1949年（昭和24年）開始のアメリカ・セントポールズ校との交換留学をはじめ、40年以上前から交流をつづけるオーストラリア・カウラ高校での短期留学、ケンブリッジ大との提携プログラムなど、さまざまな留学機会が用意されています。

グローバル社会で活躍できるバランスのとれた人材を育成しつづける成蹊中学校です。

SCHOOL DATA

- ◆東京都武蔵野市吉祥寺北町3-10-13
- ◆西武新宿線「武蔵関」徒歩20分またはバス、JR線ほか「吉祥寺」・西武池袋線「保谷」・「大泉学園」・西武新宿線「西武柳沢」バス
- ◆男子425名、女子364名
- ◆0422-37-3818
- ◆https://www.seikei.ac.jp/jsh/

成城中学校

東京 新宿区 / 男子校

グローバル時代のリーダー育成

2015年（平成27年）に創立130周年を迎えた成城中学校・成城高等学校は林間学校・臨海学校を全国に先駆けて開設した教育界の草分け的学校です。伝統ある校章は「知・仁・勇」を表す三光星。次代を生きる賢明でチームワークを得意とする、チャレンジ精神旺盛なグローバル・リーダーの姿をも象徴しています。

2015年竣工の新校舎

都営大江戸線「牛込柳町駅」西口から徒歩1分、繁華街や大通りがなく安全に通学できます。近県からのアクセスもよく、教育・研究機関に囲まれています。こうした最高の校地に、2015年1月、新校舎が竣工しました。体育館（バレーコート4面）、温水プール、図書館（蔵書3万5000冊）に加え、人工芝のグラウンド、地下体育室、自修館（19時まで開館のチューター常駐自習室）、実験室（物理・化学・生物）など、さまざまな施設が充実しています。

生徒と先生の距離がとても近い学校

自ら課題を発見し、解決策が見つかるまで考え抜く。志が高く、好奇心の強い生徒が成城生の姿です。

2013年度（平成25年度）から「エンパワーメント・プログラム」（中3・高1・高2希望者対象）を開始しました。カリフォルニア大の学生を招き、議論・企画・発表をすべて英語で行います。初日は消極的だった生徒も、最終日には自分の意見を物怖じせず発表できるようになります。こうした主体性こそがグローバル・リーダーに求められる姿勢です。

成城は、先生と生徒の距離がとても近い学校です。生徒・先生・家庭の3者が協力し、多少失敗してもへこたれずに挑戦しつづける生徒を育てます。勉強も部活動もがんばって、最高の6年間を過ごしたいという欲張りな男の子にうってつけの学校です。

SCHOOL DATA
- 東京都新宿区原町3-87
- 都営大江戸線「牛込柳町」徒歩1分
- 男子のみ862名
- 03-3341-6141
- http://www.seijogakko.ed.jp/

成城学園中学校

東京 世田谷区 / 共学校

100年の歴史に引き継がれる理念

閑静な成城の住宅街が広がる「成城学園前駅」のすぐ近くに、成城学園中学校高等学校はあります。

所属する成城学園は、幼稚園から大学・大学院までを擁する総合学園です。教育理念として掲げている「個性尊重の教育」「自然と親しむ教育」「心情の教育」「科学的研究を基とする教育」の4項目は、全学園に一貫して受け継がれています。

中高のキャンパスは大学と同じ敷地内にあります。大学生と中高生が混じりあって歩いている姿はとても自然であり、キャンパスで学園生活を送る中高生は、身近に大学生の存在を感じることで、将来像を具体的に描くことができるようになります。

生きる力を育む6年間

成城学園は、中高6年間を2年ずつ3つの段階に分けています。中1・中2は学習面での基礎基本の充実をはかるとともに、海・山の学校という自然体験をとおして人格形成も行います。中3・高1では応用的な内容を学習し、また選択授業や課外教室等自分のやりたいことを選択する経験も持ちます。高2・高3はそれぞれの進路に合わせたコース別のクラス編成となります。

成城大への内部推薦生の他大学併願は、全学部で自由化されており、浪人への不安を抱えることなく希望する進路に向けて果敢にチャレンジすることが可能になっています。毎年、他大学併願の制度を利用したうえで大学受験に挑戦する生徒が多数います。

高2からのコース設定により、生徒の希望進路に対応した授業環境と指導体制が整えられており、しっかりとしたサポートを受けることができます。現在、成城大へは50～60％の生徒が推薦で進学しています。

創立100周年を記念して建設された新校舎のもとで、新たな歴史がスタートしている成城学園中学校です。

SCHOOL DATA
- 東京都世田谷区成城6-1-20
- 小田急線「成城学園前」徒歩8分
- 男子340名、女子399名
- 03-3482-2104
- http://www.seijogakuen.ed.jp/chukou/

聖心女子学院中等科 〈帰国生入試のみ〉

東京 港区 女子校

多様に、グローバルに、よりよく生き抜く

聖心女子学院では、学業をはじめとするすべての教育活動をとおして、ものごとを深く味わい、他者と共感できる豊かな心を養います。創造性に富む堅実な思考力と正しい判断力を育て、神の愛を受けた存在としての心の豊かさと、責任ある行動力を培います。

社会に役立つ人間の育成をめざしたカリキュラムの重点は、思考力と判断力の養成におかれています。聖心女子学院の特色ある一貫教育の流れのなかで、発達段階に応じて学習効果を高める工夫をしています。

英語教育では、世界に貢献することをめざして、4技能のバランスがとれた実践的な英語力を身につけることに主眼をおいています。中1から高3まで、少人数制のクラス編成で、生きた英語に触れ、自分の考えを的確に表現できる力を養うことをめざします。外国人教員による授業やイングリッシュデーなどの行事も実施しています。また、オーストラリア、アメリカ（3校）、カナダ、アイルランド、台湾への短期・長期留学（高等科）では、語学力の向上や異文化体験、姉妹校生徒との交流が経験できます。さらに、スピーチや英作文コンテストなどのコンクールにも積極的に参加し、多くの成果をあげています。

人間性を育てる情報教育

21世紀のグローバル社会に生きる生徒たちに求められる新しい学力の育成には、ICTを活用した授業展開が不可欠です。

聖心女子学院では初等科5年生からタブレットを活用した学習を進めるなかで、情報化社会と正しくかかわる能力の育成も不可欠と考えています。そして、総合的な学習の時間などをとおして、情報に振り回されたり、被害者や加害者にならないよう、変容する情報化社会を生き抜く素養や判断力を育てます。

時代の要請に基づく「社会に貢献する賢明な女性」となるために、その基盤となる人間性を育てることを大切にしています。

SCHOOL DATA
- 東京都港区白金4-11-1
- 地下鉄南北線・都営三田線「白金台」徒歩10分
- 女子のみ370名
- 03-3444-7671
- http://www.tky-sacred-heart.ed.jp/

星美学園中学校

東京 北区 女子校

喜んで国際社会で貢献できる女性を育む

ミッションスクール、星美学園中学校は一人ひとりの個性を大切にします。個々の生徒の長所に目を向け、自信を持って自分の可能性を広げられる教育が進められています。

星美スタディサポートプログラム

2012年度（平成24年度）、星美学園では喜んで国際社会で貢献できる女性の育成をめざして「星美スタディサポートプログラム」が始まりました。調和のとれた女性を育む「身心プログラム」、確かな学力を育む「学習プログラム」、世界とつながる力を育む「国際プログラム」が三位一体となって6年間をかけて深く広がっていくプログラムです。

「身心プログラム」では礼儀作法教育、掃除プログラム、着こなし講座などで心・技・体を高めます。「学習プログラム」では星美ノートや学習進路ノートを駆使するとともに、職場体験や補習・通年ゼミを利用し、学ぶ意欲を向上させます。「国際プログラム」では、マルタ島語学研修、英語特別講座、海外研修旅行などで世界とつながる素地をつくります。

授業は少人数校の特性をさらにいかし、一人ひとりに目の届く構成です。数学は中1から3グレードの習熟度別授業、高校からは本人の希望と成績により国公立大・難関私立大対応クラスと有名私立大対応クラスに分かれます。

高2からは多彩な選択教科があり、文系にも理系にも、また、途中からの進路変更にも柔軟に対応できるシステムになっています。

進路選択は自己を見つめることから始め、人のため、社会のためになにができるかという観点から、自分の将来を自らが決められるように、中1から発達段階に応じて保護者や卒業生などから世の中や職業について話を聞く機会を設けています。そのため、進路指導は担任や進路指導部、生徒指導部と密接な連携のもと、一人ひとりの個性と適性、そして成長を見守りながら進められます。

SCHOOL DATA
- 東京都北区赤羽台4-2-14
- JR線「赤羽」徒歩10分、地下鉄南北線・埼玉高速鉄道「赤羽岩淵」徒歩8分
- 女子のみ158名
- 03-3906-0054
- http://www.jsh.seibi.ac.jp/

成立学園中学校

東京 北区 共学校

教育が変化する時代「見えない学力」＝教養を育てます

　創立以来93年、成立学園高等学校は、社会の中核を担う人材の育成を掲げ、これまでに2万人を超える卒業生を世の中に送りだしてきました。

　中学校は2010年（平成22年）に開校し、今春、3期生が高校を卒業し、筑波大・千葉大・名古屋大などの国公立大学をはじめ、上位難関大への進学実績を残しました。

　「礼節・勤倹・建設」を校訓に、国際社会および地域社会が希求する「グローカル」な人材の育成に向けて、学習面・人間育成面における個性を創造し、伸長をはかる教育を展開しています。

　成立学園は、東京都のターミナル駅である赤羽駅からも、東十条駅（JR京浜東北線）からもともに徒歩8分という好アクセスの学園です。

　クラブ活動もさかんです。全国大会に5度出場し複数のJリーガーを輩出しているサッカー部や、甲子園出場を果たした硬式野球部を代表とする成立学園は、つねにチャレンジ精神を持ち、話題を発信しています。文武両立をめざし、その結果として、大学合格実績も続伸中です。

「自分をこえる」ための「見えない学力」育成

　成立学園では、自らの意志で学び成長するために、「生涯学びつづけるための基礎力」「問題を見つける力と解決する力」「何事にも挑戦できる柔軟な心」、そして「幅広い教養」が必要だと考え、多彩な授業をつうじて知識と国際感覚を身につけ、多種多様な人間とふれあいながら過ごすことを大切にしています。

　主要教科との連携を行い、教養プログラムと食育プログラムがコラボレーションした「アースプロジェクト」や「調べ学習」をバックアップし、「興味をチカラ」へ変えるためのメディアセンターを備え、「自分をこえる」環境を準備しています。

SCHOOL DATA

◆ 東京都北区東十条6-9-13
◆ JR線「赤羽」・「東十条」徒歩8分、地下鉄南北線・埼玉高速鉄道「赤羽岩淵」徒歩14分
◆ 男子47名、女子22名
◆ 03-3902-5494
◆ http://www.seiritsu.ac.jp/

青稜中学校

東京 品川区 共学校

週6日制を堅持したていねいな指導

　週6日制を堅持し、ていねいな指導を追求しつづける青稜中学校・高等学校。校舎は「下神明」「大井町」「西大井」のいずれの駅からも徒歩10分圏内という、交通至便の地にあります。

　教育の根底にあるものは「人間教育」です。どのような社会でも自ら幸せを築いていける人づくりを志し、心の教育を重視しており、教育目標には「意志の教育」「情操の教育」「自己啓発の教育」を掲げています。困難にくじけない強い意志、他人の痛みを思いやる心や感謝する気持ち、美しいものに素直に感動する豊かな心、そして個性と能力を磨きつづけようという前向きな姿勢、このような心の力を育てることを教育の根幹に据えています。

英語学習への取り組み

　こうした人間教育のもと、進学校として学力形成に全力をそそぎ、中高6年一貫体制を整えています。通常の授業だけではなく、生徒がじっくり向きあうことのできるさまざまな取り組みが目を引きます。

　たとえば自学自習システムや「長期休暇講習」があります。講習は国語・数学・英語のみですが、高校では受験に向けて、もうひとつの学校と呼べるほど多彩な講座を設けています。

　また、中1の夏休みには学校外にて3泊4日の英会話中心の「語学セミナー」が、中2・中3の夏休みには3週間の「セブ島研修」が実施されます。高校では「ニュージーランド英語研修」「海外短期留学」を実施しています。そのほか中学では「英語早朝学習」「English Fun Program」もあり、さまざまな角度からの英語学習への取り組みを実施しています。

　高校では、国公立・理系大学への進学の対応を強化し、最も効率的に学べるように受験指導体制を整えています。この結果、進学実績が着実に向上し、さらなる伸びが期待されています。

SCHOOL DATA

◆ 東京都品川区二葉1-6-6
◆ 東急大井町線「下神明」徒歩1分、JR線・りんかい線「大井町」徒歩7分、JR線「西大井」徒歩10分
◆ 男子307名、女子179名
◆ 03-3782-1502
◆ http://www.seiryo-js.ed.jp/

世田谷学園中学校

東京 世田谷区 / 男子校

Think & Share の精神で教育を実践

「Think & Share」の教育理念を掲げ、優秀な人材を輩出する世田谷学園中学校・高等学校。仏教の禅の教えを基にした人間教育を行うとともに、進学校として独自の教育を展開しています。

世田谷学園の「Think & Share」とは、釈尊の言葉「天上天下唯我独尊」を英訳したものです。「この世界で、私には、私だけが持っているかけがえのない価値がある。それと同じように、私だけではなくすべての人びとにその人だけが持っているかけがえのない価値がある」ことを表します。

この言葉の「Think」とは考える力を極限まで高め、自己の確立をはかるとともに進むべき道を見つけることで、「Share」とはまわりの人びとの意見に耳を傾け、お互いに助け尊重しあう大きな心を育てることです。こうして、生徒の学力向上だけではなく、人間的な魅力と社会性を磨いていくことに力をそそいでいます。

志望大学合格のための体系的授業

世田谷学園では、6年間を前・中・後期の3期に分け、志望大学合格のための進路別・学力別のカリキュラムを組んでいます。また、「コンパス(各教科の学習指針をしめしたもの)」が学年別に配布されるので、生徒は自主的・計画的に学習することができます。

中2より、東京大をめざす特進クラス1クラスと、学力均等の4クラスの計5クラスを編成しています。特進クラスは固定的ではなく、1年間の成績により、必要に応じて編成替えが行われます。こうして、高2までで高等学校の全課程をほぼ修了し、高3では大学合格に向けた演習中心の授業となります。

綿密な教育システムにより、2018年度(平成30年度)は東京大5名、東京工大10名、京都大1名、早稲田大58名、慶應義塾大44名、上智大29名と難関大学に多くの合格者を輩出しています。

SCHOOL DATA

- 東京都世田谷区三宿1-16-31
- 東急田園都市線・世田谷線「三軒茶屋」徒歩10分、京王井の頭線「池ノ上」徒歩20分、小田急線・京王井の頭線「下北沢」徒歩25分
- 男子のみ654名
- 03-3411-8661
- http://www.setagayagakuen.ac.jp/

高輪中学校

東京 港区 / 男子校

高く・大きく・豊かに・深く

1885年(明治18年)創立の高輪中学校は、教育理念に「見えるものの奥にある見えないものを見つめよう」を掲げ、「何事も表面を見るだけでなく、その奥にある本質を探究することが大切である」という精神を学び、さらに本質から得たものを、表現・伝達する方法・手段を身につけることをめざしています。教育方針は「高く・大きく・豊かに・深く」、教育目標は「大学へ進学させるための指導」と「人を育てる指導」です。

「大学へ進学させるための指導」は、学習指導・進路指導のことです。6年間を3期に分け、希望の大学に合格できる力を養っていきます。中1・中2の「基礎学力徹底期」は、国語・数学・英語の授業にじゅうぶんな時間をあてて基礎学力を定着させ、中3・高1の「進路決定・学力伸長発展期」で学力をさらに伸ばしていきます。さらに中3からは6クラスのうち2クラスを発展的な内容を扱う「選抜クラス」として設置します。高2・高3は「総仕上げ・進路達成期」で、高3の前半までに中高のカリキュラムをすべて学び終え、その後は演習に力を入れていきます。

宿泊行事でさまざまな経験を積む

「人を育てる指導」は生徒指導のことで、日々の生活や行事などをとおして、社会で活躍し、だれからも信頼される次代を担うリーダーを育てることを目標にしています。

行事は高学祭(文化祭)や体育祭などのほかに、ユニークな宿泊行事もあります。中1の「自然体験学習」は飯ごう炊さんや農場体験、工芸体験など盛りだくさんの内容で、中2の「農工芸体験学習」は里山整備体験として、竹林から切りだした竹を使ってクラスごとに「巨大そうめん流し」の台・器・箸をつくります。そのほか中3では「西日本探訪」、高2では「海外学校交流」を体験します。

このように学力の伸長と人格の育成の両方を大切にしている高輪中学校です。

SCHOOL DATA

- 東京都港区高輪2-1-32
- 都営浅草線・京浜急行線「泉岳寺」徒歩3分、地下鉄南北線・都営三田線「白金高輪」徒歩5分
- 男子のみ719名
- 03-3441-7201
- http://www.takanawa.ed.jp/

玉川学園中学部

東京 町田市 / 共学校

中学1年生から始まる大学教育への準備

　61万㎡の敷地に大学・大学院、研究施設までが集う玉川学園。「世界標準の教育」「探究型学習」「全人教育」を柱とする主体的・対話的で深い学びにより、大学の学修に必要な資質・能力を育てます。①スーパーサイエンスハイスクール（SSH）指定校（11年目、3期指定期間2018〜2022年度）、②IBワールドスクール（MYP・DP）認定校、③国際規模の私立学校連盟ラウンドスクエアの日本で初めての正式メンバー校でもあります。

　玉川学園では、授業は、専任教員が常駐し、関連教材が置かれた専門教室で行われます。

　一般クラスでは国語・数学・英語では「習熟度別授業」を実施。英語は個に応じて外国人教師による授業割合を変え、高い表現力・コミュニケーション能力獲得をめざします。ほかの教科では、特性に応じ知識やスキルを効果的に得る多様な授業が展開されています。また、IBワールドスクール認定校としての指導方法や評価法も取り入れられています。

　国際交流もさかんで、年間260名を海外に派遣、中2の7割が海外研修に参加、海外生徒150名を受け入れるなど、学園内でも国際感覚が磨かれる環境です。

　また、高大連携プログラムとして、玉川大学への内部進学希望者が高3より大学の授業を履修でき、入学後単位認定される制度があります。

独自に構築した「自由研究・学びの技」

　自学自律を教育信条とする玉川学園には、多様な分野から生徒自ら選んだテーマについて自発的に研究する「自由研究」と論文作成の基礎力を養う独自の授業「学びの技」があります。教科発展型自由研究（中1・中2）から始まり、「学びの技」（中3）を経て、課題研究型（高1〜高3）へと発展させます。この取り組みにより、生徒は状況に応じ比較分類し多面的に考える批判的思考力、生涯に役立つ学び方や研究の進め方を身につけます。

SCHOOL DATA
- 東京都町田市玉川学園6-1-1
- 小田急線「玉川学園前」徒歩15分、東急田園都市線「青葉台」バス17分
- 男子254名、女子305名
- 042-739-8931
- http://www.tamagawa.jp/academy/

玉川聖学院中等部

東京 世田谷区 / 女子校

世界をつなげる心を育てる女子教育

自分と他者を生かす心の教育

　玉川聖学院における一人ひとりのすばらしい価値と可能性を信じるという教育理念は、「すべての人は神によって造られて神に愛されている」という聖書の言葉に立脚しています。自分の存在のすばらしさを知ることは、他の人の価値を同じように認める心の豊かさの土台になります。授業や校外活動には国内外の異文化の人びととであう機会が多く、他者を理解する心とともに、世界に目が開かれることで学習意欲が向上します。

体験を経験につなげる学習

　授業では、楽しく学ぶための参加型体験学習を重視。課題やミニテストの繰り返しによって基礎学力定着をはかるとともに、中1後期から習熟度別授業を順次取り入れていくことで各自のペースに合わせて実力を伸ばします。卒業生による個別補習が弱点克服のため土曜日に開催され、英語教育においてはネイティブ教師が中1から授業を行い、昼休みや放課後に開放されるEnglish Loungeではネイティブ教師と好きなだけ会話ができます。中3ではInternational Dayで10カ国以上の人びととの英会話体験をし、オーストラリア修学旅行では肌で感じる異文化をとおして国際感覚を身につけます。

　独自の6カ年の総合学習は、知識の蓄積とICT技術習得に加えて自分の問題意識を深める探究力を養います。中等部3年で取り組む修了論文では大学レベルの論文技術を学び、高等部ではiPadを文具として使いこなす一方で、総合科人間学におけるグループ発表やディスカッションにより、幅広い発想力と表現力を身につけます。テーマ別に自由に参加できる校内・校外体験学習、TAP（玉聖アクティブプログラム）は進路選択につながるポートフォリオとして、体験を経験へと言語化する機会になります。

SCHOOL DATA
- 東京都世田谷区奥沢7-11-22
- 東急大井町線「九品仏」徒歩3分、東急東横線・東急大井町線「自由が丘」徒歩6分
- 女子のみ270名
- 03-3702-4141
- http://www.tamasei.ed.jp/

多摩大学附属聖ヶ丘中学校

東京 多摩市 共学校

丘の上の学舎で、基礎学力に裏打ちされた「考える力」を育てる

多摩大学附属聖ヶ丘中学校の教育理念は「自主研鑽・敬愛奉仕・健康明朗」。進学教育を重視しつつも、豊かな思考力や確固たる自主性、高い教養と基礎学力を身につけるとともに、アクティブ・ラーニングに力を入れることで、得意分野を伸ばすことを目標にしています。各教室には「聖の100冊」が用意され、毎朝の10分間の読書活動を行っています。また、天体観測室、温水プールなど設備も充実しています。

3段階で基礎学力をつける中高一貫教育

中1～中2を基礎・基本を習得する段階、中3～高1を個性と進路適性発見の段階、高2～高3を応用力をつけ、伸ばす段階と3つのブロックに分けて指導しています。

英語ではデジタル教材を用いながら基本構文の理解と定着をはかると同時に、4技能を確実に伸ばすようプログラムされています。外国人教師によって英会話力やライティング力も強化し、イングリッシュ・キャンプを導入して、中3でのニュージーランド修学旅行に結びつけています。数学は、すべての学年で授業→小テスト→「直しノート」(→再テスト)というサイクルで基礎学力の定着を徹底。国語は、中1から古典に親しみ、暗唱をとおして古語の美しいリズムを身体で覚えます。論理力や思考力を伸ばすために「言語能力の育成」に力を入れて指導しています。理科では中学3年間で100を超えるテーマを設け、恵まれた環境をいかして自然観察や実験を行っています。社会科では中1で年6回の社会科見学、夏季講習での現地フィールドワーク(希望制)を行い、論理力や思考力の育成に力点を置いています。

そのほか、入学直後のオリエンテーション合宿、体育祭、文化祭(聖祭)、芸術鑑賞会などを実施しています。「本質へと迫る教育」により「学ぶ楽しさ」を感じながら学校生活を送れる多摩大学附属聖ヶ丘中学校です。

SCHOOL DATA
- 東京都多摩市聖ヶ丘4-1-1
- 小田急線・京王線「永山」バス12分・スクールバス10分、京王線「聖蹟桜ヶ丘」バス16分・スクールバス15分
- 男子157名、女子158名
- 042-372-9393
- http://www.hijirigaoka.ed.jp/

多摩大学目黒中学校

東京 目黒区 共学校

夢の実現に向けて妥協のない学校生活

夢の実現のために進化しつづける

多摩大学目黒中学校では、生徒一人ひとりが自分の特性に気づき、個性に合った進路希望を可能なかぎり高いレベルで実現できるように、学力増進のための独自のカリキュラムを編成しています。

中学校では独自教材を使用し、反復練習によって基礎基本を徹底して身につけます。また、週4日の朝テストや、毎日2時間ぶんの宿題がでるので、自然と家庭学習の習慣を身につけることができます。そして高校では、中学時代に養った基礎を土台に、大学受験に即した授業を展開することで、大学合格に結びつく学力を身につけていきます。高2からは理系・文系に分かれ、希望進路に沿った柔軟な選択科目が用意されています。

目黒キャンパスからバスで約50分の場所に、あざみ野セミナーハウスがあります。ここは緑豊かな住宅地にあり、広大な人工芝のグラウンド、冷暖房完備の教室、多目的体育館、テニスコート、宿泊設備などが整っています。部活動での使用はもちろんですが、中学の間は、毎週1日あざみ野セミナーハウスで授業が行われます。いつもとはちがう自然豊かな環境で、心身ともにリフレッシュしながら学ぶことができるのです。

クラブ活動もさかんです。全国に名をとどろかせているサッカー部はもちろん、ダンス部や囲碁部など運動系・文化系にかかわらず、一流の指導者による指導と最高の環境がそろっています。

勉強も、クラブ活動も、大学進学も妥協しないのが多摩大学目黒です。中学生のうちからしっかりとした進学指導が行われることで、多くの生徒が自分の進路目標を定め、希望の大学に合格していきます。近年では難関大学への合格者数も上昇し、国公立・早慶上理・G-MARCHの現役合格は48名を達成しました。今後への期待も高まっています。

SCHOOL DATA
- 東京都目黒区下目黒4-10-24
- JR線・東急目黒線・地下鉄南北線・都営三田線「目黒」徒歩12分、東急東横線・地下鉄日比谷線「中目黒」スクールバス
- 男子269名、女子80名
- 03-3714-2661
- http://www.tmh.ac.jp/

中央大学附属中学校

東京 小金井市 共学校

自分で考え、行動する力を身につける３年間

中央大学附属中学校は2010年（平成22年）、100年以上の歴史を持つ附属高校のもとに開校した比較的新しい学校です。今春、３期生が大学へと巣立っていきました。

中央大は実学の探究、質実剛健という伝統を持つ大学です。実学とは理論を先行させるのではなく、実社会に役立つ学問を意味します。これらの伝統は附属中高においても継承され、いかされています。中高大の一貫教育によって、受験勉強にとらわれない学力の充実が可能です。さまざまな活動に積極的に参加できるため、伸びのびとした６年間を送ることができます。

そうした伸びやかさのなかで、知的好奇心を喚起する授業の数々を行っています。クラスは基本的に少人数で、一人ひとりの生徒に対してきめ細かな指導を行い、基礎学力の定着と発展をはかります。たとえば、英語と理科の特別授業はその代表格です。英語では、ネイティブ・スピーカーの指導のもと、身の回りのさまざまなことがらについて、グループ調査や英語でのプレゼンテーションを行います。理科では、中学で習う範囲に限定せず、科学について幅広く学ぶため、中央大理工学部の実験室を使っての授業もあります。

さらに、週１回、スクールランチと呼ばれる食育の時間では、実際に日本や世界の郷土料理を食べます。この食育も実学の象徴で、気候や風土などと合わせ、郷土料理が誕生した背景を五感で学ぶことになります。

中央大との強い連携

約９割の生徒が中央大へ進むため、進路指導の面でも大学との連携がとられています。

高２で行う「ステップ講座」は、大学教授の専門分野に触れることができる講座です。

高３の３学期には、大学進学後に対応できるよう、学部別に設定された「特別授業」が用意されています。高校とは異なる大学での勉学に、親しんでもらうことが目的です。

SCHOOL DATA

- 東京都小金井市貫井北町3-22-1
- JR線「武蔵小金井」・西武新宿線「小平」バス
- 男子247名、女子272名
- 042-381-7651
- http://chu-fu.ed.jp/

筑波大学附属中学校

東京 文京区 共学校

智育、徳育、体育のバランスのとれた生徒をめざす

伝統が生んだ独自のカリキュラム

筑波大学附属中学校・高等学校の歴史は古く、首都圏の大学附属校のなかで最も伝統ある学校のひとつです。筑波大附属では、中等普通教育を行うとともに、筑波大における生徒の教育に関する研究に協力し、学生の教育実習の実施にあたる使命を持っています。

「強く、正しく、朗らかに」の校訓のもと、魅力的な授業と、多種多彩な活動をとおして、確かな知性と自主自律の精神の育成をめざしています。

日本の教育の中枢を担ってきた東京高等師範、東京教育大学の歴史と伝統を引き継ぎながら、全人教育をめざし、どの授業も基礎・基本をふまえつつ、より高度で魅力的な学習内容となっており、自分の頭で考え、心で感じ、全身で表現する学習が繰り広げられています。

生徒の自主性と独創性を育てる学校行事もさかんで、運動会や学芸発表会、合唱発表会などはおおいに盛りあがります。また、中１での富浦海浜生活、中２での菅平林間生活と、自然のなかでの共同生活をとおして、「生き方」を学びます。

約80％が併設の高等学校へ

併設の筑波大学附属高等学校へは、およそ160名（約80％）の生徒が進学することができます。高校側の実施する試験を受け、その結果と中学在学中の成績との総合評価で進学が決定します。

多くの生徒が附属高校へ進学することから、受験勉強にあくせくすることなく、中学の３年間を使って将来へ向けて自分を見つめ直すことができます。

なお、高校入試での外部からの募集は男女約80名です。筑波大学附属高校からは、毎年東京大をはじめとする難関大学へ多くの合格者を輩出しています。

SCHOOL DATA

- 東京都文京区大塚1-9-1
- 地下鉄有楽町線「護国寺」徒歩8分、地下鉄丸ノ内線「茗荷谷」徒歩10分
- 男子306名、女子306名
- 03-3945-3231
- http://www.high-s.tsukuba.ac.jp/

筑波大学附属駒場中学校

東京 世田谷区 / 男子校

抜群の大学合格実績を誇る進学校

筑波大学附属駒場中学校は、首都圏随一の進学校としてその名声は高く、例年併設高校の卒業生の半数近くが東京大に合格しています。2018年度（平成30年度）は東京大に109名（現役80名）、国公立大に139名（現役90名）合格しています。

筑波大学附属駒場は抜群の大学合格実績にもかかわらず、むしろ受験勉強にとらわれることなく、すぐれた資質を有する生徒たちの個性を伸ばそうとする教育姿勢を貫いています。「学業」「学校行事」「クラブ活動」の3つの教育機能を充実させ、心と身体の全面的な人格形成をめざしています。

中学・高校ともに制服はなく、ほとんど校則もない自由な校風のなか、生徒の自覚に基づき、自ら考えて行動することの大切さを体得できる教育を具現化しています。

さまざまなテーマで行う探究活動

筑波大学附属駒場では、教科の学習とは別に、総合学習として、より大きなテーマを設定し、さまざまな角度から学んでいきます。

「水田学習」は同校の前身である駒場農学校時代から伝承されてきた「学校田」で行われます。中1では田植え、稲刈り、脱穀など、米づくりの一連の流れを体験し、そのお米で餅つきをしたり、新入生や卒業生に赤飯として配ります。

また、「地域研究」として、中2では東京地区、中3で東北地方について、それぞれの地域の歴史、文化、産業、経済、自然などからテーマを設定し、文献にあたって事前調査し、現場でのフィールドワークを行い、レポートにまとめます。さらに中3では、高度に専門的な内容を学ぶ「テーマ学習」が用意されています。

原則的に全員が進学する附属高校ではスーパーサイエンスハイスクール（SSH）の認定を受け、理科系分野の高度な研究活動が行われています。

SCHOOL DATA
- 東京都世田谷区池尻4-7-1
- 京王井の頭線「駒場東大前」徒歩7分、東急田園都市線「池尻大橋」徒歩15分
- 男子のみ369名
- 03-3411-8521
- http://www.komaba-s.tsukuba.ac.jp/

帝京中学校

東京 板橋区 / 共学校

「一貫特進コース」伸長躍進

創立者の遺訓「力むれば必ず達す」を基本に、知・徳・体のバランスの取れた、健全で責任感のある人材の育成をめざす帝京中学校。中2までに中学課程を終える先取り教育となっていますが、週6日制でじゅうぶんな授業数を確保しているため、無理なく学習とクラブ活動を両立させることが可能です。

2015年度（平成27年度）より中学からの入学生について完全一貫化し、6年間という長い時間を使い、揺るぎない基礎の土台の上に「主体性・思考力・表現力」を育成し、広い視野を育てていきます。

完全一貫化された帝京中は「一貫進学コース」、「一貫特進コース」からなり、「一貫進学コース」が多様な進路目標に対応した教育をめざすのに対して、「一貫特進コース」は目的を明確化し難関大進学をめざします。このコースでは長期休暇中の授業をはじめ、授業・家庭学習・確認テスト・補習・個別指導のサイクルのなかで、「わかるまで、できるまで」サポートしながら学力向上をはかっています。6年後に全員が一般入試でMARCH以上に100％合格することを目標に掲げています。

特待生制度は「一貫進学コース」、「一貫特進コース」の両方で設けています。

なお、系列大学への進学は医療系を含め3割程度です。

充実した学習支援

「一貫進学コース」では夏期・冬期の長期休暇にあわせて100以上の講座が開講され、ふだんの授業ではあつかわないハイレベルなものから、趣味や雑学的な講座まで、バリエーションに富んでいます。

先生と生徒の距離が近いのも特徴のひとつです。放課後や昼休み、生徒たちは当たり前のように職員室を訪ね、コミュニケーションがはかられ、生徒からの質問があれば、いつでもその場で補習授業が行われています。

SCHOOL DATA
- 東京都板橋区稲荷台27-1
- 都営三田線「板橋本町」徒歩8分、JR線「十条」徒歩12分
- 男子125名、女子111名
- 03-3963-6383
- https://www.teikyo.ed.jp/

帝京大学中学校

東京 八王子市 / 共学校

未来へ、そして夢へはばたく

　緑豊かな多摩丘陵の一角にある帝京大学中学校・高等学校。その建学の精神は、「努力をすべての基とし、偏見を排し、幅広い知識を身につけ、国際的視野に立って判断できる人材を育成する」ことです。この精神に則り、帝京大学中では、心身ともに健やかで創造力と責任感に富む公人を育てることをめざしています。

　生徒一人ひとりの夢の実現をめざす帝京大学中は、生徒に多くの選択肢を持ってもらいたいと考えています。そのため、その中高一貫教育システムは、帝京大の附属校でありながら大学受験を目標においた、志望大学への進学を実現させるものとなっているのです。

確実にステップアップする6年間

　授業は週6日制で、クラスは約30名で編成されています。中1・中2では基礎学力の充実を目標に、学力均等クラス編成のもと、数学と英語で習熟度別授業が行われています。中3より、難関大学進学をめざし応用力を磨くⅠ類、基礎学力を固めて弱点を克服するⅡ類に分かれます。そして、高2からは少人数による進学指導を行います。5教科必修型カリキュラムを組む「東大・難関国立コース」と志望に応じて科目を選択する「国公立・早慶コース」「私大コース」に分かれ、さらにコース間でも文系と理系ごとのカリキュラムを用意します。高3で行われる演習の授業では、志望大学に合わせたオリジナル教材による添削指導と個別指導により、難関大学受験で要求される記述力、表現力を育てていきます。

　熱意ある教員とそれに応える生徒たちの研鑽の結果、卒業生は笑顔で卒業していきます。中3沖縄修学旅行やグローバル教育の先駆けとして、高1ニュージーランド語学研修、高2でのアジア地域への修学旅行も生徒の学ぶ意欲を高めてきました。卒業後に花開く生徒を育てるために生徒とともに進化しつづける帝京大学中学校です。

SCHOOL DATA

◆ 東京都八王子市越野322
◆ 小田急線・京王線・多摩都市モノレール「多摩センター」、JR線「豊田」、京王線「平山城址公園」スクールバス
◆ 男子205名、女子161名
◆ 042-676-9511
◆ https://www.teikyo-u.ed.jp/

田園調布学園中等部

東京 世田谷区 / 女子校

2030年に輝くために ～自分らしく、一歩前へ～

　田園調布学園中等部の歴史は、1926年（大正15年）、多摩川に接する緑濃い田園調布に調布女学校として設立されたところから始まります。建学の精神は「捨我精進」（わがままを捨て、自分の目標に向かって懸命に努力すること）。この精神のもと、一人ひとりの生徒が持つ資質を素直に伸ばし、新しい時代にふさわしい教養と豊かな国際性を備えた女性を社会に送りだすことをめざしています。

チャレンジをつづける6年間

　田園調布学園では、協同探求型授業・土曜プログラム・行事・クラブ活動など体験を重視した教育活動を展開。生徒が学内での活動にとどまらず、外の世界へも積極的にふみだしていくようあと押しします。

　協同探求型授業は65分で実施。アクティブラーニングを導入し、主体性や協同性を持って課題解決にのぞむ授業です。個で考える時間を確保しつつ、ペアワークやグループワークも取り入れ、課題を発見・解決していく授業を各教科で展開します。中2からひとり1台ノートパソコンを持ち、授業や行事などの成果をクラウド上に集積。自分自身の取り組みを見直し、つぎの学びへの意欲や改善につなげています。放課後には、希望者対象のオンライン英会話レッスンも導入しました。

　また、「土曜プログラム」はワークショップやディスカッションなどの体験重視型の講座をとおして思考を深め、表現力を養う「コアプログラム」と、一人ひとりが好きな講座を選択し、興味・関心を高め、視野を広げる「マイプログラム」の2種類があります。

　「学習体験旅行」・「体験学習」に加え、中3対象の「ホームステイ」、高校生対象の「ニュージーランドターム留学」・「スミスカレッジリーダーシッププログラム」といった海外研修も充実。多くの体験を積み重ね、他者や社会、世界へと視野を広げ、どう生きるかを自分自身に問いかけるきっかけとなります。

SCHOOL DATA

◆ 東京都世田谷区東玉川2-21-8
◆ 東急東横線・目黒線「田園調布」徒歩8分、東急池上線「雪が谷大塚」徒歩10分
◆ 女子のみ637名
◆ 03-3727-6121
◆ http://www.chofu.ed.jp/

東海大学菅生高等学校中等部

東京 あきる野市 共学校

スローガンは「Dream ALL」

「Dream ALL」とスローガンを掲げる東海大学菅生高等学校中等部。このスローガンには、生徒たちが自発的に行動し、熱意や探求心を持って努力するためには「Dream（夢）」、将来の目標がなければならないとの思いがこめられています。ALLとは「Act（活動）・Learn（学び）・Live together（共生）」を意味し、これら3つをキーワードに日々の教育が行われています。

ALLのA、「活動」とは、クラブ活動や国際交流をさします。クラブ活動では、全国制覇を4度果たしたテニスクラブ、全国大会ベスト8、首都圏私立中学校サッカーチャンピオンズカップ2連覇のサッカークラブなど、どのクラブも活発に活動しています。

国際交流としては、国内でヨコタミドルスクールと交流するとともに、オーストラリア語学研修を実施し、姉妹校のパーカーカレッジとも親睦を深めています。また、ふだんの学校生活でもネイティブスピーカーの教員と触れあう機会が多く設けられています。

東海大菅生の「学び」の特徴は、1クラス約30名の少人数クラスにより、きめ細かな指導が行われていることです。中高一貫の無理のないカリキュラムが組まれ、中1から特進クラスと総合進学クラスを編成し、進路にあった学びを深めていくことができます。

「共生」を学ぶ環境教育

東海大菅生では、広大な敷地と、キャンパスの周りに広がる自然を存分に活用した環境教育が日常的に行われています。校内には畑もあり、野外体験学習や自然体験学習など、教室を飛びだした授業が多く取り入れられています。こうした教育をつうじて、生徒は自然と「共生」していくことを学ぶのです。

人間性にあふれた知性と感性を磨き、自らの力で生きていくたくましさを身につけ、これからの21世紀を担う真の創造性を持つ生徒を育む東海大学菅生高等学校中等部です。

SCHOOL DATA

- 東京都あきる野市菅生1468
- JR線「秋川」・「小作」、JR線・西武拝島線「拝島」バス、JR線「八王子」スクールバス
- 男子186名、女子57名
- 042-559-2411
- http://www.sugao.ed.jp/jhs/

東海大学付属高輪台高等学校中等部

東京 港区 共学校

中高大10年間の一貫教育

2007年（平成19年）、伝統ある東海大学付属高輪台高等学校を母体に、中等部が開校。学内・学外からの「中高大10年間の一貫教育制度を整えてほしい」という強い要望から誕生しました。

東海大学の付属校としての特性をフルにいかした、受験勉強だけでは得られない「深い学び」を実践しています。

余裕のある学校生活が、工夫を凝らした主体的・対話的・協働的な学びを可能にします。

文理融合のハイレベルな教育

中高一貫教育のもと、6年間を有効に使い学習します。受験のための「先取り学習」は行いません。それにかわり、自ら問題を発見・解決する力、自主的に学びつづける態度の育成をめざした授業を行っています。全教室にアクティブボードが設置され、生徒には650台のタブレットPCが用意されています（2019年度よりBYOD※を予定）。これらのICT機器を活用し、アクティブラーニングを取り入れた密度の濃い授業を行っています。

また、英語教育にも力を入れています。1年はネイティブとバスで東京見学（Tokyo Sightseeing Tour）、2年はネイティブとの国内宿泊研修（English Summer Camp）、そして3年はホームステイをともなうオーストラリア海外研修を行います。ふだんの授業も含め、英語に触れる体験を多く取り入れ、日常に必要な語学力を養います。

母体となる東海大学付属高輪台高等学校は「文部科学省スーパーサイエンスハイスクール（SSH）」に継続指定されています。こうした環境をいかし、中等部においてはSSHクラスの高校生が中等部生の理科実験で高度な内容を指導する特別授業も設けています。

東海大学付属高輪台高等学校中等部は、英語教育だけ、理数教育だけではなく、どちらも高いレベルでの「文理融合」と、学習と部活動の両立をめざす教育を行っています。

※個人所有のIT機器を活用すること

SCHOOL DATA

- 東京都港区高輪2-2-16
- 地下鉄南北線・都営三田線「白金高輪」徒歩6分、都営浅草線「泉岳寺」徒歩7分
- 男子171名、女子71名
- 03-3448-4011
- http://www.takanawadai.tokai.ed.jp/

東京家政学院中学校

東京 千代田区 / 女子校

生きる力を身につけ、自尊の心を育む

夢を実現する7つのこだわり

東京家政学院では、生徒一人ひとりが多様な夢を描き実現するために、独自のキャリア教育を行っています。その教育において大切にしていることがつぎの7つです。

①抜群の「環境」…校舎は千代田の高台に位置しています。これは創立者である大江スミ先生のこだわりでした。通学に便利で落ちついた環境は学校生活を送るのに最適です。

②「ごきげんよう！」…校内に響きあう「ごきげんよう！」のあいさつは、相手を思いやり、自分を元気にします。創立以来95年変わらずつづく伝統です。

③「人間力アップ」…「エンカウンター」によりコミュニケーション力を養います。文化祭・体育祭・合唱祭はすべて生徒が企画・運営を行います。集団で共有する感動は、生徒の一生の財産となる最も大事な経験です。

④「THE家政」…創立以来「家庭科教育」に力を入れている東京家政学院ならではの「調理」「被服」「保育」の実習授業が魅力です。

⑤進路の「保証」…中3から「アドバンストコース」と「スタンダードコース」が用意されています。現役進学率は約97％、4年制大学進学率は約87％であり、きめ細かい指導が夢の実現をサポートします。

⑥強い「絆」…進路の悩みや勉強とクラブ活動の両立方法など、さまざまなことを卒業生であるチューターに相談できます。親身なアドバイスをしてくれる先輩と強い「絆」で結ばれます。

⑦育む「和の心」…学内には本格的な茶室があります。そこで行う茶道をはじめ、華道・狂言・百人一首など、日本の伝統文化を学ぶことで「和の心」が育まれ、女性らしい品位が身につきます。

このような教育を大切にしながら、生きる力を身につけ、生徒の自尊の心を育む東京家政学院中学校です。

SCHOOL DATA

- 東京都千代田区三番町22
- JR線ほか「市ヶ谷」徒歩6分、地下鉄半蔵門線「半蔵門」徒歩8分、地下鉄東西線・半蔵門線・都営新宿線「九段下」徒歩10分
- 女子のみ68名
- 03-3262-2559
- http://www.kasei-gakuin.ed.jp/

東京家政大学附属女子中学校

東京 板橋区 / 女子校

「躍進i教育」で未来学力を育成

今年創立137年を迎える東京家政大学附属女子中高は、豊かな緑に恵まれた東京ドーム2個ぶんの広大なキャンパスにあります。建学の精神「自主自律」のもと、一貫して未来志向の女子教育を行ってきました。2016年度（平成28年度）からは、未来学力の養成と英語教育の充実を柱とした「躍進i教育」を導入し、中高一貫ステージ制による成長段階に合わせた指導を行っています。また、中2からより高いレベルの英語力を養成するEクラスを設置し、大学新テストに備えて4技能を伸ばすプログラムを実施し、社会で活躍する女性の育成をめざします。

中高一貫「新教育プログラム」

学校生活をつうじ生徒の自主性を育て、自学自習の習慣を確立させる指導に力を入れています。また、全教科で生徒同士の学びあいによって全員が課題をクリアしていくアクティブラーニング（協同学習）を導入。主体的に学ぶ力、チームで課題に取り組み解決する力を育てることで、これからの社会や大学入試で求められる総合的な学力を身につけます。

中高一貫「躍進i教育」のカリキュラムでは、体系的な理解を重視した先取り学習とアウトプットを重視した英語教育で、高2までの5年間で確かな学力を身につけ、高3では進路別クラス編成で希望進路を実現します。

ヴァンサンカン・プラン

25歳を目標に理想の未来像を描き、希望進路を実現するために人間力を高めるキャリア教育プログラム「ヴァンサンカン・プラン」では、さまざまなプログラムに取り組みます。キャリア教育と学習指導の充実により、難関大学の合格者数が大きく伸びる一方、併設の東京家政大には、2018年度（平成30年度）に健康科学部（看護学科・リハビリテーション学科）が開設され、より多様な進路選択が可能になりました。

SCHOOL DATA

- 東京都板橋区加賀1-18-1
- JR線「十条」徒歩5分、都営三田線「新板橋」徒歩12分、JR線「東十条」徒歩13分
- 女子のみ219名
- 03-3961-0748
- http://www.tokyo-kasei.ed.jp/

東京純心女子中学校

東京 八王子市 女子校

いかなるところでもなくてはならぬ人に

東京純心女子中学校のキャンパスは、四季折おりの花々が咲き誇り、畑や噴水もある自然豊かな環境です。その教育は、「泉のように湧き出る子どもたちの無限の可能性を引き出し、その叡智を人のために用いてほしい。そして炬火のように周りを明るく照らし、世界で活躍する世の光となるような女性に育ってほしい」という願いのもと行われています。

生徒の「知」と「こころ」を育てる

教育の柱は「叡智」「真心」「貢献」の3つ。創立以来の「全人教育」です。

「叡智」として特徴的なのは、図書館司書教諭と教科担当教員が連携して行う「探究型学習」(全学年)です。たとえば、中3の公民では、あるテーマについて問いを立て、図書館で情報を集めて答えを導きだします。そして最終的にクラスで10分間スピーチをするという取り組みが行われています。

「探究型学習」以外にも、国語で集客力が低かったチラシの問題点と解決策を考えたり、美術で本の感想を絵で表現したり、音楽で合唱コンクールの練習計画を立てたりするなど、受け身ではなく生徒たち自身が考えるクリティカルな授業が多数実施されています。

「真心」と「貢献」では、校内の畑で農作物などを育て自然とのかかわり方や生命の不思議さを学んだり、「宗教」の時間にキリスト教の教えから女性としての賢さと優しさを身につけたり、ボランティア活動で自分や他者を大切にすることを学んだりしています。

また、東京純心女子では個々の生徒に親身に寄り添い、個性を伸ばすことが大切にされています。こうした教育により、生徒は自分、そして他者をかけがえのない存在だと考えられるようになり、「いかなるところでもなくてはならぬ人に」という創立以来受け継がれている精神を身につけていくのです。「知」と「こころ」を育て、世界に貢献できる女性を育成する東京純心女子中学校です。

SCHOOL DATA
- 東京都八王子市滝山町2-600
- JR線「八王子」・京王線「京王八王子」バス10分
- 女子のみ128名
- 042-691-1345
- http://www.t-junshin.ac.jp/jhs/

東京女学館中学校

東京 渋谷区 女子校

130年の伝統と新たな取り組み

広尾の緑豊かな街並みの一角に、東京女学館中学校・高等学校はあります。1888年(明治21年)、「諸外国の人びとと対等に交際できる国際性を備えた、知性豊かな気品ある女性の育成」を目標に設立され、これは現在の教育目標である「高い品性を備え、人と社会に貢献する女性の育成」に受け継がれています。

こうした伝統をさらに継承・発展させるため、中1では「スクールアイデンティティー」という時間を設け、東京女学館で学ぶことの意味を考えてもらいます。その際に行う、卒業して20年以上経つ大先輩を招いての講演会では、学校の今昔について質疑し受け継ぐべき伝統を学びます。

英語教育の充実と多彩な教育活動

創立以来、英語学習に力を入れています。

全学年の英語の授業で少人数の分割授業が行われているため、指導がきめ細かく、発表やスピーチの機会が多くあります。昨年度から、中2の5月のイングリッシュキャンプが始まり、3日間英語漬けでコミュニケーションを実践するなかで、英語がつうじたという喜びを体感し、その後の学習意欲をさらに高めています。このほかにも、国際交流や英語学習のプログラムが複数あり、6年間をとおして英語の4技能をバランスよく伸ばすことを目標としています。

各教室にはパソコンとプロジェクターが設置され、数学・英語・社会・理科など多くの教科でデジタル教科書を導入するなど、ICTの活用が進み学習効果をあげています。

また、東京女学館では自国文化も大切にしています。中1の茶道と中2の華道、それぞれの体験ではおもてなしの心や日本独自の美意識を学び、自国文化への関心や理解につながります。

6年間で国際性や品性を身につけ、一人ひとりに合った進路に向けて大きく羽ばたいていけるよう、全力で支援しています。

SCHOOL DATA
- 東京都渋谷区広尾3-7-16
- 地下鉄日比谷線「広尾」徒歩12分、JR線ほか「渋谷」・「恵比寿」バス12分
- 女子のみ745名
- 03-3400-0867
- http://www.tjk.jp/mh/

東京女子学園中学校

東京 港区 女子校

地球思考 ～世界とつながる女性へ～

　東京女子学園中学校は「教養と行動力を兼ね備えた女性の育成」という建学の精神を掲げ、すべての教科や行事などあらゆるシーンにおいて学園の教育理念を包括した「思考コード」のもとに知識や能力を育成していきます。

　その過程で必要とされる「思考コード」を学習到達状況を評価する「ルーブリック表」に細分化し提示確認することにより、生徒自身がなにをどのように学ぶか、どのような知識や能力が必要なのかを理解できるため、より深い学びとなり成長することが可能です。

未来の自分とであう「キャリア学習」

　東京女子学園の教育プログラムは「キャリア学習」「教科学習」「体験学習」の3つの大きな柱によって構成されています。それぞれの教育プログラムが融合することで大きな成長を導くことができます。

　そのなかでも「キャリア学習」のキャリア育成プログラムは、生徒たちが将来について幅広い視野を広げるために重要な役割を果たしています。このプログラムは、漠然と将来像を描かせるものではなく、大学研究や職業研修をとおして、未来に想定されるできごとまでを勘案して具体的な人生設計を行うオリジナルな内容となっています。

　その大きな意義は、自分の人生を真剣に考え組みあげてみることと、自らの人生プランを描き、課題をとらえ解消していく能力を養成していくことです。グループミーティングやディベート、ゲーム形式のワークショップを行いながらキャリアカウンセリングを実施することにより「自他の理解能力」「選択能力」「課題解決能力」「計画実行能力」などのセルフソリューション、セルフ・マネジメントに不可欠なスキルを身につけていきます。

　こうした取り組みの成果として、生徒たちは自分の未来に対して明確な目標を持つことにより学習意識も高まり、近年の大学合格者数の伸びにつながっています。

SCHOOL DATA

- 東京都港区芝4-1-30
- 都営浅草線・三田線「三田」徒歩2分、JR線「田町」徒歩5分、都営大江戸線「赤羽橋」徒歩10分
- 女子のみ84名
- 03-3451-0912
- http://www.tokyo-joshi.ac.jp/

東京成徳大学中学校

東京 北区 共学校

創造性のある自律できる人間を育成

　東京成徳大学中学校中高一貫コースの教育のテーマは「創造性と自律」です。6年間の時間のなかで生徒個々の特性を大切にしながら、一人ひとりじっくりと育てていくことを目標としています。そのなかで、不透明な未来でも柔軟に自分を発揮しながら、賢く、たくましい道を切り拓いていける人間力にあふれた人格を養成していきます。

　そのために、「自分を深める学習」というオリジナルの心の教育プログラムがあります。「自分とは何か、なぜ学ぶのか、そして、どう生きるのか」をテーマとして、種々の問題を真剣に考え、模索し、そして「自分の生き方」を自分で選び決められるようになるのです。

　机上での確かな学びとともに、たんなる自分勝手な学力ではなく実社会で発揮する能力を養うための、豊かな人間関係によるさまざまな学びの経験ができる理想の教育環境があります。

意欲を喚起する6年間

　中高6年間という期間の持つ大きな可能性のなかで、学力伸長のための計画的・段階的な学習プログラムにより、個々の成長が主体的な意欲をともなったものとなるように展開します。中学3年間で国語・数学・英語の時間を多くとり、無理のないペースで高校レベルの先取り学習が行われます。

　とくに、英語力の強化は大学入試はむろんのこと、グローバル社会における必須能力ととらえ、週8時間の授業時間のうち3時間を専任のネイティブ教師によるコミュニケーション能力向上のための時間にあてています。残りの5時間は大学入試にもじゅうぶん対応できる英語力向上のための時間としています。

　そして、中学3年3学期に3カ月間、全員がニュージーランドに留学します。この経験は、たんに英語力が向上するだけでなく、たくましい心の成長へとつながります。

SCHOOL DATA

- 東京都北区豊島8-26-9
- 地下鉄南北線「王子神谷」徒歩5分、JR線「東十条」徒歩15分
- 男子162名、女子189名
- 03-3911-7109
- http://www.tokyoseitoku.jp/js/

東京電機大学中学校

東京 小金井市 共学校

校訓「人間らしく生きる」にこめられた思い

東京電機大学中学校の校訓は「人間らしく生きる」。この言葉には「人間だけが夢を見ることができ、人間だけが夢を実現する意志をもっている。夢の実現に向かって努力していこう」という熱い思いがこめられています。

3つの教育と体験学習プログラム

教育の柱となるのは、ワードなどの基本的なものからプログラミングまで学べる「情報教育」、充実した施設を使って、楽しみながら自然科学への関心を深める「理科教育」、モーニングレッスンや週に6、7時間確保されている授業をつうじて、実践的な英語力を養う「英語教育」の3つです。こうした教育により、探究心と表現力を養い、グローバルに活躍する人材を育んでいます。

また、一人ひとりが「自分を見てくれている」と安心感を感じながら学べるように、教員が個々の学習状況を把握しやすい30名程度でクラスが編成されているのが特徴です。

中3からは応用力養成クラスと基礎力充実クラスを設置し、習熟度に合わせた指導を展開します。

そして、生徒の学習到達度を確認するために、年5回の定期考査や模擬試験、年2回の到達度確認テストが行われています。各試験終了後には、試験内容の分析シートや成績一覧表が配布され、これらをもとに講習・補習が実施されるので、生徒の学力をさらに伸ばしていくことができます。

こうしたていねいな学習指導体制に加え、多彩な体験学習プログラムも魅力です。理科・社会科見学会、英語合宿、強歩大会など、さまざまなプログラムが用意されています。さらに近年、中学生と高校生が学年横断で行うゼミ形式の新たな総合学習が始まりました。

着実に学力を伸ばしていくことができる環境と、経験を重視する体験学習プログラムにより、生徒が夢を実現するための力を育む東京電機大学中学校です。

SCHOOL DATA
- 東京都小金井市梶野町4-8-1
- JR線「東小金井」徒歩5分
- 男子357名、女子147名
- 0422-37-6441
- http://www.dendai.ed.jp/

東京都市大学等々力中学校

東京 世田谷区 共学校

ノブレス・オブリージュとグローバルリーダーの育成

2009年（平成21年）、東横学園中学校から東京都市大学等々力中学校へと校名変更し、2010年（平成22年）には共学部がスタート。東京都市大学等々力はいま、時代に合わせてどんどんステップアップしています。

東京都市大学等々力が理想とする教育像は「ノブレス・オブリージュ」です。これは、誇り高く高潔な人間には、それにふさわしい重い責任と義務があるとする考え方のことです。この言葉に基づいた道徳教育・情操教育で、将来国際社会で活躍できるグローバルリーダーを育成することをめざしています。

独自の4つの学習支援システム

東京都市大学等々力では、独自の学習支援システムにより、基礎基本の修復から難関大学現役合格対策、自学自習力の育成から問題解決思考の育成まで、生徒にとって必要不可欠な力を具体的なプログラムで着実に実行しています。それが「システム4A」、「システムLiP」、「英語・国際教育プログラム」、「理数教育プログラム」というシステムです。

「システム4A」は生徒の時間管理能力を高めるためのシステムで、「その日のうちに解決」をモットーとしています。

「システムLiP」はLiteracy（読み取り能力）とPresentation（意思伝達能力）を組みあわせた造語で、文章を正しく読み解く能力と、人を「その気にさせる」説明力を養う独自のシステムです。

「英語・国際教育プログラム」は、多読や速読を重視した読解重視の英語力を育成するものです。そして、「理数教育プログラム」は工学系の大学である東京都市大学グループのメリットをいかした高大連携プログラムを展開しています。

こうしたさまざまな取り組みにより、東京都市大学等々力中学校では、生徒たちの高い進路目標の実現と高潔な人生を保証しています。

SCHOOL DATA
- 東京都世田谷区等々力8-10-1
- 東急大井町線「等々力」徒歩10分
- 男子379名、女子310名
- 03-5962-0104
- http://www.tcu-todoroki.ed.jp/

東京都市大学付属中学校

東京 世田谷区 男子校

たくましく、せかいへ。It's now or never. It's my time!

東京都市大学付属中学校・高等学校は、中高一貫の男子校です。「明るく元気な進学校」として、難関大学合格を目標とした教育プログラムで大学合格実績を伸ばしており、受験生からも注目を集めています。

校訓である「誠実・遵法・自主・協調」の4つの言葉には、豊かな知性を身につけるとともに、人格を磨き、自己の実現が社会の発展と人類の幸福に貢献できる人間に育ってほしいという願いがこめられています。

コース制で、新たな学習システム

東京都市大学付属では、中高の6年間を前期・中期・後期に分け、発達段階に応じた教育を行っています。前期（中1・中2）の2年間では、基本的な生活習慣と学習習慣を身につけることに重点が置かれています。

中期の中3からはⅠ類の数学・英語の一部で習熟度別授業を実施します。職業研修や4000字以上の中期修了論文、学部学科ガイダンスなどが行われ、卒業後の進路を考えていきます。また、実験レポートの作成や情報科のプレゼンテーション、論文の執筆などをとおしたアクティブラーニングを早くから導入し、新しい大学入試制度が求める「思考力・判断力・表現力」を育てます。後期では、高2での文理選択をベースに自己の進路目標を達成できるような指導体制となっています。理系では理科の授業を増やし、実験も充実、文系は国公立大への受験も見据え、数学と理科を全員必修としています。

Ⅱ類（最難関国公立大コース）とⅠ類（難関国公立私大コース）のコース制により、早い段階から目標が明確になるほか、レベルに応じた授業が展開されることが生徒の理解度アップにつながり、さらなる大学合格実績の向上が期待されています。

また、帰国生入試や英語を入試科目とするグローバル入試を実施し、英語力の高い生徒には週4時間の取り出し授業を行っています。

SCHOOL DATA

- 東京都世田谷区成城1-13-1
- 小田急線「成城学園前」徒歩10分、東急田園都市線・東急大井町線「二子玉川」バス20分
- 男子のみ764名
- 03-3415-0104
- http://www.tcu-jsh.ed.jp/

東京農業大学第一高等学校中等部

東京 世田谷区 共学校

知を耕し夢をかなえる力を育む

「実学で知を耕し、深めていこう」という意味の「知耕実学」を教育理念とする東京農業大学第一高等学校中等部。実学主義を掲げ、実験や体験を多数行うことで、確かな学力とともに、問題発見・解決能力を育んでいます。

実験・体験・授業をバランスよく配置

東農大一の最も特徴的な学習は「稲とダイズから学ぶ」をテーマとする総合学習です。中1は稲作実習に取り組みます。「実験・観察」の基礎を習得しながら、その過程ででた疑問の答えを生徒たち自身が探すことで問題発見・解決能力も養います。また東京農業大学と連携した「お米の科学」というプログラムが実施されます。大学教授の指導を受けながら、大学の設備を使ってデンプンのかたちを調べたり、炊いたごはんの味を比べたりする魅力的な取り組みです。さらに中3では味噌づくりに挑戦します。

総合学習により、興味、関心の芽が育まれ、生徒たちは学びのおもしろさを感じるとともに、知的充実感も得られるようになるのです。

こうした実験・体験を重視する一方、学習のサポート体制も万全です。中等部では国語・数学・英語の時間数が多く設定され、基礎学力をしっかりと養成していきます。そして、高校ではオリジナルプリントを数多く使用することで、苦手科目にも興味を持てるように工夫されています。そのほか、始業前の小テストや主要教科の単元ごとの確認テストなど、学んだことを確実に定着させるためのプログラムも用意されています。

大学進学では、併設の東京農業大への推薦入学も可能ですが、他大学を受験する生徒も多く、国公立大や難関私立大受験にも対応できる体制が整えられています。

東京農業大学第一高等学校中等部は、実験・体験・授業をバランスよく配置することで、生徒が「より高く、より意欲的な夢の実現」をめざせる力を育てています。

SCHOOL DATA

- 東京都世田谷区桜3-33-1
- 小田急線「経堂」・東急世田谷線「上町」徒歩15分、東急田園都市線「用賀」バス10分
- 男子253名、女子293名
- 03-3425-4481
- http://www.nodai-1-h.ed.jp/

東京立正中学校

育てているのは21世紀に活躍する人材

イノベーションコースで磨く4つの力

建学の理念に「生命の尊重・慈悲・平和」を掲げる東京立正中学校・高等学校。

グローバルな社会で活躍できる人材を育成するため、2015年度（平成27年度）から、中高一貫部に「イノベーションコース」が誕生しました。

このコースでは、英語教育とICT教育の充実がはかられています。電子黒板の導入はもちろんのこと、タブレット端末を使用した個別学習システム「すらら」の活用をはじめ、中学全体でインターネット上の個別英会話を行うなど、さまざまな魅力的な教育が実践されているのが特徴です。

また、人間力・知力・国際力・情報力の4つの力を無理なく伸ばしていくために、6年間のグランドデザインが細かく設定されています。さらに、進路指導も充実しており、中1～高3の各学年に応じた指導を行うことで、一人ひとりが希望の進路を実現できるようなサポート体制を整えています。

生徒一人ひとりが、幸せな人生を送れるように

日ごろから全教職員が生徒一人ひとりに目を行き届かせ、声かけやコミュニケーションが頻繁に行われています。生徒と教員の間に信頼関係を築くことにより、生徒は教員に相談しやすく、教員は親身な指導が行えるようになります。学習面はもちろん、生徒関係にもつれがあった場合でも、的確に対応してくれる教員がそろっています。また、教育方針である「文武両道」のもと、勉強においても部活動においても、目標を持ち、自ら考え、積極的に取り組む自主性を身につけることがめざされています。それにより生徒一人ひとりが持つ力を引きだし、自信と人間力を育みます。生徒全員が社会にでてから幸せな人生を送れるように、一人ひとりに親身な指導を行う、それが東京立正中学校の面倒見のよさです。

SCHOOL DATA

◆東京都杉並区堀ノ内2-41-15
◆地下鉄丸ノ内線「新高円寺」徒歩8分
◆男子7名、女子43名
◆03-3312-1111
◆http://www.tokyorissho.ed.jp/

東星学園中学校

豊かな精神性と知性を育む全人教育

カトリックのミッションスクールである東星学園中学校・高等学校は、1936年、フランス人宣教師のヨセフ・フロジャク神父が東星尋常小学校を設立したことに始まります。フロジャク神父は宣教活動とともに、さまざまな救済活動を行い、社会福祉の草分け的存在として知られます。東星学園の敷地内に教会、修道院、病院、老人ホーム、児童福祉施設などがあるのは、こうした歴史によるものです。

少人数教育で生徒一人ひとりを大切に

東星学園で最も重視されているのは、「人を大切にすること」です。生徒一人ひとりの感性を高め、豊かな精神性と知性を育む「心の教育」「全人教育」を展開しています。具体的には「誠実」「努力」「自立」「奉仕の精神」を教育目標に掲げ、より豊かな人間性の育成をめざしています。

週6日制、1学年2クラス（各30名）の少人数教育を取り入れ、生徒一人ひとりの学習状況を把握し、個々に適した方法で考えさせていく指導が行われています。

また、生徒一人ひとりがゆとりを持ちながら、基礎・基本を着実に身につけることを重視し、英語学習や補習にも力を入れています。

中2で行われる「英語劇発表」は、東星学園の英語学習の大きな特徴のひとつです。生徒自らが題材を選び、みんなでシナリオをつくって演じ、生徒の英語力向上にもおおいに役立っています。

高校では、ただたんに進路を決定するのではなく、生徒一人ひとりがほんとうに望む進路を探っていく、その過程も大切にした指導が行われています。さまざまな進路に対応できる教科課程を組み、高2から文系と理数系教科間の必修選択制を採用。高3の一般授業は午前が中心で、午後からは自由選択科目の少人数グループ授業を取り入れています。また、個別補習や受験指導にも力をそそぎ、進路実績の向上をめざしています。

SCHOOL DATA

◆東京都清瀬市梅園3-14-47
◆西武池袋線「秋津」徒歩10分、JR線「新秋津」徒歩15分
◆男子25名、女子56名
◆042-493-3201
◆http://www.tosei.ed.jp/

桐朋中学校

東京 国立市 | 男子校

時代を貫く自主の精神

桐朋中学校は開校以来、生徒の個性を尊重し、自主性を育む教育を実践してきました。自由な気風で知られ、生徒を規制するような校則はほとんどありません。そうした環境のなか、「自由だからこそ自分で判断することの大切さを自覚する」と、生徒たちは自由本来のあり方を体得しています。

学力と個性を伸ばす学校文化

桐朋は進学校として東京西部を代表する存在であり、毎年、東京大や国立大医学部を中心に、難関大合格者を数多くだしています。

この実績を支えるのが、熱意ある教員による「本物の学び」を志向した日々の授業です。中学では、基礎学力の定着をはかるとともに、発展的な内容も学びながら、自主的に学習する姿勢を育てています。そして高校では、個々の進路に対応した本物の学力を養成するため、生徒の希望に準じた段階別授業や分割授業など、多彩な選択科目が用意されています。

こうして高い学力を身につける指導体制が整えられている一方、その人でなければ有しない個性を持っているかどうかが問われるのが桐朋文化です。そのため桐朋生は、勉強以外の活動にも熱心に取り組んでいます。

行事は基本的な枠組みを毎年踏襲しながらも、実行委員を中心に生徒主体で企画・運営がなされます。部活動も活発で、同好会を含め37の部が活動しており、全国レベルで活躍する部もあります。

新校舎が完成し教育環境がさらに充実

キャンパスは広大で緑豊かな環境です。一昨年度完成した新校舎には、黒板が壁3面に配置された教室、本格的なガスオーブンレンジを備えた家庭科室、最新の設備を整えた実験室、生徒たちの交流の場となる多目的ラウンジなどが整えられました。充実した教育環境のもと、さまざまなことに全力投球しながら「時代を貫く」主体性を身につけられる学校です。

SCHOOL DATA
- 東京都国立市中3-1-10
- JR線「国立」・「谷保」徒歩15分またはバス
- 男子のみ779名
- 042-577-2171
- http://www.toho.ed.jp/

桐朋女子中学校

東京 調布市 | 女子校

創造性にあふれた人間の育成をめざす

桐朋女子中学校の教育理念は「こころの健康 からだの健康」です。心身ともに健やかに成長することが教育のすべてに優先すると考えており、生徒一人ひとりの生きる希望や意欲を引きだすことを大切にしています。

「自分と他者とは違っているのが前提であり、そこにこそ人の存在する価値を見出せなければならない」との指導が、学校生活をとおして行われます。自分にはない他人の考え方や感性に耳を傾け、理解しようと努力するとき、ほんとうの理解力が生まれ、真の成長へとつながります。それをひと言で表せば、豊かな感性とそれを支える高い知性の双方をバランスよく身につけた、創造性にあふれた人間の育成をめざす教育実践だと言えます。

ことばの力を創造力に

「ことば」は、思考と表現のための道具（ツール）です。桐朋女子では、この「ことば」の力がすべての活動の土台になると考え、さまざまな活動を行っています。授業では、見学、実習、実験、制作などを数多く取り入れています。ほんものに触れ、自ら考えたことをレポートにまとめたり、スピーチやディベートをとおして考えを共有し互いに高めあったりするなかで、「思考力」「発想力」「表現力」などを伝統的に育んできました。

また桐朋女子には、ホームルームや生徒会、クラブ活動、文化祭や体育祭など、生徒が主体的に取り組み、活躍できる場が多くあります。生徒たちは学校生活のなかに自身の居場所を持ち、はたすべき役割を見出します。

こうした学校生活をとおして、自ら生き方を創造し、切り拓いていく人材を育成します。実際に国公立大や難関私立大、芸術大、海外の大学など、進学先は多様で、さらにその後の多岐にわたる道へとつながっています。

なお、桐朋女子は長きにわたり積極的に帰国生を受け入れており、その存在は、学校生活全般において大きな刺激となっています。

SCHOOL DATA
- 東京都調布市若葉町1-41-1
- 京王線「仙川」徒歩5分
- 女子のみ513名
- 03-3300-2111
- http://www.toho.ac.jp/

東洋英和女学院中学部

東京 港区 / 女子校

キリスト教に基づく教育

1884年（明治17年）、カナダ・メソジスト教会の婦人宣教師マーサ・J・カートメルにより設立された東洋英和女学院中学部。創立時からの「神を敬い人のために働く使命の大切さを教える」建学の精神は今日まで脈々と受け継がれ、キリスト教に基づく教育が展開されています。その教育の根幹は、「敬神奉仕」。「敬神」は、「心を尽くし、精神を尽くし、思いを尽くし、力を尽くして、あなたの神である主を愛しなさい」ということ、「奉仕」は、「隣人を自分のように愛しなさい」という聖書の教えを表しています。

伝統ある英語教育

少人数制で、聞き、話し、読み、書く。中1ではネイティブの教師による英会話の授業が週2時間。受験用の英語力の習得にとどまらず、英語圏の行事や文化を学び、生きた英語を身につけることをめざしています。

英語で発信する力を培う特別プログラムも充実。中1はクリスマス英語劇、短い詩の暗唱、中2は自分の夢や尊敬する人物について原稿を書いて発表するスピーチコンテスト、中3は詩や演説を暗唱するレシテーションコンテストを実施。良質の英語に触れ、自ら英語で発表する機会が学年に応じて用意されています。カナダミッションによって築かれた英語教育は、いまも新しい創意工夫を加えて継承されています。

希望進路に合わせた時間割を自分自身でつくる

高1から選択科目の履修が始まり、高2からは、希望進路に合わせた時間割を自分でつくります。ホームルームは、理系・文系などのコース別ではなく、毎朝の礼拝後は各々が選択した授業に分かれ、終礼時に再びクラスに集まります。このように進学希望先の異なる生徒が多様な価値観のなかで高校生活を送ることはよい刺激となり、かつ卒業後の幅広い友人関係を築くことにもつながります。

SCHOOL DATA

- 東京都港区六本木5-14-40
- 都営大江戸線「麻布十番」徒歩5分、地下鉄日比谷線「六本木」・地下鉄南北線「麻布十番」徒歩7分
- 女子のみ597名
- 03-3583-0696
- http://www.toyoeiwa.ac.jp

東洋大学京北中学校

東京 文京区 / 共学校

本当の教養を身につけた国際人を育てる

充実した進学指導

全科目履修型カリキュラムを導入し、すべての大学の受験科目に対応することができます。放課後には、講習・補習を行う時間「ASP(After School Program)」を設定し、また自習室を完備しており、集中して自主学習を行うことができます。自習室には大学生のチューターが4人常駐しているので、いつでも質問することができます。さらに学校のPC教室や自宅では、予習・復習、発展学習など自分のペースで学習することができるWeb学習システム（スタディサプリ）を導入しています。大学附属校のメリットをいかしつつ国公立大・難関私立大受験に力を入れています。

テーマは「より良く生きる」

建学の精神である「諸学の基礎は哲学にあり」の言葉を胸に「より良く生きる」ことをテーマとします。自ら考え、また論じあうことで、自問自答する力「哲学的に考える力」を養います。古今東西の「名著精読」、さまざまな分野で活躍する専門家による「生き方講演会」、実体験をとおした学びの機会である「刑事裁判傍聴学習会」や「哲学ゼミ」などのプログラムを実践します。多様な価値観を理解するとともに自己の人生観、世界観を築き、社会に有用な人材を育てます。

東洋大との中高大学びの連携

東洋大との連携により、中・高のみでは為しえない学びが可能となります。まず、各学部の交換留学生と英語でコミュニケーションをはかる「Let's Chat in English！」では、年齢が近いからゆえの親近感や身近な話題に花が咲き、英会話に対する照れや尻ごみの気持ちを克服させるのに大きな効果をもたらしています。そして、総合大学である東洋大の学部を定期的に訪問することにより、専門教育への意識、大学への興味を高めていきます。

SCHOOL DATA

- 東京都文京区白山2-36-5
- 都営三田線「白山」徒歩6分、地下鉄南北線「本駒込」徒歩10分、地下鉄丸ノ内線「茗荷谷」徒歩14分、地下鉄千代田線「千駄木」徒歩19分
- 男子201名、女子160名
- 03-3816-6211
- http://www.toyo.ac.jp/toyodaikeihoku/

トキワ松学園中学校

東京 目黒区　女子校

グローバルな視野を持つ「探究女子」を育てる

　一昨年、創立100年を迎えたトキワ松学園中学高等学校は、建学の精神に「鋼鉄に一輪のすみれの花を添えて」という言葉を掲げます。これには創立者である三角錫子先生が生徒たちに贈った言葉「芯の強さと人を思いやる優しさをもち、バランス感覚のよいしなやかな女性であれ」という思いがつまっています。

「探究女子」を育てる3つの教育

　現在、トキワ松学園は「グローバルな視野を持ち、クリエイティブに問題解決できる"探究女子"を育てる」というビジョンを掲げ、中3より特進・進学の2コースを設置し、高1からは美術コースが加わり、高2で美術・文系進学・文系特進・理系の4コースに分かれ、生徒一人ひとりに合ったコースで、夢の実現をめざしています。

　教育の3本柱は「思考力教育・国際力教育・美の教育」です。この中心となるのが「思考力教育」で、多読の取り組み「読書マラソン」では中学3年間で平均100冊の本を読みます。また、これまでトキワ松学園が行ってきた図書室を使って調べ・考え・発表する授業が2017年（平成29年）より新科目「思考と表現」として思考力の土台を築いています。

　「国際力教育」では、ネイティブスピーカーの教員が担当する英語の授業が全学年にあり、聞く力と話す力が育ちますが、トキワ松学園の英語の授業では「英語を使って世界を知る」ことを大切にしています。そのために高校では世界情勢を英語で学ぶ「グローバル・スタディーズ」という授業があり、国際関係学などを大学で学ぶ生徒が増えています。

　また、「美の教育」では中学で美術の授業が週2時間ずつあり、高校からは美術コースに進むことができます。美術コースに進まない生徒にとっても表現力だけでなく、ものを見る力や発想力、美しさを感じとる力がきたえられ、頭と心と身体のバランスがとれた女性が育っています。

SCHOOL DATA

- 東京都目黒区碑文谷4-17-16
- 東急東横線「都立大学」徒歩8分、「学芸大学」徒歩12分
- 女子のみ154名
- 03-3713-8161
- http://www.tokiwamatsu.ac.jp/

豊島岡女子学園中学校

東京 豊島区　女子校

互いに刺激しあいながら一歩ずつ確実に

　豊島岡女子学園中学校を訪れると、まず、その施設のすばらしさに目を奪われることでしょう。そして廊下の隅々まで清潔に保たれていることにも気づきます。「よりよい設備で、生徒に自信と誇りを持って勉強できる環境を」という学校の願いが感じられます。

磨かれる個性と学力向上は隣りあわせ

　毎朝授業前に全校に静寂のときが訪れます。1mの白布に赤糸でひたすら針を進める「運針」です。1日の始まりを心静かに迎える「5分間の禅」ともいえるこの時間は、集中力を養う心の鍛錬の時間です。

　クラブ活動や学校行事もさかんです。生徒がそれぞれ持っている才能を発見し育てていこうという教育方針「一能専念」に基づき、生徒全員がクラブに所属します。文化部・運動部合わせて49もあり、「桃李連」という阿波踊りの部もあります。

　中高時代は、協調性や企画力、行動力、リーダーシップといった『人間力』を養うことも大切です。豊島岡女子学園では、さまざまな場面で、互いに刺激しあいながら高めあっていける環境があります。

　すべての授業で、生徒も先生も全力投球でのぞむ姿勢があり、多様な進路選択を可能にします。授業の密度が濃く内容もハイレベルであるため、授業をじゅうぶんに活用することで志望大学に合格できます。

　課外にも、希望者が主体的に取り組むさまざまなイベント・講座があります。今年度からスーパーサイエンスハイスクールに指定されたこともあり、Academic Dayを開催するなど、学園全体として探究学習によりいっそう力を入れています。

　各自が希望する大学への合格がサポートされ、大学合格実績も理学・工学系統が最も多く、次いで人文科学系統、経済・経営・商学系統、医学系統がつづき、医学系統は総数109名、現役も7割を超えています。

SCHOOL DATA

- 東京都豊島区東池袋1-25-22
- 地下鉄有楽町線「東池袋」徒歩2分、JR線ほか「池袋」徒歩7分
- 女子のみ810名
- 03-3983-8261
- https://www.toshimagaoka.ed.jp/

獨協中学校

自信と誇りを身につけ社会貢献できる人間へ

　1883年（明治16年）、獨逸学協会によって設立された獨逸学協会学校を始まりとする獨協中学校・高等学校では、ていねいな指導のもと、生徒の可能性を伸ばし、社会貢献のできる人材を育てています。一人ひとりが自身の成長を感じ、6年後に自信と誇りを身につけられるように生徒を導いていきます。

発達段階に合わせた教育プログラム

　獨協教育の特徴は、6年間を2年ずつの3ブロックに分け、第1ブロックを基礎学力養成期、第2を学力伸長期、第3を学力完成期と位置づけて、生徒の発達段階に合わせた教育活動を行っていることです。

　第1ブロックから毎日の予定や学習時間の管理を生徒自身が行い、自立の心を育てます。第2ブロックからは、深く学ぶ選抜クラスとじっくり学ぶ一般クラスに分かれ、論理的思考力の育成をめざし、中3では「研究論文」に取り組みます。そして、第3ブロックでは、将来を見据え、それまでに身につけた学力や思考力を統合していき、高2から文系・理系、高3では国公立・難関私大・医学部・私大コースに分かれて学習を行います。

　各ブロックには、多彩で充実した内容の行事がバランスよく配置されているので、生徒はさまざまな課題に取り組み、多くの刺激を受けながら多面的な成長を遂げることが可能です。

　また進路指導では、有名大学見学会、進路ガイダンス、OB体験談など、学年ごとに豊富なプログラムが用意されています。その結果、国公立大や難関私立大、医学部に多くの合格者を輩出しつづけています。

　獨協中学校・高等学校は、完全中高一貫制で行う質の高いカリキュラムと、人間として成長できるさまざまな機会を用意することで、己の力を自分以外のだれかのために発揮し、みんなの未来を切り拓くことができる「社会の優等生」を育てていきます。

東京　文京区　男子校

SCHOOL DATA
- 東京都文京区関口3-8-1
- 地下鉄有楽町線「護国寺」徒歩8分、地下鉄有楽町線「江戸川橋」徒歩10分
- 男子のみ629名
- 03-3943-3651
- http://www.dokkyo.ed.jp/

ドルトン東京学園中等部 〈2019年度開校予定・設置認可申請中〉

世界に広がる教育メソッド「ドルトンプラン」を実践

　2019年（平成31年）4月、調布市に新たな中高一貫校が誕生します。その名もドルトン東京学園中等部・高等部。

　校名がしめすとおり、世界各地で実践され高い評価を得ている教育メソッド「ドルトンプラン」を採用するのが、大きな特徴です。

　ドルトンプランとは、約100年前にアメリカの教育家ヘレン・パーカースト女史が、詰め込み型の教育への問題意識から提唱した生徒主体の教育メソッドです。

生徒が主体的に学びを創出

　「自由」と「協働」のふたつの原理に基づく「ハウス」「アサインメント」「ラボラトリー」を3本の柱に、生徒一人ひとりの知的な興味や旺盛な探究心を育て、個人の能力を最大限に引き出すことを大きな特徴としています。

　ハウスとは、異学年混成でつくられるホームルームと考えればわかりやすいでしょう。学年を越えた交流のなかで多様な価値観に触れ、社会性や協調性、リーダーシップが身につきます。ハウスには生徒や保護者との連絡、相談役となるハウス担任がつきます。

　アサインメントとは、学びの目的や授業のポイントが見渡せる「学びの設計図」です。生徒はこれをもとに自ら計画を立て、学習を進めます。学びへの意欲を引き出し、自主性、計画性、責任感を養います。

　ラボラトリーとは、教員と1対1、また少人数のグループで学びたいことを究めていく時間です。知的好奇心や思考力・創造力を最大限に引き出します。

　この3本の柱を軸に、①主体的に学び、探究・挑戦しつづける生徒、②多様性を理解し、他者と協働する生徒、③自らの意志で積極的に新しい価値を創造し、広く社会に貢献する生徒を育てます。そして6年後、生徒一人ひとりが、グローバルな視野を持ち、新しい時代を切り拓く人として羽ばたいていくのが、ドルトン東京学園の願いです。

東京　調布市　共学校

SCHOOL DATA
- 東京都調布市入間町2-28-20
- 小田急線「成城学園前」・京王線「つつじヶ丘」バス
- 募集予定男女100名
- 03-5787-7945
- http://www.daltonschool-tokyo.jp/

中村中学校

東京 江東区 / 女子校

109年目の女子校が「地球市民」を育てる

中村学園は1909年(明治42年)に創立されました。建学の精神は「機に応じて活動できる女性の育成」。109年前、すでに21世紀に求められる力を予見し、現在は中高一貫女子校として "協奏" 社会を創造する地球市民の育成」をめざしています。

グローバルキャリアデザイン

21世紀には、社会貢献を視野に入れ、地球的視野で自らの進む路を考えることが求められます。グローバルキャリアをデザインする際は「私は地球を任されている」という自覚が必要です。"Think globally, act locally"、つまり、地球規模でものごとを考え、足元を見つめて行動する意識が要求されると中村は考えます。そうした意識を持つための土台が、校訓「清く 直く 明るく」という豊かな人間性であり、全教育活動で養う「5つの思考力(5Ts)」(論理的思考・相互理解的思考・批判的思考・協働的思考・地球的思考)です。

この教育改革に連動して、「一般入試(得意2科目選択型)」、「特待生入試(2科型)」、「適性検査型入試(公立中高一貫校型)」、「ポテンシャル入試(自己アピール型)」、「グローバル入試(英語重視型)」、「帰国生入試」という6種類の多様な入試を行っています。多様な生徒が教室に集い、主体的に協働する場が「ダイバーCity中村」です。この入試改革は大学入試改革、大学教育改革にもつながるものです。

「『伸びたい』を叶える6年間」

中村では、iPad、Active Learningなどを利活用して、授業の質と効率を高めています。中学校では習熟度別授業(数学・英語)を実施し、高校では習熟度別クラスを編成し、授業の質を深めています。とくに英語については、中学生はTOEFL・英検を全員受験します。高校国際科の生徒は全員、1校にひとりずつ1年間留学をします。海外を訪れるプログラムも多彩です。

SCHOOL DATA
- 東京都江東区清澄2-3-15
- 地下鉄半蔵門線・都営大江戸線「清澄白河」徒歩3分
- 女子のみ150名
- 03-3642-8041
- https://www.nakamura.ed.jp/

日本工業大学駒場中学校

東京 目黒区 / 共学校

「日駒新教育構想」をスタート

日本工業大学駒場では、100年以上の歴史のなかで大切にしてきた教育理念をいかしながら、変化の激しい時代に生きる若い人たちの成長をさらに応援するため「日駒新教育構想」をスタートします。大学進学実績のさらなる伸長をめざすとともに、①国語教育と言語技術を教育の中核に据えること、②英語教育と海外留学の充実化、③日本工業大学駒場らしい新たな理数教育の開発、④新しいコミュニケーション教育とキャリア教育の展開、⑤ものを創る感動体験の追求、の5つを基本骨格としてさらなる躍進をめざします。

高校普通科は3コース

基礎基本に重点をおいた中学3年間を送ったあと、高校進学時には担任や保護者との面談を重ねて3つのコースに分かれます。

「特進コース」は国公立大や難関私立大をめざすカリキュラムが組まれたコースです。高2からは文系、理系に分かれ、高3からは志望校によって国公立大や早慶上理をめざすα(アルファ)、G-MARCHなどの私立大を中心にめざすβ(ベータ)に分かれます。

「進学コース」は国公立大や私立大への進学をめざすコースです。高2から、文系、理系に分かれます。放課後は部活動や委員会など、挑戦したいことに思いきり打ちこめる環境が整っています。

「理数コース」は工学基礎力を高校のうちに身につけ、難関大学理工系学部の現役合格をめざすコースです。入試科目の数学・英語・理科を3年間で徹底的にきたえ、入試に備えます。

英語の学習環境としては、カナダの大自然に触れる、中学と高校での短期留学が用意されています。また、多くの生徒が海外を体験できるような研修旅行のプログラムが検討されています。

生徒全員の夢をかなえるよう、教員一丸となって応援する日本工業大学駒場です。

SCHOOL DATA
- 東京都目黒区駒場1-35-32
- 京王井の頭線「駒場東大前」徒歩3分、東急田園都市線「池尻大橋」徒歩15分
- 男子176名、女子34名
- 03-3467-2160
- http://www.nit-komaba.ed.jp/j/

日本学園中学校

東京 世田谷区 / 男子校

まさかのときに役立つ人になる

日本学園では日々の学習習慣を身につける「デイリーレッスンノート」や放課後の自学自習の時間「にちがく講座」で基礎的・基本的な学力と主体的な学習態度を身につけます。オリジナルプログラム「創発学」では「体験」を核に新たな"好奇心"と、学びつづけるための原動力である"動機"を生みだします。そのうえでALTを交えた合科型の授業やICT、グループワークやディベートを用いた問題解決型授業を導入し、思考力・判断力・表現力を磨きます。

新たな「気づき」を生む創発学

創発学は、「自ら創造・発信できる力」を伸ばすための日本学園のオリジナルプログラムです。第一次産業（林業・農業・漁業）の現場で〈体験・取材〉して〈まとめ→発表〉します。一連の学習過程をとおして、創造的な思考力を伸ばし、プレゼンテーション能力を向上させます。中3では「15年後の自分」をテーマにして、職業人にインタビューし研究論文を作成・発表します。また、全員で「オーストラリア語学研修」（ホームステイ）に行きます。創発学は、日本語と英語を駆使し、両輪で育てる21世紀型教育プログラムです。

高い倫理観を持つ真の国際人育成

英語教育では、英語だけを話す「イングリッシュ・ルーム」の設置、英語のみのセリフで行う「イングリッシュ・ムービー」の製作、国内での語学研修を経て中3の「オーストラリア語学研修」へと学習体験を進めます。創発学で育む高い日本語力の土台の上に英語力を伸ばすことを目標としています。

1885年（明治18年）、東京英語学校として創立した日本学園は日本人として主体性を確立し、さらにグローバルな人材を育成することを目標としてきました。「まさかのときに役立つ人になれ」は校祖杉浦の言葉。なくてはならない「真の国際人の育成」をめざします。

SCHOOL DATA
◆ 東京都世田谷区松原2-7-34
◆ 京王線・京王井の頭線「明大前」徒歩5分、京王線・東急世田谷線「下高井戸」徒歩10分、小田急線「豪徳寺」・東急世田谷線「山下」徒歩15分
◆ 男子のみ65名
◆ 03-3322-6331
◆ http://www.nihongakuen.ed.jp/

日本大学第一中学校

東京 墨田区 / 共学校

中高一貫教育をいかした充実の教育環境

2012年（平成24年）で創立100周年となった日本大学第一中学校は、校訓である真（知識を求め、心理を探求する）・健（心身健康で鍛錬に耐える力を持つ）・和（思いやり、協調の心を培う）のもと、「絆を重んじ、良き生活習慣をもった次世代人の育成」を行う伝統ある学校です。

中学では、充実した教育環境のなか、豊かな知識と人間性の基礎を育てることを目標として、「基礎学力の向上」「個性を伸ばす教育」「健全な人間性を育む」の3つに重点を置いた教育が行われています。また、さまざまな行事を行い、そのなかで豊かな人間性を育んでいます。

高校受験の必要がない中高一貫教育の利点をいかし、習熟度別学習を取り入れ、効率のよい授業を進めていきます。これにより、数学・英語では苦手の克服と得意の深化を並行し、基礎学力の充実と向上に重点を置くことができます。

高校3年間で進路実現への力をつける

高校に入ると、生徒一人ひとりの将来の夢や適性をふまえ個性に合った進路を見つけ、その進路実現へ向けた指導が行われます。高校での教育の特色は4項目あります。「確かな力を身につける」「総合大学付属のメリットを活かす」「自主性・責任感を育む」「思いやりを大切にする」の4つで、中学3年間で培ってきた学力や人間的な力をさらに発展させていくことに主眼が置かれています。

高2から文系・理系それぞれで日本大進学クラスと難関大学進学クラスに分かれるのですが、そこからもわかるように、日本大の付属校でありながら、難関大学進学クラスが置かれることで、生徒の進路選択の幅を広げているのは大きな特徴といえるでしょう。

日本大学第一中学校では、100年の伝統を誇る校風のなか、ゆとりある充実した教育が行われています。

SCHOOL DATA
◆ 東京都墨田区横網1-5-2
◆ 都営大江戸線「両国」徒歩1分、JR線「両国」徒歩5分
◆ 男子381名、女子271名
◆ 03-3625-0026
◆ http://www.nichidai-1.ed.jp/

日本大学第三中学校

東京 町田市 共学校

明確に正義を貫く強い意志を育む

　日本大学第三中学校では、建学の精神「明・正・強」を「明確に正義を貫く強い意志」ととらえ、その意志を持った生徒の育成をめざしています。キャンパスは緑豊かな多摩丘陵にあり、東京ドーム3個ぶんもの広さを有する恵まれた学習環境となっています。

　授業では先取り学習をほとんど行っておらず、そのかわりに、基礎学力の定着を重視したきめ細かな授業や、勉強の動機づけにつながるような知的好奇心を刺激する授業、読解力や表現力が身につく発展的なテーマをあつかう授業などを数多く実施しています。

　たとえば、英語では中2から、数学では中1から、複数の教員によるチームティーチングが行われています。また、国語では、読書に親しんでもらおうと課題図書の内容を問う「読書課題テスト」を行ったり、中学3年間で4万2195ページを読破する「読書マラソン」にも取り組みます。

　総合的な学習の時間を利用して、中3で卒業論文を制作するのも特徴的です。原稿用紙100枚を目安に、それぞれ設定したテーマについて執筆していきます。

幅広い選択肢から希望の大学へ進む

　高校3年間の学業成績・人物評価などによる内申と基礎学力到達度テストの成績によって、日本大への推薦資格を得ることができます。

　さらに、模擬試験などにも数多く取り組むことで、生徒の実力を多角的に分析し、理数系国公立大・医科歯科系大への入試にも対応できるような指導体制を整えています。そのため、近年は他大学への進学者も増えており、その割合は日本大への進学者（約30％）を超えるほど（約60％）になっています。

　このように、生徒一人ひとりに合った適切な進学指導を行う日本大学第三中学校は、これからも多くの生徒の希望に応える教育を展開していくことでしょう。

SCHOOL DATA

◆東京都町田市図師町11-2375
◆JR線・小田急線「町田」・京王相模原線ほか「多摩センター」・JR線「淵野辺」バス
◆男子494名、女子316名
◆042-789-5535
◆http://www.nichidai3.ed.jp/

日本大学第二中学校

東京 杉並区 共学校

確かな学力と社会人基礎力を育む

　静かな住宅街の緑豊かで広大な敷地内には、杉並区百景にも選ばれた銀杏並木があり、四季折々の美しい姿が見られる日本大学第二中学校。卒業生は4万2000余名を数え、実業・研究・スポーツ・芸能などの各界に多彩な人材を数多く輩出。日本大の建学の精神「自主創造」の精神を重んじ、生徒自ら将来の進路を切り開いていけるよう、学園一体となった支援を展開しています。おおらかで明るいという校風のもと、6年間をかけて、さまざまな人との出会い・多様な経験の繰り返しを経て、温かみと思いやりあふれるひとりの人間として大きく成長していきます。

基礎・基本の徹底、底力を養う

　中学では、基礎学力の定着をはかるため主要5教科に多くの時間を配当しています。とくに、英語には週6時間をあて、そのうちの1時間はクラスを2分割してネイティブと日本人の先生で行う少人数英会話の授業を3年間実施。どの教科も、小テストとノートチェックを随時行い、授業内容の復習やノートの取り方の指導を繰り返し徹底し、確かな学力を身につけさせます。こうして培われた基礎学力の土台は、高校生になって自らの生き方や自らの発見した目標実現に向けて歩みだしたときの大きな支えとなっています。

付属校随一の進学実績

　中学から併設高校へは、ほぼ全員が進学します。また、高校からは併設の日本大への推薦入学制度があり、2年次の春・3年次の春および秋の3回に分けて行われる基礎学力テストや在学中の成績によって推薦が決まります。日本大の付属校ながら進路選択先は多彩であり、理系選択者が多いのが特徴です。例年日本大へ進学する生徒は約30％、難関私大の指定校・公募推薦を利用しての進学は約20％、残りの約50％が他大学への進学をめざして一般受験しています。

SCHOOL DATA

◆東京都杉並区天沼1-45-33
◆JR線・地下鉄丸ノ内線・地下鉄東西線「荻窪」徒歩15分
◆男子369名、女子352名
◆03-3391-5739
◆http://www.nichidai2.ac.jp/

日本大学豊山中学校

東京 文京区 / 男子校

校訓は「強く　正しく　大らかに」

日本大学豊山中学校は、「日本大学建学の精神に基づき、世界の平和と人類の福祉に貢献できるグローバル社会に有為な形成者の育成」をめざしています。また、日本大付属校唯一の男子校として「強く　正しく　大らかに」を校訓に掲げています。日本大の設置する学校となり64年を迎え、伝統にさらに磨きをかけるとともに、2015年度（平成27年度）に完成した新校舎を中心に「新しい流れ」も取り入れ、いっそうの発展をめざしています。新校舎は、地下2階から地上1階までが広々としたアリーナに、最上階の11階には10コースの温水プールが設置されました。地下鉄「護国寺」駅から徒歩2分。護国寺の森の落ちついた雰囲気のなか、進学に備えます。

伝統と新しさが同居する教育システム

教育システムでは「伝統ある日大豊山」と、「新しい日大豊山」が同居するのが大きな特徴です。「伝統」の部分は、「『知育・徳育・体育』のバランスがとれた全人教育を行い、凛とした青少年の育成」、「部活動の推進と、礼儀正しい健やかな生徒の育成を目指す」、「日大との高大連携教育体制の一層の推進」などです。「新しい」部分としては、生徒たちの夢の実現のためにPDCAサイクルを取り入れ、「中3の後半から高校の内容を学ぶ先取り教育」、「進学クラスのさらなる充実」、「ホームページからダウンロードできる英語の日大豊山オリジナルプリントシステム」などがあげられます。また、早い段階からのキャリア教育も充実しています。日本大へは、毎年卒業生の75％程度が進学していきますが、国公立・難関私立大への進学も15％を超えるなど、特進クラスを中心に多様な進路への道が開かれています。

ゆとりあるシステムのもとで多くのことに取り組み、目標の進路を実現します。また、校訓どおり「大らか」な人間性を養い、生涯をつうじての友人を得ることができます。

SCHOOL DATA
- 東京都文京区大塚5-40-10
- 地下鉄有楽町線「護国寺」徒歩2分
- 男子のみ779名
- 03-3943-2161
- http://www.buzan.hs.nihon-u.ac.jp/

日本大学豊山女子中学校

東京 板橋区 / 女子校

多様性の未来へ　高等学校に特進クラス新設

生徒の多様な未来に向けて、高1から3つのクラスが用意されています。国公立大・難関私立大学をめざす「A特進クラス」、日本大への進学を中心とした「N進学クラス」、理数分野のスペシャリストを育成する「理数Sクラス」です。また、中学では基礎学力の定着をはかる授業を大切にすることはもちろん、教育の2本の柱として「国際交流教育」と「キャリア教育」が整備されています。可能性に満ちた生徒たちの未来が花開くよう教育環境だけでなく、全教員が全力でフォローする体制が整えられています。

国際交流教育

日大豊山女子では、急速にグローバル化する21世紀を生きていくうえで必要となる国際的な視野を身につけるためのプログラムが数多く用意されています。学年行事では、中1はネイティブと楽しむ林間学校、中2はBritish Hills英語研修、中3は留学生と学ぶ京都1日班別自主研修、そして中1・中2の3月にニュージーランド英語研修、高校では夏休みにカナダ英語研修があります。また、「英語に親しむ」「英語を感じる」空間として校内にEnglish Roomがつくられ、さまざまなイベントをとおして自由に英会話を楽しみ、英語を身近に感じることができます。英語力向上を目的としたプログラムとしては、全員参加スピーチコンテスト、英検対策講座、英語クッキング教室など、学びも多彩です。

キャリア教育

年5回実施されている校外学習は、付属校のメリットをいかした学部見学、浅草や鎌倉を班別研修する巡検型、外部講師を招いてのキャリアデザイン講演会、職場体験学習など、各学年の学習・発達段階に合わせた内容です。体験的な学習が多く取り入れられ、主体的に学び、「思考力」「判断力」「表現力」を楽しみながら習得することができます。

SCHOOL DATA
- 東京都板橋区中台3-15-1
- JR線「赤羽」、西武池袋線ほか「練馬」スクールバス、東武東上線「上板橋」・都営三田線「志村三丁目」徒歩15分
- 女子のみ303名
- 03-3934-2341
- http://www.buzan-joshi.hs.nihon-u.ac.jp/

八王子学園八王子中学校

東京 八王子市 共学校

未来へ、力強い一歩

2012年（平成24年）の春、八王子高等学校に新たに併設された八王子学園八王子中学校。八王子高校の校風を受け継ぎ、自由のなかにも規律ある環境で、中学生全員が中高特進クラスに所属する6年間の一貫教育を行っています。

八王子学園八王子には、教育を支える3つの柱があります。

ひとつ目は「中高特進教育」です。中学校入学とともに6年間かけて難関大学への合格をめざすこの「中高特進教育」は、大学受験のための早期戦略プログラムとして位置づけられています。

ふたつ目の柱は「学力養成」です。教科によっては、少人数制授業や学校オリジナルの教材を導入し、学力の定着をはかっています。

3つ目は「人間の育成」です。学習面の充実はもちろんのこと、豊かな心を育むことも大きな目標だと考える八王子学園八王子ではボランティア活動や朝読書の時間の設定、芸術鑑賞教室などの実施により、心の充実をめざします。また、広い視野を身につけ、国際社会で活躍できる人材を育成するため、中学3年次には短期海外留学も行われています。

レベルの高い中高特進クラスでの6年間

「中高特進クラス」では、6年間が3つのステージに分けられます。

まず、中学1・2年をステージ1として、2年間で中学校の学習範囲を修了します。つづいてステージ2の中学3年では先取り教育を開始し、八王子高校文理特進クラスに進学します。ステージ3では生徒の志望に合わせて文系・理系に分けられ、高校2年で高校の学習範囲を修了します。このような学習進度により、高校3年ではより大学入試に向けて力を入れられるよう工夫されています。

レベルの高い中高一貫教育の実践で、上位大学への進学率のさらなる躍進が期待される八王子学園八王子中学校です。

SCHOOL DATA

- 東京都八王子市台町4-35-1
- JR線「西八王子」徒歩5分
- 男子140名、女子128名
- 042-623-3461
- http://www.hachioji.ed.jp/

八王子実践中学校

東京 八王子市 共学校

考える力を身につけ人間力を向上させる教育

1926年（大正15年）創立の八王子実践中学校。伝統的教育精神である「実践」と建学の精神である「自重・自愛・自制・自立」に基づき、未来に活躍できる人材を育成しています。「知育・徳育・体育の調和のとれた全人教育」が特徴で、昨年は女子バレーボール部が全国大会ベスト16に輝くなど、部活動にも積極的に取り組める環境です。また、精神面・肉体面で大きく成長する時期だからこそ、徹底した生活指導を実践し、厳しくも温かな指導で総合的な人間力の向上をめざします。

国語教育と英語教育に重点

学習面では、「考える力」を養うことをテーマに日々の指導が行われ、国語教育と英語教育にとくに力が入れられています。

国語をあらゆる学科の基礎科目として重視し、発表の機会を多く取り入れながら、能力や個性を豊かに伸ばすための授業が展開されています。百人一首大会や読書指導が行われるほか、漢字検定にも積極的に挑戦し、全員が準2級取得をめざしています。

英語では、中1から外国人教師による会話の授業と、LL教室を活用した授業が実施され、会話力を養うとともに、異文化コミュニケーションへの意欲を高めていきます。ワードコンテストやニュージーランドへの修学旅行もあり、英語をさらに勉強しようという向上心へつなげています。

国語、英語以外の教科でも、ていねいな指導が展開されており、すべての教科で少人数授業が取り入れられ補習も充実しています。

高校には、難関大学進学を目標に朝や放課後の講習、長期休暇中の勉強合宿などを行う魅力的なプログラム「J-Plus（実践プラス）」を利用できる特進・文理コースと多様な進路に対応した普通コースが用意されています。

考える力をテーマに、知識だけでなく、思考力や表現力を養い、国際的視野をも備えた人材へと生徒を導く八王子実践中学校です。

SCHOOL DATA

- 東京都八王子市台町1-6-15
- JR線「八王子」徒歩15分
- 男子5名、女子37名
- 042-622-0654
- http://www.hachioji-jissen.ac.jp/

広尾学園中学校

東京 港区 / 共学校

自律と共生をめざす教育

首都圏でも有数の志願者を集めている広尾学園。その原動力は、特色あるコース制と、高水準の授業プログラム、そして飛躍的に伸びてきている国公立大をはじめとする難関大学進学実績です。これは、広尾学園の教育の特色が、一人ひとりの夢を全面的にサポートしているからこそなのです。

自ら課題を掘り起こし、解決に向かって、国籍や言語のちがいを越えて協調性を発揮できる「高い問題解決能力」を持つ人物の育成をめざし、きめ細かな指導を実施しています。

一般クラスは、東京大・京都大・一橋大、各大学の医学部、早稲田大・慶應義塾大・上智大をめざし、インターナショナルクラスは、国内外一流大学進学を目標とします。

最強と言われる教育内容

広尾学園独自の学力アッププログラムには「P.L.T」(Personalized Learning Test) プログラムがあります。このプログラムは生徒たちの基礎学力を徹底してきたえ、「本当の学力」を身につけるプログラムです。それは年々進化し、広尾学園の教育の基礎を支えています。また、質の高い授業を実現するため年間3回の教師研修を実施しています。

さらに、グローバルなデジタル環境に対応できる人物の育成をにらみ、新入生全員にひとり一台の情報機器を導入、学園生活や学習に活用しています。

キャリア教育も充実しており、DNA鑑定講座や宇宙天文合宿、国内から一線級の研究者が結集するスーパーアカデミアに加えて、iPhoneアプリなどを制作するテックキャンプも用意されています。

学年を問わず、中学高校ともに定期試験には多数の大学入試問題が無理なく組みこまれており、日常の定期試験勉強がそのまま大学入試対策になっています。強力な教科指導力を備えた、最強の学習システムです。

SCHOOL DATA

- 東京都港区南麻布5-1-14
- 地下鉄日比谷線「広尾」徒歩1分
- 男子352名、女子454名
- 03-3444-7272
- http://www.hiroogakuen.ed.jp/

富士見中学校

東京 練馬区 / 女子校

社会貢献のできる自立した女性を育てる

富士見中学校・高等学校は、「確かな知識と情報選択力をもとに、自分軸を持って考え、創造し、協働し、課題解決ができる女性」の育成をめざしています。自分の生き方をしっかりと考え進路を決め、それを実現するための学力と、すべてを支える人間的成長を軸に、人間教育をベースとした6カ年一貫のプログラムを実践しています。

豊かな人間性と総合力を身につける

富士見では、中学3年間それぞれでキーワードを決めています。中1は学びの基本である「問う」。身の回りをよく観察し、問うことの練習をします。夏休みには長野県で「生き物探究教室」を行います。中2は「調べる」。自ら課題を設定し、フィールドワークや文献調査をつうじて情報を活用する力を身につけます。中3は「伝える」。中学3年間の学びの集大成となる卒業研究を実施。文化祭で中間発表として研究をまとめた「本」を展示し、3学期は保護者・後輩に向けてポスターセッションを行います。

国際交流もさかんで、海外研修は高1希望者を対象にアメリカ・オーストリアで実施。留学は希望者を対象にニュージーランドの7つの学校でタームステイ。また1年の留学も実施。台湾の高校とは相互交流プログラムとなり、春は富士見の生徒が、夏は台湾の生徒が訪れてホームステイを行っています。

新校舎での授業が始まる

2020年の創立80周年記念事業として新校舎建設を実施しています。2015年（平成27年）に生徒棟である本館、2017年（平成29年）に4つの理科実験室などを含む特別校舎棟である西館と人工芝のグラウンドが完成しました。そして今年夏には図書館棟が竣工します。校内には60数点の絵画や彫刻などの芸術作品が飾られています。豊かな教育環境が生徒たちの心の成長を育みます。

SCHOOL DATA

- 東京都練馬区中村北4-8-26
- 西武池袋線「中村橋」徒歩3分
- 女子のみ740名
- 03-3999-2136
- http://www.fujimi.ac.jp/

富士見丘中学校

東京 渋谷区 女子校

文科省よりSGHに指定

　2015年(平成27年)に75周年を迎えた富士見丘では、グローバル化の到来を見据え、早くから世界の多様な人びとと協働するために必要な英語力や国際感覚、そして自己表現力を高める教育を実践してきました。このような「外に向かう勇気」を育てる教育が評価され、文部科学省よりSGH（スーパーグローバルハイスクール）の指定を受けました。

　とくに日本人が苦手とするコミュニケーション能力を高めるために導入したのが、高大連携プログラムです。大学教授が来校し一方的に講義をするような出張授業的なものではなく、生徒が能動的に学ぶフィールドワークやワークショップ形式を取り入れた継続的なプログラムになっています。

　富士見丘のSGHプログラムの特徴は6年をかけ思考力・判断力・表現力を学ぶことです。中1の思考力スキルアップロングホームルームで思考の方法を学び、中2では美術大と展覧会を協働企画する探究学習をします。

　高校では、慶應義塾大大学院メディアデザイン研究科の大学院生・留学生とともに学ぶ「グローバルワークショップ」、慶應義塾大や上智大の研究室と連携した「災害」「環境問題」「開発経済」についてのゼミ形式の授業や海外フィールドワーク（台湾・マレーシア・シンガポール）などがあります。

多種多様な海外研修プログラム

　修学旅行は中学がオーストラリア、高校がアメリカで、姉妹校との交流が中心です。ほかにも希望制のイギリス短期留学や海外にある6校の姉妹校への3・6カ月留学などさまざまな海外研修制度が用意されています。さらに海外姉妹校から留学生が定期的に来日するので、校内における異文化交流も行われています。

　このように多彩なプログラムを実践しながら「国際性豊かな若き淑女」を育成している学校こそが富士見丘中学高等学校なのです。

SCHOOL DATA
- 東京都渋谷区笹塚3-19-9
- 京王線・都営新宿線「笹塚」徒歩5分
- 女子のみ106名
- 03-3376-1481
- http://www.fujimigaoka.ac.jp/

藤村女子中学校

東京 武蔵野市 女子校

基礎、基本の徹底で自ら学ぶ力を育成

　藤村女子の授業は1日50分6時間、週6日制で多くの授業時間数を確保、特選コースと特進コースの2コース制をとり、学力養成講座などで一人ひとりの学力と目標に応じた、きめ細かな指導が行われています。英語の授業時間数が圧倒的に多いのも特徴です。

　高校には「S特・特進コース」があり、長期休業中にかぎらず、学力アップのための講座が多く設けられています。いつでも質問できる学習センターも、放課後、生徒でにぎわいます。

　近年、東京学芸大、早稲田大をはじめ、MARCHなど難関大学へ進む生徒が多くなりました。この実績は、藤村女子がキャリアガイダンスを重視し、提携大学との連携プログラムを導入してきたことと切っても切れない関係があります。

　進路・進学目標を見極めることで大きな力が生みだされ、高大連携プログラムで、早期から国公立・難関大への進学意識を高めることができてきたからです。

「適性検査入試」の導入に注目

　定評があるのが、藤村女子の英語教育です。高校のすべての授業で実践している「使える英語」のためのメソッドは、「藤村式」ともいうべき教育システムとして確立しています。外国人講師も常駐、「聞く・話す」能力の開発に多角度からアプローチしています。

　創設者であり、日本の女子体育教育の祖ともいうべき藤村トヨ女史。その精神と伝統を受け継ぐ「スポーツ科学特進・スポーツ科学コース」には、国際大会に日本代表として出場する生徒や卒業生が何人もいます。その元気が藤村全体の活気を生みだし、驚くほどさかんな部活動の魅力の源になっています。

　また、藤村女子では「適性検査入試」が取り入れられ、公立中高一貫校の適性検査に準じた出題が特徴です。公立受検を考えているかたには腕試しとして絶好の入試と言えます。

SCHOOL DATA
- 東京都武蔵野市吉祥寺本町2-16-3
- JR線・京王井の頭線・地下鉄東西線「吉祥寺」徒歩5分
- 女子のみ72名
- 0422-22-1266
- http://www.fujimura.ac.jp/

雙葉中学校

東京 千代田区 / 女子校

カトリック精神を貫く全人教育

雙葉中学校・高等学校は、カトリック精神を基盤に健全な人格を育み、日常生活のよき習慣を身につけることをねらいとした女子教育を実践しています。

校訓として「徳においては純真に、義務においては堅実に」を掲げています。これは神と人の前に素直で裏表なく爽やかな品性を備え、人間としてやるべきことを最後までやりとおす強さを持つということです。

2001年（平成13年）から使い始めた新校舎は地上7階・地下1階で、近代的ななかにも随所に木のぬくもりを持たせた構造となっており、教室はすべて南向き、床はフローリングで温かみを感じさせるなど、きめ細かな配慮がなされています。また、2クラスごとにひとつずつ生徒ラウンジが設けられ、楽しい活動・歓談の場となっています。

進学校ではあるが受験校ではない

雙葉では、国語、数学、英語の基礎的な部分で個別に面倒を見るなど、学習面での手助けがきちんと行われています。1875年（明治8年）に開設された女子語学校を前身とするだけに、外国語教育は伝統的にさかんで、授業時間も多く、外国人教師による少人数の授業はもとより、中3では全員がフランス語を学び、高校では第1外国語として、英語とフランス語のどちらかを選択します。

一貫校の利点をいかし、総合的にバランスのとれたカリキュラムを組み、中学でも高校の内容を必要に応じて取り入れています。進度も速く、レベルの高い授業が行われています。また、進路は、本人の意志を尊重して、指導がなされています。

中学・高校をとおして、各教科の教育はできるかぎり高い水準で、内容の濃いものになるよう努めるとともに、力のだしきれない生徒に対して個別指導を行い、きめ細かく対応しています。その結果としての高い進学実績なのです。

SCHOOL DATA

- 東京都千代田区六番町14-1
- JR線・地下鉄丸ノ内線・地下鉄南北線「四ツ谷」徒歩2分
- 女子のみ563名
- 03-3261-0821
- http://www.futabagakuen-jh.ed.jp/

普連土学園中学校

東京 港区 / 女子校

The Seed of God（神の種子）

普連土学園の教育理念は、「万人に『神の種子―神からそれぞれにあたえられた素晴らしい可能性』が存在することを信じ、一人ひとりを大切に、全ての人を敬い、世の役に立つ女性を育成すること」です。

1887年（明治20年）の創立当初から少人数教育を実践し、個々の生徒にいきとどいた指導を行う、面倒見のよい学校として知られています。

こうした教育体制のもと、大学進学においては、多くの難関大学への進学とともに、現役合格率が大変高いことが特徴です。

さまざまなかたちで奉仕活動を行っているのも特徴で、奉仕活動についての基本的な知識を学び、体験するプログラムを組んでいます。中学では、視覚・聴覚・身体障害について学び、高校では知的障害や高齢者問題について学びます。

そして高3においては、奉仕活動についてのまとめを行います。ここでは、これまでの活動を今後の生き方にどう位置づけるかなどを話しあっていきます。

グローバルな視野を育成する

「海外にむけて開かれた心」を育てている普連土学園では、異文化理解のための国際交流にとくに力を入れています。

英語の授業は、中学では週6時間をあて、外国人教師による少人数クラスの音声面を重視した授業を行っています。

劇やゲームを取り入れ、身体全体を使って生きた英語を吸収できるように指導しているのが特色です。また、留学生や外国人教師、海外からのお客さまなどと英語で話しながら昼食を取る機会を週1回設けているのも、普連土学園ならではです。

校内には、交流のための屋上庭園、バルコニー、ライトコートなど、普連土学園独特の温かい雰囲気を醸しだす「生徒の語らいの場」が随所に設けられています。

SCHOOL DATA

- 東京都港区三田4-14-16
- 都営浅草線・都営三田線「三田」徒歩7分、JR線「田町」徒歩8分、地下鉄南北線・都営三田線「白金高輪」徒歩10分
- 女子のみ402名
- 03-3451-4616
- http://www.friends.ac.jp/

文化学園大学杉並中学校

東京 杉並区 共学校

2018年度より共学化 東京・杉並の"海外校"へ

中1は均一クラスで、週9時間ある英語の授業のうち、7時間をネイティブ教員が主導する授業を受けられます。ひとつのクラスに対してネイティブの教員は3人。英語力がある生徒は取り出して授業を行います。

中2よりダブルディプロマ準備コースか中高一貫コースのどちらかを選択。どちらのコースも先取りで主要5教科の学習を進めることができます。中学ダブルディプロマ(DD)準備コースは早期からハイレベルのブリティッシュ・コロンビア（BC）州の教育メソッドで学び、英語力のアドバンテージをいかしながら高等学校の卒業スコアをより高くすることが可能です。中高一貫コースは高2までに受験範囲を終えることを目標に、新テストに備えます。

高校ダブルディプロマコースは、日本とカナダのカリキュラムを同時並行で行い、卒業時には日本とカナダのふたつの卒業資格を取得することができる日本初のコースです。国内生としてだけではなく、一般的な日本人が受験できない枠やSATのスコアを使うなどして出願できます。さらにBC州の生徒として、海外大学へもダイレクト出願できるのは日本で文化学園大学杉並だけです。夏には5週間の短期留学があり、充実した海外研修で本物のGLOBAL教育を体験します。海外の生活に親しむ等の一般的な留学とは異なり、カナダの学校の単位を取得することが目標です。

海外大をめざすダブルディプロマコース

中高一貫コースは国内の難関大をめざすコースで、ダブルディプロマコースは海外の大学をめざすコースです。1期生は13名。国内合格大学はICU4名、早稲田大国際教養学部3名、上智大1名、立教大2名、武蔵大1名など。海外大学は4名合格し、フローニンゲン大学（2018年世界ランク86位）など、すべてトップワンハンドレッドに入る海外大学です。

SCHOOL DATA
- 東京都杉並区阿佐谷南3-48-16
- JR線・地下鉄東西線「阿佐ヶ谷」、JR線・地下鉄丸ノ内線・地下鉄東西線「荻窪」徒歩8分
- 男子23名、女子199名
- 03-3392-6636
- https://bunsugi.jp/

文京学院大学女子中学校

東京 文京区 女子校

グローバルキャリアのための国際教育

将来につながるコース制

文京学院大学女子中学校は、コース制を展開しています。

これまでの学力別のクラス編成から、将来のキャリアを意識した「アドバンストサイエンス」・「グローバルスタディーズ」・「スポーツサイエンス」というコース編成となりました。

「アドバンストサイエンス」は、医・薬・看護を中心とした医療系、生物・化学・農学を中心とした理学系、ものづくりをベースにした工学系など、理系キャリアを築くことを目標としています。そして、SSHで培った最先端の理数教育で、女性の感性をいかしたサイエンティストの育成をめざします。

「グローバルスタディーズ」では、文京学院がこれまで培ってきた英語の課外授業である「国際塾」のノウハウをいかし、グローバル社会で通用する高度な英語力を身につけながら、論理的にまとめる力、発表する力、議論する力を養います。進学先は、難関大学国際系学部、海外大学を目標にし、「世界=社会で必要とされる人材」をめざします。

「スポーツサイエンス」は、スポーツをとおして国際社会に貢献できる人材の育成を目標としながら、競技力、チームワーク、心と身体、食事と栄養などを学び、国際社会に通用する英語力も強化していきます。

中1のファンデーションステージでは、学習習慣の確立と基礎学力の定着を行います。中2からは、将来の夢と目標を見据えて選択したコースで、得意分野を伸ばします。そして、高校進級時にはコースを再選択し、進路実現と将来のキャリアをより具体的にイメージしながら学びます。

また、2015年度には文部科学省よりSGHアソシエイトに指定されており、グローバルキャリアのための国際教育がさらに充実しました。

SCHOOL DATA
- 東京都文京区本駒込6-18-3
- JR線・地下鉄南北線「駒込」、JR線・都営三田線「巣鴨」徒歩5分
- 女子のみ313名
- 03-3946-5301
- http://www.hs.bgu.ac.jp/

文教大学付属中学校

東京 品川区 共学校

みらいをつくる、学びがある。

着実に実を結ぶ学校改革

文教大学付属中学校では、変化の激しい社会において、生徒自らが時代をつくる存在として活躍できるように、学校改革をつうじてさまざまな施策を実施しています。

たとえば、放課後の学習支援システム「文教ステーション」の開設や、文教キャリアプロジェクト「NEWTON」の実施、強い心を育むための宿泊行事「トリニティーキャンプ」などです。

その結果のひとつとして、大学進学実績も着実に向上し、2017年度入試では、国公立・早慶上理・G-MARCHの合格者数は学校改革前と比較すると、7倍近くの93名に増加しました。

PORTから世界へ

2016年（平成28年）秋には、新校舎が完成しました。

新校舎には、全教室電子黒板が完備された普通教室をはじめ、格納式ロールバックチェアを備えた「LOTUS HALL（講堂）」、約150名を収容できる食堂「ボンヴォヤージュ」、約4万2000点の資料を所蔵する図書室、それぞれ2教室ずつ設置された理科実験室・音楽室・PC教室、約150名収容の大講義室、人工芝グラウンドなどの充実した設備が備わっています。

なお、新体育館は2009年（平成21年）に完成。冷暖房完備でバレーコート3面ぶんのアリーナや、25m×5コースの室内温水プールなどを備えています。

文教大学付属では、校舎のことを「PORT（港）」と呼んでいます。港では船を点検し、荷物を積んだり燃料を補充したりして、大海原への長い航海に向けた準備をします。

それは中学校・高等学校の6年間もいっしょです。学習に励み、心身をきたえ、進路を見定め、長い人生に向け念入りに準備をします。

SCHOOL DATA

- 東京都品川区旗の台3-2-17
- 東急大井町線・東急池上線「旗の台」・東急大井町線「荏原町」徒歩3分、都営浅草線「中延」徒歩8分
- 男子279名、女子180名
- 03-3783-5511
- http://www.bunkyo.ac.jp/faculty/ghsn/

法政大学中学校

東京 三鷹市 共学校

自由と進歩のもと、自主自律を育てる

1936年（昭和11年）に創立された法政中学校を前身とし、1948年（昭和23年）より法政大学第一中学校として男子校の歴史を歩んできました。

2007年（平成19年）4月、三鷹市に校舎を移転するとともに、校名を変更し、男女共学となり、校舎や制服なども一新されました。法政大としては初の男女共学校です。法政大の建学の精神である「自由と進歩」、中学校の「自主自律」の校風のもと、確かな学力と、概念にとらわれない自由な発想で考え、新しい問題に積極的にチャレンジする自立した人間を、中高大の一貫教育のなかで育てます。

多彩な英語プログラム

確かな学力と習慣を着実に身につけさせるためのカリキュラムを、中高それぞれの段階に応じて設けています。

中学では国数英に力を入れ、基礎的な学力と習慣を育成します。高校では大学進学や将来を見据え、文系・理系にとらわれない教養の育成と、自分の進路に応じた選択学習、論文作成や英語力の向上などに力をそそぎます。教科によっては、習熟度別や少人数による授業もあります。

また、とくに英語教育に力を入れています。英語の文章を読み取り、それに関する批評を英語でプレゼンテーションをめざして学習に励んでいます。海外語学研修や留学プログラムも充実しています。

卒業生の多くが法政大学へ

卒業生はこれまで約85％以上が推薦で法政大に進学しています。推薦資格を得るためには、学内での総合成績で一定の成績基準をクリアすることと、法政大が定めるいくつかの基準をクリアすることが必要です。

また、法政大の推薦権を保持したまま、他の国公私立大学の、どの学部・学科でも受験することが可能になっています。

SCHOOL DATA

- 東京都三鷹市牟礼4-3-1
- 京王井の頭線「井の頭公園」徒歩12分、JR線「吉祥寺」徒歩20分、JR線「三鷹」・京王井の頭線「久我山」・京王線「調布」バス
- 男子199名、女子221名
- 0422-79-6230
- http://www.hosei.ed.jp/

宝仙学園中学校共学部 理数インター

東京 中野区 / 共学校

「知的で開放的な広場」でともに学ぶ

国公立大42名、早慶上理ICU88名合格

　この春、179名の卒業生を送りだした宝仙学園中学高等学校共学部理数インター（以下、宝仙理数インター）は、東北大合格2名、一橋大合格2名、東京工業大合格1名をはじめ、横浜国立大や東京外国語大等、国公立大学計42（うち浪人6名、以下同）名※、信州大や日本医科大等の医学部医学科計6（5）名、早慶上理ICU計88（12）名、G-MARCH107（11）名の合格者をだしました。

　宝仙理数インターは宝仙学園を母体とし、21世紀の社会で活躍できる人材の育成をめざして2007年（平成19年）に設立され、世界で通用するコミュニケーション能力と、ものごとを論理的に考え、相手に的確に伝えられる理数的思考力を兼ね備えた生徒を育成しています。そして、中高6年間を「基礎定着期」、「意識改革期」、「自己実現期」の2年間ずつに分けた進路指導を行うことで、生徒は自らの夢へと着実に歩むことができます。

世界にも、理系にも強い理数インター

　学力の向上・大学進学と同等に大切にしているのが「心の教育」です。部活動や学校行事をとおして学ぶコミュニケーション能力・プレゼンテーション能力の育成を大切にしています。部活動は文武両道がはかれるように週3日のなかでそれぞれのクラブが工夫をしています。中学弓道部の3年連続関東大会出場などの例もあります。

　また、高校2年の修学旅行では、サンフランシスコのスタンフォード大学で一人ひとりがプレゼンを行います。世界屈指の大学で行うプレゼンは、それをつくりあげていく過程を含め、一生の宝となります。先輩のなかには、この修学旅行で大学病院を訪れ、自分の生涯の進路に大きく影響を受け、現在も医学部で学年トップでがんばっている生徒もいます。

※大学校はのぞいた実績です

SCHOOL DATA
- 東京都中野区中央2-28-3
- 地下鉄丸ノ内線・都営大江戸線「中野坂上」徒歩3分
- 男子247名、女子287名
- 03-3371-7109
- https://www.hosen.ed.jp/jhs/

本郷中学校

東京 豊島区 / 男子校

つねに芯のある男子教育を展開

　「スマートであれ！　紳士であれ！」をモットーにした本郷中学校。「自ら考え、自分で判断できる人材を育てる」という教育方針のもと、21世紀の社会に役立つリーダーを育むためになにが必要かをつねに模索しています。あるべき男子教育の姿を「時代が変わっても変わらないものがある」として推し進め、よい意味での「厳しさ」を教育のなかに体現しています。本郷は派手なPRはしませんが、ほんとうの知性と人格を磨く教育を行っているといっていいでしょう。

中高一貫校としての密度の濃さ

　カリキュラム編成は6年を1サイクルとしてとらえているために、ムダを省き、ゆとりのある学習計画が可能になっています。

　主要科目の国語・数学・英語などは、中2までに中3課程の内容を無理なく終わらせ、中3からは高1の内容に進みます。そして高3では、大学入試問題演習を中心に授業が展開されるので、受験にも余裕を持ってのぞむことができます。

　この「先取り授業」システムは、たんに授業進度が速いというものではなく、教材や指導法において先生がたの長年の経験の積み重ねから最も効率的な内容を精選したことにより構築されています。そのため、進度の速さによって理解ができないということはないように工夫された授業が展開されています。

　また、本数検や本単検といった学校独自の検定試験を学期ごとに行うことで、教育目標である「自学自習」をうながし、高校の夏期講習（中学は教養講座）では学年の枠を取り払い、希望すれば下級生が上級生といっしょに受講できる講座を数多く設けるなど、学習効果を高める工夫がなされています。

　大学進学実績も、国公立大などが年々伸び、近年は理系の大学・学部への進学希望者が多く、実際に毎年半数以上の生徒たちが理系に進学しているのが大きな特徴です。

SCHOOL DATA
- 東京都豊島区駒込4-11-1
- JR線・都営三田線「巣鴨」徒歩3分、JR線・地下鉄南北線「駒込」徒歩7分
- 男子のみ770名
- 03-3917-1456
- http://www.hongo.ed.jp/

三田国際学園中学校

東京 世田谷区 / 共学校

メディカルサイエンステクノロジークラス新設

　三田国際学園では、高い英語力、サイエンスやICTに関するリテラシー、そして、それらの知識・スキルを自在に操れるコミュニケーション能力と思考力を身につけることが重要だと考えられています。楽しみながら学べるアクティブ・ラーニング形式の相互通行型授業により、これらの力を総合的に伸ばし、国際化の社会に必須の資質やスキルを育む「世界標準」の教育を行っています。

貢献の姿勢で学び、発想の自由人となる

　相互通行型授業は、トリガークエスチョンと呼ばれる教員の問いかけから始まります。ひとり1台ずつ所持するタブレット端末を活用し、生徒は自由な発想で考え、論理立てて推論し、論証し、プレゼンするという一連のプロセスをたどります。相互通行型授業がめざすのは、各々が自分の力で考えた意見を発信すること。それがクラス全体の学びに「貢献」することにつながり、その姿勢が大切にされています。

　中学は現在の本科クラス、インターナショナルクラスに加え、2019年度よりメディカルサイエンステクノロジークラスを新設します。数学や理科分野への意欲が旺盛な生徒の探求心をかきたてるプログラムを用意し、学ぶことで、医療者・研究者として必要とされるマインドを身につけていきます。

　本科クラスは、相互通行型授業を中心に、基礎学力の構築にとどまらない、創造性を育む授業を実施。中2からの基礎ゼミナールは、本科の大きな魅力です。インターナショナルクラスは、帰国子女だけでなく一般生徒も受け入れ、副担任はネイティブスピーカーの教員が務めるため、授業以外でも日常的に生きた英語に触れられる環境が人気です。

　高校は本科コース、メディカルサイエンステクノロジーコース、インターナショナルコース(スタンダード/アドバンスト)の4つのコースで進路実現をめざします。

SCHOOL DATA

- 東京都世田谷区用賀2-16-1
- 東急田園都市線「用賀」徒歩5分
- 男子322名、女子368名
- 03-3707-5676
- http://www.mita-is.ed.jp/

三輪田学園中学校

東京 千代田区 / 女子校

徳才兼備の女性を育てます

　三輪田学園の教育理念は「高い学力の育成と充実した人間教育」です。「深い知性と豊かな心を備えた自立した女性」を育てて130年、真面目に努力する校風は開校当初から変わりません。

　2010年(平成22年)には校舎改築工事が完了し、より充実した設備が整いました。南向きの明るい教室も多く、都心とは思えない静かな環境が広がっています。

女性としての自立が基本の進学指導

　毎年約90％の生徒が現役で4年制大学に進学している三輪田学園では、進路指導は学年に合わせて行われます。

　中1では、まず学習態度を身につけることからていねいに指導をつづけ、徐々に自己の価値観や将来について考えていきます。高校では、仕事や大学・学部について、大学の先生がたを招いての講義のほか、OGの体験談を聞く機会も数多く設けられています。

たんなる大学受験のための指導ではなく、ひとりの女性として自立するための進路指導がなされています。

三輪田学園の「生き方教育」

　「徳育・知育・体育・美育」という創立者の言葉を現代にいかした「生き方教育」を行っていることも、三輪田学園の特色です。「いのち・平和・環境・自立」をテーマにし、人として生きていくときに大切なこととはなにかを6年かけて考えます。

　この取り組みでは、道徳とロングホームルームの時間のなかで、講演・見学・調べ学習と発表・討論会などが行われます。たとえば、中2と高1で全員が取り組むボランティアは、働くおとなの人たちを間近で見るという、自立につながる社会学習の一環です。

　中高時代の感性の豊かな時期に、さまざまな経験をさせ、考える機会を多く持たせたいという三輪田学園の姿勢がここにはあります。

SCHOOL DATA

- 東京都千代田区九段北3-3-15
- JR線ほか「市ヶ谷」徒歩7分、JR線ほか「飯田橋」徒歩8分
- 女子のみ543名
- 03-3263-7801
- http://www.miwada.ac.jp/

武蔵中学校

東京 練馬区 ／ 男子校

「自調自考」を身につけるための6年間

武蔵中学校では、学問を学ぶ姿勢が重視され、安易に解答を得るよりも、徹底的に自分で調べて自分で考える「自調自考」の精神が尊重されています。授業内容も外部から「大学院のような」と言われる独自のものが多く、生徒の創造性の育成に努めています。

多くの卒業生がめざす大学に合格し、開成、麻布と男子難関3校のひとつと称されながらも、大学進学が目的ではなく学びを究めるための選択肢のひとつと泰然自若を貫きます。

「考える」ことを重視する授業を展開

自由な校風で知られていますが、それは「生徒の面倒を見ない」ということではありません。とくに学習習慣をしっかりと身につけるべき中1〜中2の間は、生徒一人ひとりに教員が寄り添いながら手をかけています。そうして、学びや日々の生活の「型」をつくったうえで、そのレールを少しずつはずしていくことで、「自ら調べ自ら考える」力を培っていきます。

授業においても、基礎基本をきちんと定着させ、それを基盤に、簡単に答えを求めるのではなく、そこにいたるプロセスを徹底的に考えさせることで、生徒は独創性を養い、個性の伸張と独立性を獲得していきます。

国外研修制度で充実した海外での学びへ

教室での第2外国語の学びを発展させ、外国をまるごと体験できるように、「国外研修制度」があります。

これは毎年、第2外国語上級選択者のなかから選考された10数名が、往復旅費などを支給され、短期の国外留学をすることができるという制度です。留学期間約2カ月のうち6週間は、ホームステイをしながら提携校に通学、その後2週間ほど個人旅行を行います。

また、提携校からも日本語を学んでいる生徒が毎年ほぼ同数来校し、生徒の家庭に滞在して通学します。

SCHOOL DATA
- 東京都練馬区豊玉上1-26-1
- 地下鉄有楽町線・副都心線「新桜台」徒歩5分、西武池袋線「江古田」徒歩6分、都営大江戸線「新江古田」徒歩7分、西武池袋線「桜台」徒歩8分
- 男子のみ526名
- 03-5984-3741
- http://www.musashi.ed.jp/

武蔵野中学校

東京 北区 ／ 共学校

本気を育み、一所懸命を芽生えさせる

1912年（明治45年）創立の、100年を超える歴史ある学校です。他者を理解したうえで、自ら考え、行動する人間であってほしいと、『他者理解』を教育理念としています。この『他者理解』の精神は、コミュニケーションの基本であるとともに、世界で通用するグローバル人材として活躍するための力になるとも考えています。相手・ものごとを受け止め、消化し、さらに発信し、発展させる。武蔵野中学校でのさまざまな経験がそれを育みます。

週10時間授業・独自の英語教育

グローバル人材に必須となる英語力。武蔵野では、文法や読解を軸とした授業を週4時間日本人教師が行い、コミュニケーション力の育成をめざした授業を週6時間外国人教師が行っています。とくにコミュニケーション力の育成をめざした授業に関しては、日本国際教育センター（JIEC）と共同開発した「LTE（Learning Through English）」という英語教育プログラムを採用。外国人教師とひとつのテーマを英語で考え、英語で発表するというワークスタイルの授業で、英語力とともにグローバル社会で必要となる7つのスキル（共有する・探求する・表現する・挑戦する・助け合う・自己管理・自分を振り返る）を身につけることができます。それらの集大成として、高校1年次に「ニュージーランド3ヶ月留学」を必修で実施し、日ごろの成果を確認するとともに、異文化交流を体験できます。

また、校内には、レベルアップを望む生徒のために自主学習支援施設「武蔵野進学情報センター」を併設し、だれでも夜9時まで利用でき、自習したり、常駐する講師による個別指導を受けることができます。

さらに、電子黒板の利用やひとり1台貸与されるiPadの活用、それにともなうMacによる情報の授業など、数々の先進的な教育システムで未来をめざす武蔵野に注目が集まっています。

※「iPad」と「Mac」はApple Inc.の商標です。

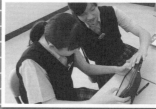

SCHOOL DATA
- 東京都北区西ヶ原4-56-20
- 都電荒川線「西ヶ原四丁目」徒歩3分、都営三田線「西巣鴨」徒歩8分、地下鉄南北線「西ヶ原」・JR線「巣鴨」徒歩15分
- 男子33名、女子32名
- 03-3910-0151
- http://www.musashino.ac.jp/

武蔵野大学中学校

〈2019年度より男女共学化、武蔵野女子学院中学校から校名変更〉

東京 西東京市 ／ 共学校

キーワードは「グローバル＆サイエンス」

「仏教精神に基づく、真の人間教育、人間成就の教育」を建学の精神とし、明るい知性と豊かな情操とを兼ね備えた聡明にして実行力のある人間の育成をめざします。2019年度より中学が男女共学化し（高校も2020年度より共学化予定）、校名も「武蔵野大学中学校・高等学校」へ変わります。キーワードは「グローバル＆サイエンス」。正解のない未来に向かって自らが主体的に考え、身の回りだけでなく世界中の人と協力し、クリエイティブな発想を持つ中学生を育成します。

進学対象校は、「自由」＆「世界」

親身な指導で基礎をしっかり学んで土台を築き、学力をまんべんなく引きあげていきます。家庭学習の習慣を身につけ、高校の各コースへとつなげます。iPadを生徒全員が保有し、各教科や総合学習ではICTを駆使した授業を展開。英語は4技能をバランスよく習得する授業を実施。ネイティブの教員と日本人教員がチームで教えるTTの授業は、中1の4月からオールイングリッシュで行います。

高校は本科、インターナショナル選抜、ハイグレード選抜の3コースを設置。

本科は大学受験を前提に、学習・クラブ活動・学校行事にバランスよく打ちこみたい人のコースです。併設の武蔵野大には薬学部や看護学部など9学部があり、基準を満たせば優先的に進学できる推薦制度を利用することもできます。

インターナショナル選抜では、1年間の長期留学が必須となります。留学前に日本文化を体験学習し、日本を紹介する発信力を身につけます。帰国後は留学で身につけた高い語学力・プレゼン力で、国際系学部や海外の大学への進学をめざします。

ハイグレード選抜は国公立大や難関私立大への進学をめざすコースです。学年があがるタイミングで文理を選択。薬学部など医療系の学部をめざす生徒が多く在籍しています。

SCHOOL DATA
- 東京都西東京市新町1-1-20
- JR線・西武多摩川線「武蔵境」バス7分、西武新宿線「田無」、JR線・地下鉄東西線「三鷹」バス10分
- 現在は女子のみ181名（2019年度より共学）
- 042-468-3256
- http://www.mj-net.ed.jp/

武蔵野東中学校

東京 小金井市 ／ 共学校

全員が高校受験をするユニークな中学校

併設の高校を持たず、しっかりとした進路指導によって、毎年難関高校に多くの合格者を輩出している武蔵野東中学校。独自の「生命科」や「探究科」の授業、自閉症の生徒と学校生活を送る「混合教育」でも知られています（自閉症児クラスは別入試・別課程）。

近年充実を見せるのは「探究科」の授業。生徒自らが設定した「問い」について深め、オリジナルの「答え」を追究します。また心を育てる「生命科」の授業は、自分や他者の存在の重さ、生命の尊さを主眼に、さまざまなテーマで考えを深めます。300人弱の少人数制の環境は、生徒7人に対して教員ひとりとなる手厚さ。明るく活発な校風です。

中1～中2の英・数、中3の5科と論文の授業は少人数制の習熟度別授業で、きめ細かい指導を実施。独自の「プランノート」により、自立した学習習慣を獲得していくことも特色です。行事の運営が生徒に任され、そして部活動もダンス、体操、陸上は全国レベルの実績があるなど、充実した学校生活です。

英語・理数教育に重点

カリキュラムでは英語、理数に重点がおかれ、英語は中3全員の78%が英検準2級以上を取得しています。オンライン英会話やスピーチコンテスト、英作文の添削など、少人数制ならではの授業で4技能をきたえます。

理科に興味のある生徒には、授業内で年間80回の実験・観察があるほかにも、課外で「テクノロジー探検隊」「サイエンスラボ」など、興味・関心を喚起するイベントも豊富。

高校受験に向けては、中3全員を対象にして少人数制のゼミ形式で行う「特別進学学習」（週3回放課後2時間）があり、校内指導は万全。近年の合格校に、都立進学重点校の日比谷、国立、戸山、西、私立では早慶附属、国際基督教大高、国立では筑波大附属駒場、筑波大附属など難関高校の名も多くあがり、中3、60人での驚くべき実績となっています。

SCHOOL DATA
- 東京都小金井市緑町2-6-4
- JR線「東小金井」徒歩7分
- 男子171名、女子117名
- 042-384-4311
- http://www.musashino-higashi.org/chugaku/

明治学院中学校

東京 東村山市 共学校

キリスト教に基づく人格教育

明治学院中学校・東村山高等学校は、同じ敷地で6年間を過ごす中高一貫校。

キャンパスでひときわ目を引く洋館、「ライシャワー館」は、「東村山30景」にも選定された明治学院のシンボル的な存在です。名前の由来は、元駐日大使であったライシャワー氏の父親が明治学院で教鞭をとりながら居住していたことによるものです。

学院創立150周年事業として行われた正門改修・ビオトープ・グラウンドの全面人工芝化が2016年度（平成28年度）完成しました。

「道徳人」「実力人」「世界人」

明治学院が長い歴史のなかで掲げてきた教育目標が「道徳人」「実力人」「世界人」です。

「道徳人」とは、「神さまが与えてくださった使命に気付き、権利と義務をわきまえ、規律を守って、神さまと人びとのために働くことのできる人」のことです。

「実力人」とは、自分の使命や目標に向かって、与えられている自分の能力を高め、学問と技術を身につけ、その力を必要に応じて発揮することのできる人のことです。

「世界人」とは、世界的視野と行動力とを持ち、世界の平和を祈念しつつ、世界を活動の場とする力を持つ人のことです。

そして、これらの教育目標にかなった人材を育成するために、明治学院では、①～⑤のような特色のある教育課程を組んでいます。

①土曜日を含め週34時間の授業。②英語の授業を重視し、英語脳をつくり4技能を伸ばすカリキュラム。③中・高とも英語の授業の一部をネイティブ教師が担当。英検取得目標は中学卒業時準2級、高校卒業時2級。④東京歴史散歩（社会）、多摩動物公園、三浦半島（理科）、音楽鑑賞会（音楽）など校外授業が充実。⑤高2・高3は、A明治学院大学推薦進学、B文系受験進学、C理系受験進学の3コースに分かれて学習するなど、学力面も強くサポートしています。

SCHOOL DATA

- 東京都東村山市富士見町1-12-3
- 西武拝島線・西武国分寺線「小川」徒歩8分
- 男子201名、女子226名
- 042-391-2142
- http://www.meijigakuin-higashi.ed.jp/

明治大学付属中野中学校

東京 中野区 男子校

「質実剛毅・協同自治」の校風

男子中高一貫校の明治大学付属中野中学校は「質実剛毅・協同自治」を校訓に、大学付属校の長所を存分にいかした伸びのびとした学校です。大学受験のプレッシャーを感じることなく、生徒の表情も明るく、部活動もさかんです。

中学では5項目の実践目標

明大中野では、じゅうぶんな授業時間の確保と円滑な学校行事運営のため、従来から一貫して週6日制です。中学校での教育課程は、高等学校との中高一貫教育の関連を重視し、独自のプログラムを組んで、確かな基礎学力がつくように工夫されています。

とくに英語は、外国人講師による英会話の授業を、中1・中2の2年間、1クラスを2分割した少人数クラスで行っています。

また、中学時代における大切な要素として、基本的な生活習慣の体得を掲げ①時間を大切にし遅刻をしない学級づくり②勉学に励む学級づくり③清潔できれいな学級づくり④決めごとを守る生徒づくり⑤挨拶のできる生徒づくりの5項目を実践目標としています。

高校では、中学校で養った基礎学力を維持し、さらなる伸長を目標に勉強を進めます。

高1では、高校からの入学者が加わり、混合の学級を編成。全員が芸術科目以外、同じ教科を履修します。2学期には「明大特別進学講座」が実施され、明治大の各学部長から、学部の説明やアドバイスもなされます。

高2は、自己の能力や適性を見極める時期です。そのため、文科系・理科系のふたつのコースによる学級編成を採用しています。

高3では、選択・演習科目を数多く導入、個々の進路志望に応じた専門的な学習に入っていきます。明治大への推薦は、高校3年間の総合成績によって決定され、約80％が進学しています。

また、近年は、明治大以外の難関国立大など、他大学受験希望者も増加しています。

SCHOOL DATA

- 東京都中野区東中野3-3-4
- JR線・都営大江戸線「東中野」徒歩5分、地下鉄東西線「落合」徒歩10分
- 男子のみ749名
- 03-3362-8704
- http://www.nakanogakuen.ac.jp/

明治大学付属中野八王子中学校

東京 八王子市 / 共学校

未来につながる知力と人間力を育成

「質実剛毅」「協同自治」を建学の精神とする明治大学付属中野八王子中学校。豊かな自然にかこまれたキャンパスで、伸びのびとした学校生活を送ることができます。めざしているのは、たんなる知識量の多さや小手先の器用さを身につけることではなく、情操を育み、真に大切なものを自身の力で見出し具現化する力を涵養することです。学習や行事、クラブといった特別活動などをとおして、多角的かつ多面的に生徒の個性を伸ばし、次代を担う人間を育成しています。

きめ細やかな学習指導と進路指導

学習面では「基礎学力の獲得」を目標に、ていねいかつ中身の深い授業で教科書の内容を完全に理解、習得し、高校卒業までに高水準の学力を身につけます。特徴的なのは自分を表現するための言葉、つまりコミュニケーション能力を育てていることです。国語では作文やスピーチなど、自己表現をする機会を多く取り入れ、英語では少人数授業やネイティブ教員と日本人教員のチームティーチング授業を実施し、きめ細やかに指導しています。

そして、家庭学習の方法も綿密に指導し、個々の学習スタイルを確立させることで生徒を「自律／自立的学習者」へと導きます。

また、学習指導と両輪をなす進路指導では、「いかに生きるか」という問いに向きあいながら、職業観や人生観に基づいた大学・学部探しを行います。大学卒業後の職業選択までを視野に入れた計画的かつ段階的な指導によって、早い時期から将来に対する興味や関心を喚起していきます。

大学進学については、一定の基準を満たすことで明治大への推薦入学資格を得られる一方、推薦入学資格を得たうえで、国公立大、7つの大学校を受験できる制度もあります。

明治大学付属中野八王子中学校は生徒が自己実現できるよう「自ら伸びる力」を引き出し、未来につながる知力と人間力を育てます。

SCHOOL DATA
- 東京都八王子市戸吹町1100
- JR線「八王子」・「秋川」・京王線「京王八王子」・JR線ほか「拝島」スクールバス、路線バス
- 男子244名、女子246名
- 042-691-0321
- http://www.mnh.ed.jp/

明治大学付属明治中学校

東京 調布市 / 共学校

10年一貫教育で21世紀社会を担う人材を育成

1912年（明治45年）に旧制明治中学校として神田駿河台の明治大構内に開校した明治大学付属明治中学校。明治大唯一の直系付属校として、建学の精神「質実剛健」「独立自治」のもと、21世紀のグローバル社会を担う国際人として活躍するために必要な「洞察力」「実践力」「社会力」「精神力」の4つの力を持った人材を育てています。

「洞察力」は各授業で養成します。中学では通常授業に加えて、週1回、数学と英語の補習講座を実施し、つまずきを解消しながら基礎をしっかりと固めます。そうして基礎を身につけたうえで、ものごとを深く分析し、問いの本質を見抜く力も伸ばしていきます。

また、一定基準を満たせば明治大へと進学できる推薦制度があるため、それぞれが受験勉強にとらわれず、自分を高めるために資格取得などに励んでいます。こうした取り組みのなかで培われるのが「実践力」です。

そして、3つ目の「社会力」は教員からの生活指導や宿泊行事をとおして、4つ目の「精神力」は部活動や学校行事に取り組むなかで育まれていきます。

明治大との連携教育で早くから大学を知る

明治大との連携教育として、明治大各学部の教員が直接授業をする「高大連携講座」（高2対象）や、明治大の講義を受けて修得した単位を明治大進学後に単位として認定する「プレカレッジプログラム」（高3対象）、長期休暇中に明治大の校舎を使って行われる、司法試験や公認会計士試験への挑戦を支援する各種セミナーなどを用意するほか、進路決定をサポートするための取り組みとして、明治大の各学部説明会や、現役の明治大生による進路相談会などを実施しているのも大きな魅力です。

明治大学付属明治中学校は、中高大10年一貫教育によって創造性や個性を伸ばし、社会で活躍できる生徒を育成しています。

SCHOOL DATA
- 東京都調布市富士見町4-23-25
- 京王線「調布」・「飛田給」、JR線「三鷹」・「矢野口」スクールバス
- 男子311名、女子223名
- 042-444-9100
- http://www.meiji.ac.jp/ko_chu/

明星(めいせい)中学校

世界に羽ばたく、世界で輝く

東京 府中市　共学校

明星中学校・高等学校は「ふくらむ、期待」を合言葉に、いま、新たな教育に取り組んでいます。「学び」に対して真摯な視点で取り組み、独自のカリキュラムを実践する学校です。基礎基本の習得のため、1コマ1コマの授業では生徒一人ひとりの「学ぶ意欲」を支援する工夫がなされています。

たんに知識を教えるだけでなく、学んだことをどういかすかの「知恵」を身につける「体験教育」を実践していることが、明星教育の大きな特徴といってよいでしょう。

この基礎学力をもとに応用力の養成にも時間を割くため、土曜日も登校日とした週6日制を採用しています。

また早朝や放課後には、少し高度な内容に挑戦したい生徒への「エクストラスタディ」、授業や補講で理解しにくかった生徒への「個別指導」、理科的好奇心を高める「MEISEIアカデミック・ラボ」など、一人ひとりの成長を時間をかけてじっくり育てています。

英語の4技能習得に向けた具体的取り組み

語学力の向上は、大学入試制度改革など社会の移り変わりに対応するために避けられません。明星では、そのために中1より多読多聴を取り入れ英語の学習を始めます。レベルに合った英語本を多く読み、聞くことで、英語に対する親しみを抵抗なく持たせます。

中1では、国内で3泊4日の英語漬け合宿「ENGLISH CAMP」を実施します。ネイティブスピーカーといっしょに過ごす4日間は、生活で必要な言葉をすべて英語で表現し、英語でのコミュニケーションに挑戦します。

中2では3日間、歌やダンスなど全身を使いながら英語を表現し、生きた英語力を磨く「ヤングアメリカンズ」を行います。

これら中学英語の集大成として、中3では1カ月の「セブ語学留学」を行い、この経験を高校での志望校合格に向けた受験4技能習得につなげていきます。

SCHOOL DATA
- 東京都府中市栄町1-1
- JR線「北府中」徒歩15分、京王線「府中」、JR線・西武線「国分寺」バス7分
- 男子203名、女子169名
- 042-368-5201
- http://www.meisei.ac.jp/hs/

明法(めいほう)中学校 〈2019年度より高校を共学化〉

だれもが主役！ 夢をかなえる3つの新コース

東京 東村山市　男子校

21世紀型教育を推進

東京ドーム1.2倍の広大なキャンパスと優れた施設のなかで、「知・徳・体」をバランスよく育む少人数教育が行われており、生徒と教員の距離が近く、一人ひとりをていねいに育てきたえています。

中学校では「3点固定(寝る時間・起きる時間・学習開始時間の固定)」と「授業→課題→確認テスト」のサイクルで基礎学力を固めるとともに、伝統のオーケストラ授業や理科専門棟で行う理科実験授業に代表される「本物に触れる教育」を土台に、新たに3つのコースを設置し、21世紀社会に貢献できる人材を育てています。

「進学GRIT(グリット)コース」は、学校の中核として活躍するなかで、達成感を持たせ、文武両道でやり抜く力(GRIT)を身につけ、きめ細かい学習指導で、国公立・難関私大合格をめざします。

「国際理解コース」は、高度な英会話授業やボランティア活動、高校での3カ月間のターム留学などをつうじ、チャレンジ精神や発信型の英語力・利他の精神を身につけ、海外大学や国際系の国公立・難関私大合格をめざします。

「サイエンスGEコース」は、週4時間の「GE講座」でプログラミングなどのスキルを高めるとともに科学的思考力や問題解決力を磨き、国公立・難関私立大合格をめざします。

ICT教育も含めた21世紀型教育も全学的に始動し、各コースとも、大学進学のそのさきにある21世紀社会を視野に入れた教育を行っています。それに合わせて、2019年度より高校を共学化します。

部活動も少人数ながら活発で、関東大会に連続出場しているソフトテニス部、伝統の棒術部のほか、野球部・サッカー部・バドミントン部・バスケットボール部・科学部などが熱心に活動しています。

SCHOOL DATA
- 東京都東村山市富士見町2-4-12
- 西武国分寺線・拝島線「小川」徒歩18分、JR線「立川」・西武新宿線「久米川」・西武拝島線「東大和市」バス
- 男子のみ121名
- 042-393-5611
- http://www.meiho.ed.jp/

目黒学院中学校

共学化しても変わらない魅力

桜の名所として名高い目黒川をのぞみ、交通の便もよい地に立つ目黒学院中学校では、女子生徒を迎え、すでに7年が過ぎました。共学校となり、新たに「『実力派紳士淑女の育成』を目指して」という教育理念を掲げていますが、これまでの目黒学院の教育目標に大きな変化はありません。「明朗・勤勉・礼節」を校是として、自主的・積極的に学ぶ心と、生徒一人ひとりの個性を育むことを引きつづき目標としています。

カリキュラムにおいては、幅広く教養を身につける姿勢を大切にしているため、高校2年までは文系、理系にコース分けすることはありません。高校2年までの5年間でさまざまな科目を学ぶことで、探究心を育み自らの進む道を見つけだしてもらいたいと考えているからです。

また、早くから志望校を決定していたり、よりレベルの高い学習内容に取り組みたいという生徒のためには「発展学習」や「受験対策講習」などの課外学習も行うことで、個々の生徒の要望に応えています。

独創性、主体性、国際性を養う

こうした教育システムと、特色ある学校行事によって、生徒の独創性、主体性、国際性を養い、個々の可能性を大きく開花させたいと目黒学院は考えています。

特色ある学校行事の一例としては、自然のなかで過ごすことで普段とはちがうことが学べる農林業体験、各クラスが一丸となって戦う体育祭、クラスやクラブ活動のグループなどで興味あるテーマを研究・発表する悟林祭（文化祭）、中3で行われるアメリカ・セミナーツアーなどがあげられます。とくにアメリカ・セミナーツアーでは、英語による理解力と表現力を高めながら、アメリカでの生活を体験することができます。

これまでと変わらない魅力にあふれた目黒学院中学校です。

SCHOOL DATA

- 東京都目黒区中目黒1-1-50
- 東急東横線・地下鉄日比谷線「中目黒」徒歩5分、JR線ほか「恵比寿」徒歩10分
- 男子28名、女子4名
- 03-3711-6556
- http://www.meguro.ac.jp/

目黒星美学園中学校

グローバル×言語力×ボランティア

砧公園に隣接し、世田谷美術館や大蔵運動公園にほど近い目黒星美学園中学校・高等学校は、緑豊かで文教的な環境にあります。この地でカトリックの女子教育を半世紀にわたりつづけてきた目黒星美学園は、1学年3クラス、約100名の少人数の環境を保ち、「子どもが愛を感じるまで愛しなさい」という創立者聖ヨハネ・ボスコのしめした理念の実践を確かなものにしています。

きめ細やかな学習指導とともにめざすのは、社会に貢献する心豊かな女性の育成です。とりわけ21世紀の今日においては、「グローバルな世界を 言語力を武器に ボランティアの精神で生きていく女性」を生徒の将来像として掲げています。2011年（平成23年）に新校舎が竣工し、2014年（平成26年）に東急田園都市線二子玉川駅よりスクールバスの運行がスタート。近年、防災教育への取り組みにも力をそそぎ、目黒星美学園の教育環境は、ますます充実しています。

2017年、英語関連行事が本格始動！

少人数の環境が、生徒の希望をかなえる進路指導を実現。1年生（中1）・2年生（中2）での数学・英語の授業は1クラス2分割（英語は能力別2分割）で授業を行い、基礎の定着をはかるとともに、「もっと学びたい」生徒にもしっかり対応します。1年生ではイングリッシュキャンプ（2泊3日）、2年生ではブリティッシュヒルズ（2泊3日）に全員が参加。3年生（中3）は夏休みにカナダで3週間のホームステイ、4年生（高1）、5年生（高2）ではオーストラリア姉妹校に交換留学、またはニュージーランドにターム留学を希望者に実施しています。発達段階に応じて自己の適性を見極め、未来像を描かせるプログラムも充実しています。「被災地ボランティア・フィリピンボランティア研修」などを実施し、命を尊ぶ価値観を身につけ、他者に奉仕する喜びを体験していきます。

SCHOOL DATA

- 東京都世田谷区大蔵2-8-1
- 小田急線「祖師ヶ谷大蔵」徒歩15分、小田急線「成城学園前」バス10分、東急田園都市線「二子玉川」スクールバス
- 女子のみ242名
- 03-3416-1150
- http://www.meguroseibi.ed.jp/

目黒日本大学中学校 〈2019年度より日出中学校から校名変更〉

東京 目黒区 共学校

日本大の付属校が50年ぶりに誕生

開校110余年、次代を担うすぐれた人材を輩出してきた目黒の日出学園が、2019年4月、日本大の付属校となり、さらに羽ばたきます。これまでの特色「オリジナリティ」と日本大の持つ「総合性」がリンク、教育システムやカリキュラムなどをバージョンアップさせる目黒日本大学中に注目が集まります。

進学指導の安定化と高い学力の醸成

中高一貫となる中学は第一にグローバル教育を掲げます。中学のうちでの英検2級取得を目標に、ネイティブ教員とのやりとりと、全員が持つタブレット端末によるオンライン会話でハイレベルな英語力を身につけます。

グローバル化といっても、日本の文化を理解していなければ海外でアイデンティティーは発揮できません。目黒日本大学中では「日本」をテーマにした授業、行事、課外活動など、さまざまな場面で日本の文化を知る体験を用意します。中3では、約1カ月間の海外語学研修を実施します。

学力の醸成には、タブレットや電子黒板を活用し、わかりやすく参加型のアクティブラーニングを展開。試験の電子化により成績や学習時間の管理を共有できる学習支援クラウド「classi」を導入した、生徒主体のICT教育へとふみだします。朝のHRでの小テストにより生徒一人ひとりの定着度をつねに確認。「GRIT（やりぬく）システム」と呼ばれるメソッドでの学習の習慣化も生徒たちの力となりそうです。このように日本大の付属校化によって大学入試改革を見据えた教育内容のリニューアルを実施し、2022年には文科省指定のSGH・SSHへのダブル申請を予定しています。高校に進学する際に、SGHとSSHのグループに分かれて、国際教育・理数教育を推し進め、国公立大や難関私立大・医歯薬系学部への進学をめざします。

日本大への進学は、全付属校共通の「日大到達度テスト」を経ての進学となります。

SCHOOL DATA

- 東京都目黒区目黒1-6-15
- JR線・東急目黒線・地下鉄南北線・都営三田線「目黒」徒歩5分
- 男子22名、女子74名
- 0120-686-077（入試相談室）
- https://www.hinode-s.ed.jp/information/

目白研心中学校

東京 新宿区 共学校

グローバル社会で活躍する人材を育てます

「自己肯定感を持ち、他者に積極的に関わり、円滑なコミュニケーションが取れる。十分な情報収集・分析により問題を発見し解決できる人」。そんなグローバル社会で活躍する人材を目白研心は育てます。

主体性のある人を育てる6年間

「自分の人生を自分で切り開ける人材を育てたい」との思いから2016年度（平成28年度）より、3段階の選択ステージを用意しました。中1・中2の国数英は習熟度別授業を実施、中3で「第一の選択」として、「特進コース」「Super English Course」「総合コース」を生徒自身が選択します。そして、高1でコースを確定する「第二の選択」を、高2で文理の選択を中心とした「第三の選択」を実施し、進路希望の実現をめざしていきます。

「特進コース」は難関大学進学をめざすコース、「総合コース」はG-MARCHなどへの進学をめざすコースです。

「Super English Course」は、多様な価値観を認めあいながら、海外の生徒と対等に議論する能力を育てていきます。そのためには、相手の話を瞬時に理解し、自分の意見を論理立てて英語で述べることや会議の進行を管理するファシリテーション力、リーダーシップも必要です。そのスキルを身につけるために、目白研心の歴史ある英語教育プログラム（ACEプログラム―Active Communication in English Program）をさらにパワーアップさせ、より高いレベルで教育を行っていきます。

3つのコース制に加え、3カ国10校から留学先を選べる豊富な留学プログラムや「学習支援センター」によるサポート体制も魅力です。「学習支援センター」では、学習を確実に理解させるためのプログラムや目的に応じた講座が用意されています。

このような充実した教育体制を整え、生徒が高い目標を掲げて、未来へ、世界へ、自らの意志で飛び立てるように導いていきます。

SCHOOL DATA

- 東京都新宿区中落合4-31-1
- 西武新宿線・都営大江戸線「中井」徒歩8分、都営大江戸線「落合南長崎」徒歩10分、地下鉄東西線「落合」徒歩12分
- 男子33名、女子91名
- 03-5996-3133
- http://mk.mejiro.ac.jp/

八雲学園中学校

Perfect Harmony of Tradition&Innovation

東京 目黒区 共学校

特色あるグローバル教育

　グローバル教育に力を入れ、中1で9時間、中2・中3で週10時間の英語授業を確保。授業は、中1から習熟度別で行い、英会話は外国人と日本人のペアで指導します。こうした授業と併せて、英語劇や英語祭、スピーチコンテストなどの英語行事を行い、コミュニケーションツールとしての英語力を伸ばし、より高い目標に向けて英語習得への意欲を高めます。また週に1時間、英検対策指導を実施。英検2級以上はTOEFL主体の対策へ移行し、CEFRのC1レベルをめざします。2017年、世界50カ国の私学180校所属のラウンドスクエアに加盟。加盟校との交流などの体験を重ねることで次世代のグローバルリーダーを育てます。

学習面と生活面の両面から支える

　進路指導では、一人ひとりがタブレットを持ち、授業だけでなく進学合宿や放課後補習など、徹底したサポートを行います。また、6年間を「基礎学力の蓄積」・「海外研修・留学プログラム体験」・「受験体制の確立」とそれぞれ3ステージに分け、海外大学・国公立大学への進学をめざします。

　そのほかの特色として「チューター（学習アドバイザー）」を採用しており、担任とは別に相談相手が生徒一人ひとりにつきます。3年間にわたり、学習面と生活面の両方でアドバイスを受けることができ、生徒が抱える不安や悩みを解決する体制が整います。

　特色ある教育体制のもと、安心して各自の個性や能力を伸ばし、より高い目標に向かって意欲的に学園生活を送ることができます。

　1938年の創立以来培ってきた「伝統」と2018年から始まる未来への「革新」。このふたつの調和が学園にさらなる進化をもたらします。共学を機に新たなステージを迎えた八雲学園の熱気あふれる教育にご期待ください。

SCHOOL DATA
- 東京都目黒区八雲2-14-1
- 東急東横線「都立大学」徒歩7分
- 男子36名、女子266名
- 03-3717-1196
- http://www.yakumo.ac.jp/

安田学園中学校

ハイレベルな英語に充実の探究学習

東京 墨田区 共学校

　安田学園は、「自学創造～21世紀のグローバル社会に貢献できる人材を育成する～」を教育目標に掲げています。とくに英語教育については長年にわたり積みあげてきたノウハウを、2013年（平成25年）にスタートした「先進コース」「総合コース」の2コース制の教育のなかでもいかし、成果をあげています。英検については、昨年度の中3の英検準2級以上取得率が、先進コースおよび総合コース（特英）で100％、特英を除く総合コースでも98％と高水準を誇っています。

　安田学園では、中1から両コースで週7時間、4技能のバランスがとれた授業を設定しています。

　また、先進コースは全員が中3でカナダ語学研修、および高2で英国探究研修があるため、英語学習のモチベーションが高く、同じく特英コースは中3で全員参加のニュージーランド語学研修、および高1に同じくニュージーランドでのターム留学の機会があります。今年度からはフィリピンとのオンライン英会話を高1に導入するなど、ますます英語教育が充実したものとなっています。

論理的思考力を育成する「探究学習」

　もうひとつ、安田学園が力を入れているのが探究学習です。「疑問、仮説、検証」のサイクルを繰り返すことで、論理的思考力をきたえます。中1の上野動物園での動物の観察からスタートし、夏には東京海洋大の館山ステーションで大学生からレクチャーを受けながら磯の生物を採集・観察します。中2では新潟県十日町で耕作放棄地の調査・再生を実施、中3では新聞社を訪問し、情報収集法や発信技法を学ぶなど、翌年に取り組む論文の下準備をします。

　教科と探究学習により、根拠をもって論理的に追及して考える、本質的な学びとなり、地球規模の問題を解決できるグローバルリーダーの資質となります。

SCHOOL DATA
- 東京都墨田区横網2-2-25
- 都営大江戸線「両国」徒歩3分、JR線「両国」徒歩6分、都営浅草線「蔵前」徒歩10分
- 男子305名、女子197名
- 03-3624-2666
- http://www.yasuda.ed.jp/

山脇学園中学校

東京 港区 女子校

清新な志を持ち、社会で活躍する女性の育成

　115年の女子教育の伝統を受け継ぎつつ、「社会で生き生きと活躍する女性のリーダーの育成」をめざして改革を進めてきた山脇学園。2015年（平成27年）には中学校新校舎を含むすべての校舎リニューアルを終え、新たな施設での教育プログラムの導入を推進しました。また、ゆとりある教室エリアやカフェテリアの新設などにより、スクールライフがより豊かになりました。

志を育てる、多様な教育プログラム

　山脇学園では「志」を育てることが生徒の人生設計への根幹になると考え、体系的なプログラムを実施しています。中1・中2では自己知・社会知、中3・高1では進路設計、高2ではテーマを掘り下げた課題研究という段階的な内容となっており、生徒たちは一つひとつの取り組みで真剣に考えることで、意志を持って学習に励み、進路を決定します。

　独自の施設「イングリッシュアイランド」「サイエンスアイランド」は、国際社会で活躍する志や、科学をとおして社会に貢献する志を育てる施設として新設され、国内外の大学と提携した高度かつ実践的なプログラムを展開しています。また、「イギリス語学研修（中3）」「オーストラリア語学研修（高1）」「オーストラリアターム留学（高1・高2）」などの語学研修のほか、新たにスタートする「グローバルリーダーシップを育てる修学旅行（高2）」、「アメリカ名門女子大より学生を招いてのエンカレッジメントプログラム（中3・高1・高2）」などをとおして、英語を活用して課題を解決する能力や、多様な視点から自分の未来を切り拓く志を育成します。

　生徒たちは多様な個性を、学びのなかで伸びやかに発揮し、何事にも好奇心旺盛に取り組んでいます。21世紀の社会に求められる創造的な学力を、豊かな教育環境でいきいきと学びながら、身につけていくことができる学校です。

SCHOOL DATA

- ◆東京都港区赤坂4-10-36
- ◆地下鉄銀座線・丸ノ内線「赤坂見附」徒歩5分、地下鉄千代田線「赤坂」・地下鉄銀座線・半蔵門線・都営大江戸線「青山一丁目」徒歩7分ほか
- ◆女子のみ883名
- ◆03-3585-3911
- ◆http://www.yamawaki.ed.jp/

立教池袋中学校

東京 豊島区 男子校

「生き方にテーマのある人間」を育成

　立教池袋中学校・高等学校では、キリスト教による人間観に立ち、①「テーマを持って真理を探究する力」を育てる　②「共に生きる力」を育てる　というふたつの教育目標を掲げて「神と人を愛する、生き方にテーマのある主体的な人間」を育むことをめざしています。

　この教育目標のもと、学校生活の基本に祈りを据え、礼拝・聖書を大切にし、そのうえで、学習のあり方や友人関係、教師と生徒との心のふれあい、節度と秩序、マナーなど、日々の教育活動のすみずみにまでその精神が浸透しています。

　中学生と高校生が同じ校舎で学び、電子黒板やタブレットを設置し、ICT環境を充実させています。体育施設も充実しており、総合体育館には50mの屋内温水プール、開放感のあるアリーナ、トレーニングルームなどが設置されています。

　また、グラウンドは全面人工芝で、テニスコートも二面完備し、生徒一人ひとりはその個性に応じて、学習に、スポーツに、集中して取り組むことができる環境が用意されています。

特徴ある授業と一貫連携教育

　中高6学年をとおして英語の正課授業は20人以下の学級で、帰国生を中心にした英語Sクラスは生徒10人以下の編成です。

　また、中学各学年に配した選修教科「選科」、高校生の選択講座などは、40講座以上が開講されています。

　立教大との一貫連携教育も魅力のひとつです。高1で行われる大学教授特別講座などの「立教学院一貫連携教育」は、各人の学力を高めるとともに、進路や人生そのものを考えさせるという効果があります。また、大学講座特別聴講生制度もあり、高3では、立教大の講義を受講し高校や大学の履修単位にすることも可能です。

SCHOOL DATA

- ◆東京都豊島区西池袋5-16-5
- ◆地下鉄有楽町線・副都心線「要町」徒歩5分、JR線ほか「池袋」・西武池袋線「椎名町」徒歩10分
- ◆男子のみ434名
- ◆03-3985-2707
- ◆http://ikebukuro.rikkyo.ac.jp/

立教女学院中学校

東京 杉並区 / 女子校

「知的で、品格のある、凛とした女性」に

　立教女学院の創立は、1877年(明治10年)。プロテスタントの宣教師・ウイリアムズ(Channing Moore Williams)によって設立されました。創立以来、キリスト教信仰を基盤に、「精神的、倫理的なものに価値をおき、他者に奉仕できる人間を育てる」こと、「グローバルな視野を持った知的に有能な人間に育てる」こと、「自由で自立した女性としての行動力ある調和の取れた人間を育てる」ことを目標とした教育が実践されてきました。そのめざす具体的な女性像は、「知的で、品格のある、凛とした女性」です。

　立教女学院の1日は礼拝で始まります。礼拝では、授業前の20分間、自分の心を見つめます。人に仕える精神、平和への意志はここで生まれているのです。また、年間をつうじてさまざまなボランティア活動への参加を奨励しているのも、立教女学院の特徴です。

　具体的な授業においては、国語、数学、英語、理科は中学3年で高校の先取り授業を行っています。中学・高校とも、英語は習熟度別クラス編成を行い、ホームルーム・クラスよりも少人数での授業を展開。国際社会において英語で意見を表明できる「発信型英語能力」の育成をめざしています。

特色ある「ARE学習」

　独自の学習に「ARE学習」があります。自らテーマを求め(Ask)、調べ(Research)、言語化して発表する(Express)学習で、一般的な総合学習にあたります。中学では、学力を養い広く社会に貢献できる人間になることをめざし、高校では、この「ARE学習」をとおして卒業論文を作成します。

　また、立教女学院では、創立者を同じくする立教大への推薦制度があります。他大学を受験する生徒へのサポート体制も整っており、高2・高3では理系コース、文Ⅰコース、文Ⅱコースに分かれるコース制を導入しています。

SCHOOL DATA
◆ 東京都杉並区久我山4-29-60
◆ 京王井の頭線「三鷹台」徒歩1分
◆ 女子のみ592名
◆ 03-3334-5103
◆ http://hs.rikkyojogakuin.ac.jp/

立正大学付属立正中学校

東京 大田区 / 共学校

自分の力を発揮する人を育てる。

　中学・高校の6年間は、自立をめざし、自分で考え、進んで学び、自分で道を選ぶ力を身につけるための時間です。

　立正がめざす自立は、社会やチームのなかで、自分の力を最大限に発揮することです。ときには道を切り拓くリーダーとして、ときには仲間を支えるスタッフとして、理想や目標を実現するために力を尽くせる人が、自立した人だと立正は考えます。そのためには、自分を知ることが欠かせません。仲間の個性を認め、自分と異なる意見を受け入れ、自分の主張をしっかり伝えることも大切です。周囲から認めてもらえるように基本的な学力や人間力も求められます。授業やクラブ活動、行事などの学校生活全体をつうじて、仲間とともに、社会のために「自分の力を発揮する」生徒を育てる。それが、立正の学びです。

R-プログラムの実践と学習効果

　毎日の授業だけでなく、将来にわたって必要な力、Research(調べる力)、Read(読み取る力)、Report(伝える力)を蓄えるのが「R-プログラム」です。

　毎朝のホームルーム(HR)で新聞や雑誌のコラムを読み、200字で意見や感想をまとめる。翌朝のHRでクラスの数名ずつが自分の意見を発表する。このルーティーンをつづけています。最初は書けなかった文章がかたちになり、人前に立つのが苦手だった生徒も徐々に慣れ、スピーチができるようになります。いままで自信を持てなかった生徒たちが、自らの成長を体感し、授業にも好影響がでています。毎日読む記事やコラムをつうじ、「単純に知識が増えた」と実感した生徒が、「授業にしっかり取り組めば、もっといろいろなことがわかってくる」ことに気がつき、「読解問題の文章は、確実に速く読めるようになりました」という声を聞きます。立正は、R-プログラムと授業の相乗効果で「自分の力を発揮できる能力」を育てていきます。

SCHOOL DATA
◆ 東京都大田区西馬込1-5-1
◆ 都営浅草線「西馬込」徒歩5分
◆ 男子178名、女子74名
◆ 03-6303-7683
◆ http://www.rissho-hs.ac.jp/

早稲田中学校

東京 新宿区　男子校

「誠」を基本とする人格を養成

早稲田大、早稲田キャンパスのすぐそばに校舎をかまえる早稲田中学校・高等学校は、早稲田大のおひざもとにある早稲田大系属校のひとつです。創立は1895年（明治28年）と長い伝統を誇ります。早稲田大への進学ばかりではなく、他大学進学者も5割程度と、進学校としての趣が強い学校です。男子だけの中高一貫教育を行い、高校からの募集はありません。

教育目標として、「常に誠を基本とする人格の養成に努め、個性を伸張して、国家社会に貢献し得る、健康で民主的な人材を育成すること」を掲げています。

「誠」とは、人間の基本となるべき心の持ち方であり、言行の一致に基づく誠意・真剣さなどとして発現されます。この精神は坪内逍遙により校訓として掲げられ、早稲田中高の人間教育の基本精神となっています。

「個性」の立つべき根幹を早稲田中高では独立・自主・剛健においています。これは、大隈重信の人格の主要な一面でもありました。早稲田中高では、こうした個性の発揚・伸長をうながすことに努めています。

推薦入学制度で早稲田大へ

早稲田中高は早稲田大の系属校として、その歴史を刻んできました。

1981年度（昭和56年度）高校卒業生からは早稲田大への推薦入学制度も発足し、学校所定の推薦基準により早稲田大への進学の志のある生徒を各学部に推薦しています。

早稲田中高では、生徒自身が進学したい大学・学部を決めるため、推薦枠をいっぱいに使わない厳しい選抜を行っていることが大きな特徴です。

このような方針のもと、日々の授業は密度が濃く高レベルになっています。その基礎力があって、さらに実力もアップし、早稲田大のほかにも、国公立大学、難関私立大学などへの進学が可能です。

SCHOOL DATA

- 東京都新宿区馬場下町62
- 地下鉄東西線「早稲田」徒歩1分、都電荒川線「早稲田」徒歩10分、地下鉄副都心線「西早稲田」徒歩15分
- 男子のみ963名
- 03-3202-7674
- https://www.waseda-h.ed.jp/

早稲田実業学校中等部

東京 国分寺市　共学校

2期制で充実したカリキュラム

早稲田実業学校は早稲田大の系属校であり、2017年度の高等部卒業生417名のうち、他大学医学部進学者など10名をのぞく407名が早稲田大に推薦入学しています。

その教育課程は、中等部・高等部ともに2期・週6日制です。カリキュラムは、中学校として要請されている課程をふまえながら、バランス感覚を備えた人物を育成するため、基礎学力をしっかりと身につけられる内容となっています。また、生徒の旺盛な知的好奇心に応えるため、工夫を凝らした授業を行っています。PC教室、CALL教室、各種実験室、芸術教室などの設備も充実していますし、外国人講師による指導なども取り入れています。さらに、高等部2～3年次には、早稲田大の講義も受講可能です。

各クラスはチームワークがよく、教室はいつも伸びやかな雰囲気で、活気にあふれています。中等部から高等部へは、一定の成績基準を満たせば進学でき、高等部からの入学生との混合クラスになります。

希望と自由に満ちた充実した早実ライフ

勉強にいそしみ、スポーツに打ちこみ、芸術に情熱を燃やす、みずみずしい感性を磨く中学時代。受験勉強に明け暮れることなく多感な10代をいきいきと過ごすことは、のちの人生を生きていくうえで、とても大切です。

一人ひとりが元気にスポーツを楽しむ体育祭と、機知に富んだ個性を発表する文化祭は、まさに文武両道を謳う伝統の校風そのもの。

さらに、貴重な学習をする総合学習・校外教室など、生徒の自主性と個性を尊重する早稲田実業ならではの多彩な学校行事をつうじて、友情やきずなが育まれていきます。

男女の仲がよく、互いに助けあいながら学校生活を送るなかで成長していく生徒たち。その明るくはじける笑顔が早稲田実業学校の学校文化を端的に表しているといっていいでしょう。

SCHOOL DATA

- 東京都国分寺市本町1-2-1
- JR線・西武線「国分寺」徒歩7分
- 男子468名、女子252名
- 042-300-2121
- http://www.wasedajg.ed.jp/

早稲田大学高等学院中学部

東京 練馬区 / 男子校

「学びの自由」が、次代を生き抜く力と探究力を育む

早稲田大学の中核となる人材を育成

早稲田大学は創立以来、「学問の独立」「進取の精神」といった建学理念のもと、時流に流されることなく、信念を持って次代を切り拓いていける人材の育成をめざしています。

早稲田大学高等学院は、1920年（大正9年）、この理念に基づき大学附属の旧制高校として発足しました。中学部は、その長い歴史と伝統を継承し、2010年（平成22年）に併設された早稲田大学で唯一の附属中学校です。

中学部生は、受験から解放された自由でアカデミックな校風のもと、早稲田大学建学理念に基づく10年間の一貫教育により、将来早稲田大学の中核となるべく成長することを期待されています。

各学年は120名（1クラス30名）という少人数で編成。生徒一人ひとりの個性を伸ばすことをめざし、自学自習の習慣を身につけながら、いまなにをすべきかを自分で考え、主体的に行動できる生徒へと育てることを目標としています。

つねに探究心を持つ生徒を望む

早稲田大学高等学院は「入学すれば早稲田大学に進学できるから安心だ」という学校ではありません。自分自身や社会・科学等について、深く広く考えることを求められます。

そのため、学問に対する探究心や好奇心を喚起する授業が展開されているほか、生徒の自主的な活動もさかんに行われています。

たとえば、「環境プロジェクト」「模擬裁判プロジェクト」といった、生徒が主体的に環境問題や法律・司法について考え、取り組んでいく活動もあります。

クラブ活動や行事もさかんで、高校では軟式野球部、アメリカンフットボール部、雄弁部、理科部などの活躍が光っています。中学部は奈良（1年生）、長野（2年生）、長崎・佐賀（3年生）の宿泊研修があります。

SCHOOL DATA
- 東京都練馬区上石神井3-31-1
- 西武新宿線「上石神井」徒歩7分、西武池袋線「大泉学園」・「石神井公園」・JR線「西荻窪」バス
- 男子のみ368名
- 03-5991-4151
- https://www.waseda.jp/school/jhs/

和洋九段女子中学校

東京 千代田区 / 女子校

「この先100年の教育」がスタート

PBL型授業の徹底

創立120年の歴史を誇る和洋九段女子中学校では、21世紀の読み書きそろばんとして、「考える力」「英語」「ICT」「サイエンスリテラシー」「コミュニケーション力」に重点をおきながら、課題解決型の相互通行型授業（PBL型授業）を実践しています。

トリガークエスチョン→ワンマンブレインストーミング→グループブレインストーミング→解の選択→プレゼンテーション→検証を繰り返しながら、グローバル社会での多様な価値観を統合し、ものごとを論理的に思考する力と、他者への敬意を忘れない表現力を身につけていきます。

グローバルマインドを育成するためのホームステイや短期留学制度は、シドニーの姉妹校提携のもと20年以上の歴史があります。これに加え、マルタ島語学研修やニューヨークでの記者体験プログラムなどにも参加可能です。

グローバルクラス

2017年度（平成29年度）より、本科クラスに加えグローバルクラスが設置されました。このクラスは、英語の授業がオールイングリッシュで実施されるほか、朝礼やホームルームなどの学校生活が英語で運営され、インターナショナルスクールに近い学校生活を送ることができます。

将来的には海外大学への進学も視野に入れており、帰国生も在籍する活発なクラスになっています。ただし、英語の授業はアドバンストとインターメディイトのレベル別になっており、英語ゼロベースの生徒も入学可能です。オールイングリッシュの授業が聞き取れるようになった時点で、アドバンストの授業に移行することができます。放課後の英会話サロンなどと合わせて、英語を話す場面を増やしています。

SCHOOL DATA
- 東京都千代田区九段北1-12-12
- 地下鉄東西線・半蔵門線・都営新宿線「九段下」徒歩3分、JR線・地下鉄有楽町線・南北線・都営大江戸線「飯田橋」徒歩8分
- 女子のみ269名
- 03-3262-4161
- http://www.wayokudan.ed.jp/

マーガレット祭での聖歌隊

立教女学院 中学校・高等学校

ST. MARGARET'S JUNIOR & SENIOR HIGH SCHOOL

⚜ ミニ学校説明会
5／16（水）	10:00～11:30
5／23（水）	10:00～11:30
6／16（土）	14:00～15:30
7／4（水）	10:00～11:30

立教女学院はどのような学校でしょう？ 分かりやすく学校を紹介します。
※4回とも内容は同じです。

⚜ 学校体験日　St.Margaret's Learning Day　6／30（土）9:00～12:40

① 礼拝体験（5・6年生対象／定員制）　9:00～9:20
② 授業体験（5・6年生対象／定員制）　9:40～10:30
③ 部活動見学および個別相談会（全学年）　10:40～12:40

⚜ 生徒会による学校説明会　7／14（土）13:00～14:30
（定員制）

高校生徒会が企画！生徒会長からのメッセージ、学校生活＆部活紹介、
中1からの4科目受験アドバイス、生徒による校内案内など。

⚜ 帰国生対象学校説明会　7／27（金）10:00～

⚜ 学校説明会
（5・6年生の一般生・帰国生対象）
| 9／22（土） | 13:00～ |
| 11／10（土） | 13:00～ |

教育理念、4科目の傾向と対策、進路指導等について説明します。
保護者および教員による個別相談、教員による校内案内あり（希望者）。
※2回とも内容は同じです。

⚜ マーガレット祭（文化祭）
| 10／27（土） | 10:00～ |
| 10／28（日） | 10:00～ |

エネルギーあふれる生徒の自治活動のようすをご覧ください。

⚜ クリスマス礼拝　12／15（土）10:30～11:30
（5・6年生対象／定員制）

キリストの誕生を祝い、世界の平和のために祈るひとときです。

⚜ 高3卒業論文発表会　2019年 3／16（土）14:00～15:30

高3生による卒論プレゼンテーションと学校紹介、卒業生からのメッセージも。

※すべて立教女学院中学校・高等学校ホームページ（http://hs.rikkyojogakuin.ac.jp/）からの予約制（一ヶ月前から）です。行事詳細と申込時期等については、2018年4月に中高ホームページに掲載いたします。

すべてホームページからご予約ください。→ http://hs.rikkyojogakuin.ac.jp/

立教女学院中学校・高等学校　〒168-8616 東京都杉並区久我山4丁目29-60　TEL：03-3334-5103

刷新
Wonder Innovation Hachioji 2019

八王子実践中学校は大きく変わります

● 学校説明会（WEB予約）
7月 7日（土）14:00〜
10月10日（水）11:00〜
10月20日（土）14:00〜
11月10日（土）14:00〜

● 明鏡祭（文化祭）
9月15日（土）9:00〜

● 授業体験（WEB予約）
8月25日（土）10:00〜

● オープンスクール（WEB予約）
7月28日（土）29日（日）9:00〜

● 入試問題解説（WEB予約）
12月22日（土）14:00〜
1月12日（土）14:00〜

〜「学び合い」すべての生徒がレギュラーです。〜
＜自重・自愛・自制・自立＞建学の精神「実践」に基づき
豊かな個性を育み、他者への思いやりを持って
社会で活躍する有用な人材教育を目標としています。
八王子実践中学校は、「2020大学入試改革」に対応した
＜思考力・判断力・表現力＞＜主体性・多様性・協働性＞
を育む教育に取り組みます。

八王子実践中学校・高等学校

〒193-0931 東京都八王子市台町 1-6-15　TEL 042-622-0654　FAX 042-627-1101

JR八王子駅 南口より 徒歩15分

http://www.hachioji-jissen.ac.jp

国立・私立中学校プロフィール

神奈川

あ……132	さ……139	な……148	ま……151
か……133	た……145	は……150	や……153

学びの心で世界を変える。

- 教科エリア＋ホームベース型校舎＝完全移動式
- 鶴見大学歯学部への推薦入学が可能

■入試説明会
 9/ 8(土) 10/13(土) 11/10(土)
  すべて10:00～　授業見学あり
 11/24(土)10:00～　入試問題の傾向と対策
 11/30(金)19:00～　鶴見大学会館にて(要予約)
 1/12(土)10:00～　入試直前説明会

■ミニ説明会
 9/20(木)　9/26(水)　10/ 9(火)　11/18(日)
 12/ 3(月)　1/26(土)　すべて10:00～

■入試模擬体験【要予約】
 12/ 8(土)　9:00～

■体験イベント【要予約】
 7/22(日)10:00～(夏休み体験イベント)
 7/23(月)10:00～(生命のしくみを探る)
 体育祭：9/29(土)　9:00～
 文化祭：11/ 3(土・祝)・4(日)　9:00～
 合唱祭：11/21(水) 13:00～

鶴見大学附属中学校

〒230-0063 神奈川県横浜市鶴見区鶴見2-2-1
●京浜急行花月園前駅より徒歩10分　●JR鶴見駅より徒歩15分
045(581)6325(代) http://www.tsurumi-fuzoku.ed.jp/

青山学院横浜英和中学校

神奈川 横浜市　共学校

20年にわたる手作りの姉妹校交流

青山学院横浜英和は、1880年（明治13年）、アメリカの婦人宣教師、ミスH.G.ブリテンにより横浜山手の地に創立されて以来、キリスト教主義学校として、隣人に奉仕できる心の育成に努めるとともに、生徒一人ひとりの個性と能力をいかす教育を行ってきました。そして、2016年度（平成28年度）からは青山学院大の系属校に、2018年度（平成30年度）からは男女共学となり、新たに生まれ変わりました。

重視されている英語・国際教育

授業は完全週5日制・2学期制で、大学進学はもとより進学後の勉学にも対応できる教育課程と授業内容を組んでいるのが特徴です。

とくに、英会話と基礎段階である中1前半の英語は少人数で行われ、中1後半からは習熟度別、少人数クラス編成となっています。高校では、80以上の選択科目のなかから自分の進路に必要なものが自由に選べ、さらに、月曜・木曜放課後補講、土曜セミナーや夏期補講、高3受験講座など、さまざまな学力面でのフォロー体制が整っています。

青山学院横浜英和は、オーストラリアに2校、韓国に1校、アメリカに1校、計4校の姉妹校を海外に持っています。

短期留学やホームステイ、海外研修旅行、受け入れプログラムなど、多様で活発な交流が行われています。2016年夏より、ニュージーランドでのターム留学も可能となりました。

また男女共学化にともない、男子が留学できる学校としてニュージーランドの1校と提携をしました。このような機会をとおしてグローバルな視野を養い、世界の人びととともに生きることを学んでいます。

また、中高6年間のコミュニケーションスキルプログラム、キャリアサポートプログラムがあり、他者と社会との関係のなかで、自己実現を考える力を育成しています。

SCHOOL DATA
- 神奈川県横浜市南区蒔田町124
- 横浜市営地下鉄ブルーライン「蒔田」徒歩8分、京浜急行線「井土ヶ谷」徒歩18分
- 男子44名、女子546名
- 045-731-2862
- http://www.yokohama-eiwa.ac.jp/

浅野中学校

神奈川 横浜市　男子校

「各駅停車」で育む自主独立の精神

1920年（大正9年）、実業家・浅野總一郎翁によって創立された浅野中学校・高等学校。大学進学実績のよさに加え、伝統である「自主独立の精神」を重視する明るい校風は、多くの保護者からの熱い支持を受け、今日にいたります。

青春の真っただなかに位置する中学・高校時代。浅野は、たくさんの経験・であい・ふれあいを大切にし、ゆっくり伸びのびと歩みながら6年間を大切に使って成長してほしいと願う、いわば「大学受験行きの特急」ではなく、「各駅停車」の学校です。

希望大学への進学を実現するカリキュラム

授業は6カ年を見通してカリキュラムを構成し、大学受験と関連した内容ならびに時間配分になっています。

中1・中2で中学の学習内容を履修しながら、基礎力を身につけます。国語、数学、英語、理科などの教科では中3で高校レベルの内容も学習します。これは、高2からの希望進路に応じた授業体系に移行するためで、オリジナルテキストの導入や中身の濃い授業により、進度をあげることを実現しています。

高2からは志望を基本にクラスが分かれます。長年のノウハウと実績に裏付けされた授業展開で、生徒の学力向上において大きな成果をあげています。

忘れてはならないのは、浅野ではなによりも日常の授業を第一に考えていることです。日ごろから予習・復習の学習習慣を身につける指導が行われています。

徹底した学習指導がある一方、「学校は人間形成の場である」という基本をふまえ、日常のあいさつから人との接し方、ルールを守るといったことができて、初めて勉強に言及すべきだとも考えています。

中高一貫独自の指導体制と、当たり前のことを大切にする教育のなかで、浅野生は明るく自由な学園生活を送っています。

SCHOOL DATA
- 神奈川県横浜市神奈川区子安台1-3-1
- JR線・京浜急行線「新子安」徒歩8分
- 男子のみ816名
- 045-421-3281
- http://www.asano.ed.jp/

栄光学園中学校

神奈川 鎌倉市 / 男子校

理想的な教育環境を実現

　JR大船駅から徒歩15分。緑多き小高い丘陵地に栄光学園のキャンパスは立地します。
　恵まれた教育環境のなか、栄光学園では、つぎの6つを教育理念として掲げています。「自分の力を喜んで人々のために生かすことのできる人間。真理を求め、たえず学び続ける人間。素直な心を持ち、人々に開かれた人間。確信したことを、勇気をもって実行する人間。己の小ささを知り、大いなる存在に対して畏敬の念をもつ人間。多くを与えられた者として、その使命を果たすことができる人間」。
　そして、この理念に基づき、社会に奉仕できるリーダーの育成にあたっています。大学への良好な進学実績はあくまで結果であり、他者に貢献できる人間教育こそが本来の学園の目的です。自分で考え、判断し、実行することができ、さらに謙虚な反省をとおして自己を向上させられる人間の育成をめざしています。
　その例をあげると、たとえば、毎週1時限「倫理」の授業があり、人間について幅広い理解力や判断力を養う場として、創立以来大事にされています。

自立をめざす学習指導

　じっくりと人間教育にあたる栄光学園の姿勢は、学習においてもつうじるものがあります。自ら学ぶ「自学自習の精神」を養うことに努め、また学習内容の消化・定着をはかるため、毎日最低2時間の家庭学習の習慣化を課しています。
　中高6年間は2年ごとに3つのブロックに分けられます。初級段階では基本の学習習慣と生活習慣を学び、中級段階でそれを発展させ、自発的・意欲的に学ぶよう指導します。そして6年間の最終段階では学んで体験してきたことを総合し、自らの可能性を追求する指導が行われます。
　各ブロックで生徒の発達段階を考慮し、効率的に生徒たちの能力を育成していきます。

SCHOOL DATA
◆神奈川県鎌倉市玉縄4-1-1
◆JR線・湘南モノレール「大船」徒歩15分
◆男子のみ553名
◆0467-46-7711
◆http://ekh.jp/

神奈川学園中学校

神奈川 横浜市 / 女子校

「わたしをすてきにする」学校

　神奈川学園中学校・高等学校の前身となる「横浜実科女学校」は、1914年（大正3年）、「女子に自ら判断する力を与えること」「女子に生活の力量を与えること」を建学の理念に開校されました。創立以来、宗教色のない学校として、「自覚」「心の平和」「勤勉」を校訓に、現代に生きる人間教育を進めてきました。
　神奈川学園では、2000年（平成12年）から、生徒の「学習力」と「人間力」を育てることを目標とした「21世紀教育プラン」を実施しています。21世紀に求められる人間像は、「自立」と他者との「共生」だと考え、「人と出会い、社会と出会う」生き方の探究をプランの骨格としています。その柱となっているのが、中3で実施するホームステイを中心とした海外研修と、高1で沖縄、四万十川、水俣、奈良・京都、東北の5方面から選ぶ国内FWです。これらの研修は、日本文化の本質を実感し、世界の広さを知ることで一人ひとりに大きな成長をもたらします。
　また、学習面では2008年（平成20年）からの完全中高一貫化にともない、6日制を採用し、無理のない先取り学習を実現し、高1までで必修科目をほぼ学び終えることが可能になりました。

一人ひとりを伸ばす

　授業内容も独自性豊かです。各教科で採用しているオリジナルテキスト、中学3年間での「理科100実験」、個別の「まとめノート指導」など、生徒の知的好奇心を刺激し、確かな学力を育てる仕組みにあふれています。また、中学では2人担任制を採用し、一人ひとりをていねいに見守る体制を確立しています。
　こうした取り組みの成果もあって、2018年（平成30年）3月卒業生は「難関」とされるG-MARCH以上の大学に、91名が合格しました。
　神奈川学園は、一人ひとりの夢の実現を強く確かにサポートしています。

SCHOOL DATA
◆神奈川県横浜市神奈川区沢渡18
◆JR線ほか「横浜」・東急東横線「反町」徒歩10分
◆女子のみ590名
◆045-311-2961
◆http://www.kanagawa-kgs.ac.jp/

神奈川大学附属中学校

神奈川 横浜市 / 共学校

建学の精神は「質実剛健・積極進取・中正堅実」

横浜市に17万㎡ものキャンパスを有する神奈川大学附属中・高等学校。ぜいたくなほどの豊かな緑ときれいな空気が学校を包みます。

建学の精神は「質実剛健・積極進取・中正堅実」です。「質実剛健」は飾り気なく真面目で心も身体も強いこと。「積極進取」はなにごとも進んで行うこと。そして、「中正堅実」は質実剛健・積極進取の精神を自覚したうえで、ものごとの本質を見極め、自ら主体的に行動することです。

この建学の精神のもと、神奈川大学附属では、生徒一人ひとりが自分のなかに潜む可能性を引き出し、伸ばし、たくましく生きる力を育んでいます。

学校としての基本姿勢は「進学校」ですが、そのなかであくまでも「個」を大切にし、自主独立の精神を尊重して、自分の足でしっかり立つことのできる人間の育成に努めています。

「生きる力」を養う6つの教育目標

こうした人材を育成するために掲げているのが、「生涯教育の立場」「男女共修の立場」「情報化社会への対応」「個別化・個性化の立場」「国際化への対応」「"生き方探し"の進路指導」の6つです。大学進学へ向けて受験科目の指導に重点を置きながらも、それだけに偏らない教育を行うことで、自主独立の精神を育む「生きる力」を生徒たちは身につけます。

進路指導は、6年間かけて生徒の「生き方探し」をすることと考えられています。職業観の育成から始まり、附属大学の授業体験を経て、就職まで考えた大学選択となります。特進クラス・習熟度別授業は行わず、すべての生徒が希望する大学に進学できるような指導が行われています。附属大学への推薦制度もありますが、建学の精神どおり、「積極進取」で一般受験にチャレンジし、6～7割の生徒がG-MARCH以上に進学しています。

SCHOOL DATA

- 神奈川県横浜市緑区台村町800
- JR線・横浜市営地下鉄グリーンライン「中山」徒歩15分、相模鉄道線「鶴ヶ峰」バス
- 男子355名、女子310名
- 045-934-6211
- http://www.fhs.kanagawa-u.ac.jp/

鎌倉学園中学校

神奈川 鎌倉市 / 男子校

校訓に掲げる「礼義廉恥」

古都鎌倉、建長寺の境内に隣接する鎌倉学園は、周囲を深い歴史と豊かな自然がおおいます。

中国の書物「管子」のなかにある「礼義廉恥」を校訓に、「知・徳・体」三位一体の教育が行われています。「礼義」とは、人として身に備えるべき社会の正しい道筋のこと、「廉恥」とは、心清くして悪を恥じ不正をしないということです。

豊かな宗教的環境から醸しだされる家庭的な友愛精神のなか、社会の進歩に適応できる能力・適性を育むための進路指導を重視しています。

適切な進路指導で高い進学実績

情操あふれる人間形成に努める鎌倉学園は、進学指導にも定評があります。中高一貫の徹底したカリキュラムにより、着実なステップアップがはかられています。

中学では、学ぶ習慣と意欲を身につけるとともに、基礎学力をしっかりと養います。そのため、日々の補習をはじめとして、学期末の特別講習や、土曜日に行われる「鎌学セミナー」などをとおして、徹底した基礎学力づくりが行われています。

そして、忘れてはならないのが、中高一貫教育のもとに行われる、国語・数学・英語の先取り授業です。一歩一歩完璧な理解を積み重ねながら展開されています。

真の「文武両道」をめざす鎌倉学園では、自由で伸びのびとした校風のなか、多くの生徒が自主的にクラブ活動に参加しているのも、特色といってよいでしょう。

また、建長寺の子弟教育のために創立された「宗学林」を前身とする鎌倉学園では、心身のバランスのとれた成長をめざすため、中1から高1まで座禅教室の時間が設けられています。そのほかにも多彩な行事を行うことで、バランスのとれた人格形成を心がけています。

SCHOOL DATA

- 神奈川県鎌倉市山ノ内110
- JR線「北鎌倉」徒歩13分
- 男子のみ524名
- 0467-22-0994
- http://www.kamagaku.ac.jp/

鎌倉女学院中学校

神奈川 鎌倉市 / 女子校

湘南地区女子中の草分け的存在

鎌倉女学院は「真摯沈着」、「尚絅」を校訓として特色ある女子教育を実践し、多くのすぐれた女性を世に送りだしてきました。現在は、心身ともに健康で国際性豊かな人間教育を目標として、国際社会で活躍できる知的で洗練された女性エリートの育成に努め、各々のめざす上級学校への進学に対応した、6年一貫教育を行っています。

そのなかで、中学校の3年間は、将来に向けて基礎学力をしっかり身につける大切な時期と考え、主要5教科（国数英社理）を重視する教育課程を編成し、日々のきめ細かい指導によって、無理なく着実に実力を養成していきます。

また、生涯にわたって楽しむことができる教養を身につけることを目的とし、茶道・華道・書道・バイオリン・フルートの5講座が学べる「特修」の設置など、生徒一人ひとりの能力を引きだす、いきとどいた教育をめざしています。

鎌倉から世界に発信する

学習面とともに重視されているのが、国際的な社会人となるためのさまざまな経験です。

たとえば、異文化を理解し、それと共生していくためには、自国の文化理解が不可欠です。古都鎌倉という学校環境をいかして歴史遺産に触れ、体験的に学ぶことによって、自国の歴史・文化の特色を理解していきます。

また、40年以上前から国際交流プログラムに取り組んでおり、現在は海外姉妹校交流プログラム（アメリカ）とカナダ英語研修（どちらも高校の希望者が対象）に加え、アジア研修を実施しています。

湘南地区の女子中学校の草分け的な存在としての伝統を持ちながらも、社会の国際化に対応する教育を柔軟に取り入れるなど、つねに進化をつづけているのが鎌倉女学院のよさだといえるでしょう。

SCHOOL DATA

- 神奈川県鎌倉市由比ガ浜2-10-4
- JR線・江ノ島電鉄線「鎌倉」徒歩7分
- 女子のみ502名
- 0467-25-2100
- http://www.kamajo.ac.jp/

鎌倉女子大学中等部

神奈川 鎌倉市 / 女子校

豊かな人間性と高い学力の育成をめざす

教育理念

鎌倉女子大学中等部では、建学の精神をもとに、自立して生きていく力を育むことを目標にしています。学習に対するスタンスは、「学校はわからないことを学ぶ場だ」という考えに則っています。多くの友人や先輩と学び、考えを分かちあい、成長への自信をつけることをめざしています。

学びの特徴

中等部には、国公立・難関私立大の進学をめざす特進コースがあり、『教育の3本柱』として特色ある教育活動を展開しています。3本柱は、「人間性・学力・語学力」という3つのキーワードからなります。「人間性」の部分は、著名な先生によるエンカウンター講座・コミュニケーション講座があり、授業や日常のコミュニケーションの充実をめざしています。「学力」の部分は、苦手科目にも全力で取り組む、主体的な学習態度を育むことを目標にしています。そのなかでも、「わからない」ことを恥ずかしがらずに友人や先生と共有し、成長への自信をつけるプログラムも用意されています。また、週プランノートをもとに担任と面談し、学校で家庭学習のスケジュール管理を行っています。「語学力」の部分は、『鎌倉FITS（フィッツ）』プログラムがあります。これは英語のみに集中して学習するイングリッシュ・キャンプ、中3でのカナダ・バンクーバーへの短期語学研修などが用意されています。6年間の集中講座で英語に触れる機会を増やし、英検準1級の取得もめざします。

学校行事は、入学直後に行う2泊3日の「新入生オリエンテーション」、理科の「目」をとおして一日を過ごす「理科の日」、学年別の芸術鑑賞教室など、各学年の発達段階に応じた行事が多く設置されています。高2の修学旅行は海外です。これらの取り組みをとおして、自立して生きていく力を育みます。

SCHOOL DATA

- 神奈川県鎌倉市岩瀬1420
- JR線「本郷台」徒歩15分、JR線・湘南モノレール「大船」徒歩23分またはバス10分
- 女子のみ98名
- 0467-44-2113
- http://www.kamakura-u-j.ed.jp/

カリタス女子中学校

神奈川 川崎市　女子校

生徒の自律をうながす校舎

カリタス女子中高の「カリタス」とは、ラテン語で「慈しみ・愛」を意味する言葉です。カナダの聖マルグリット・デュービルが創立した修道女会の名称に由来しています。「祈る」「学ぶ」「奉仕する」「交わる」の4つの心を持った人間像をめざし、思いやりの心と自律した学びの姿勢を育んでいます。

現在、カリタス学園は、幼稚園から高校までを擁し、中学・高校は6年間の一貫教育を展開しています。

国際的センスを磨くふたつの外国語

カリタスでは、創立当初から英語とフランス語の教育に取り組んできました。複言語教育によって異文化理解を深め、より幅広く国際的な視野を身につけることができます。電子黒板やCALL教室などICTを使った授業も取り入れられています。また、外国で自分の国や自分の考えをしっかり語るための教育、真の国際人を育てる教育も行われています。

新校舎をとおして新たな学習を提案

2006年(平成18年)に現在の校舎となってから、カリタスでは「教科センター方式」を採用しています。この方式は、すべての教科が教科ゾーンを持ち、生徒たちはつねに「教科教室」に出向いて授業を受けるというものです。この方式を採用することにより、生徒は教室で授業を待つのではなく、授業に必要な準備をして授業に向かう「自律した学習姿勢」を身につけるようになるのです。さらに、各教科ゾーンの「教科センター」には、授業の枠を越えて教科に関連する内容などが生徒の興味を引くかたちで展示され、生徒の知的好奇心を刺激しています。

そのほかにも、校舎は緑と光、空気をふんだんに取り入れており、学校全体がコミュニケーションの場となるように設計されています。カリタス女子中高は21世紀を見通した新たな教育活動を展開しています。

SCHOOL DATA

- 神奈川県川崎市多摩区中野島4-6-1
- JR線「中野島」徒歩10分、JR線・小田急線「登戸」徒歩20分またはバス
- 女子のみ575名
- 044-911-4656
- https://www.caritas.ed.jp/

関東学院中学校

神奈川 横浜市　共学校

創立100年へ向けて

6日制カリキュラム

創立99周年を迎えた関東学院では、土曜日の午前中にも通常授業を行う週6日制カリキュラムを実施しています。基礎力の定着に重きを置いており、成績中位の生徒たちがG-MARCHレベル以上の大学に合格できるような学力を身につけることを目標として指導を行っています。

中2から高1まで、成績上位者を1クラスにした「ベストクラス」を設置しているので、生徒たちはいまの自分に合ったペースで学習を進めることができます。高2以降は文系・理系それぞれに「難関大学受験クラス」がひとつずつ設けられます。高い目標を持った生徒たちが互いに切磋琢磨し、夢の実現に向けて努力を重ねます。

進路選択においては、併設の関東学院大への推薦制度を利用する生徒は全体の5%程度にとどまり、他大学への受験をする生徒がほとんどです。今年3月卒業生のG-MARCH合格者数は116名となりました。

個性を磨き、心を育てる研修行事

関東学院の校訓は「人になれ　奉仕せよ」です。聖書の教えに基づいた人格教育を行い、自分の頭で考え行動し、つねに隣人を愛する心を持った人物を育てています。毎年ある宿泊研修においては、「現場主義・地球的視点・人権と平和」というモットーで、教室を飛び越えた学びを求めていきます。たとえば高2で実施する研修旅行では、海外や国内のコースから希望するものを選び、平和について講和を聞いたり、グループでディスカッションをしたりします。また、希望制でオーストラリアやセブ島、台湾での語学研修や、ハワイ島での理科研修に参加することもできます。ふだんの生活から離れ、自分とは異なる人や環境にであうことで、新たな自分の可能性に気づくことができるのです。

SCHOOL DATA

- 神奈川県横浜市南区三春台4
- 京浜急行線「黄金町」徒歩5分、横浜市営地下鉄ブルーライン「阪東橋」徒歩8分
- 男子501名、女子258名
- 045-231-1001
- http://www.kantogakuin.ed.jp/

関東学院六浦中学校

神奈川 横浜市 共学校

10年後、20年後の社会を見据えた教育

　関東学院六浦は、キリスト教の精神を基本とし、「人になれ　奉仕せよ」を校訓として掲げています。自己の利益にとらわれず、他者のために努力できる人として社会に貢献することを願い、生徒が各自の持っている才能を信じ、成長して、校訓を実践する人となることをなによりも大切にしています。

生きた英語に触れる

　英語学習では、生きた英語に触れる機会を多くするために、7人の外国人教員が日々の英語の授業を担当しています。これからの英語力は、読む・書く・聞く・話すの4技能が求められ、グローバル社会で活躍するためには、この英語の4技能をツールとして獲得することが必要不可欠です。低学年から外国人教員による英語の授業を数多く実施し、10年後、20年後の社会を生徒たちが生きぬくための英語コミュニケーション能力を獲得していきます。とくに中1においては、週6時間の英語の授業のうち5時間を外国人教員と日本人教員によるチーム・ティーチングで行い、生きた英語に多く触れられる授業を展開します。

豊富な海外プログラム

　今後さらにグローバル化が進むであろうことを予測し、生徒たちが海外を舞台に学びを深めることができるようなプログラムを数多く展開しています。中1から参加できるフィリピンのセブ島での語学研修では、1日8時間のマンツーマンの英語授業を約1週間受けることにより、効率よく学習できます。ほかにもカナダ夏季研修、オーストラリア・マレーシアへのターム留学、海外での教育ボランティアを体験するカンボジアでのプログラムなどを行っています。2016年度からは、学校独自の学費政策で長期留学への負担を大幅に軽減した、ニュージーランド提携校への長期留学プログラムも始まっています。

SCHOOL DATA

◆神奈川県横浜市金沢区六浦東1-50-1
◆京浜急行線「金沢八景」徒歩15分
◆男子257名、女子163名
◆045-781-2525
◆http://www.kgm.ed.jp/

北鎌倉女子学園中学校

神奈川 鎌倉市 女子校

のびやかな自立する女性の育成

　北鎌倉の緑美しい高台に、北鎌倉女子学園はあります。額田豊医学博士によって、「心身共に健康で科学的な思考力を身につけた女性の育成」をめざして1940年（昭和15年）に開校されました。1990年（平成2年）、創立50年を迎えるにあたり、「高雅な品性の涵養」を教育目標に掲げ、さらに創立80年を前に「のびやかな自立する女性の育成」という新たな教育目標を加えました。

　グローバル化が進む21世紀をたくましく生きぬくためのさまざまな力を身につけさせたいと、いま改革を進めています。北鎌倉女子学園は新しい時代の息吹を取り入れ、躍動している学校です。これからの時代に大切な力として「コミュニケーション力」の育成があります。人の話をよく聞き、自分の考えを整理して相手にわかりやすく伝える力。この力を育てようと、授業や行事のなかで、ディスカッションやプレゼンテーションを行う機会を多くつくっています。また世界中から情報を集め、自分の考えを世界に向けて発信するために、英語力も必要です。北鎌倉女子学園の英語学習は、週7時間の授業はもちろんのこと、放課後のイングリッシュルームで4人の外国人の先生がたと楽しく会話をしたり、夏休みなど長期の休みに行われる特別プログラムに参加することで、読む書くだけではなく、聞く話す英語力も身につけることができます。さらに情報の収集発信のためのツールとしてICT機器の活用力を高めるために、ひとり1台iPadを学校から貸与しています。

中学校ではめずらしい音楽コース

　将来、音楽の世界で活躍することをを志す生徒のために、日本では数少ない音楽コースを中学に設置しています。中学では幅広く学び、音楽の基礎を固め、高校音楽科へ進学することでより専門的な知識や技術を身につけることをめざしています。毎年、ほぼ全員が音楽大学へ進学しています。

SCHOOL DATA

◆神奈川県鎌倉市山ノ内913
◆JR線「北鎌倉」徒歩7分
◆女子のみ93名
◆0467-22-6900
◆https://www.kitakama.ac.jp/

公文国際学園中等部

神奈川 横浜市 共学校

国際社会で活躍する人材を育てる未来志向の学校

　公文国際学園は、1993年（平成4年）に公文式学習の公文公によって設立されました。校名に「国際」を冠した背景には「学園から巣立つときには、グローバルな視点から国際的な諸問題にリーダーシップを発揮できる個性的な人間になってほしい」との願いがこめられています。学園には制服も校則もありません。あるのは、生徒の自由と責任を謳った生徒憲章だけ。自由とは、なんでもありという意味ではなく、自分に与えらえた自由を守るために、行動に対して責任を持つようにも求められています。また、自分の権利と同様に他者の権利を尊重する姿勢も求められています。

公文式と3ゾーン制

　学園の特徴的な取り組みに公文式学習があります。中1～中3は毎日ホームルーム前に20分間の朝学習を行っています。中2まではこの時間と週1回放課後に公文式の教材での学習を行います。全員必修で、国語・数学・英語教材からひとつ自分で選択します。希望者は他教科も学習することができ、中3からは希望制となります。自分のレベルに合わせて復習や先取り学習ができ、自学自習の姿勢も身につきます。

　3ゾーン制は中高6カ年を基礎・充実・発展期に分けて教育目標を設定。ゾーンごとに校舎と責任者を配し、発達段階に合わせた細やかな指導をしています。

　ほかにも生徒主体の体育祭、表現祭（文化祭）や体験型学習などの行事がたくさんあります。また中1での希望制「寮体験プログラム」や、中3で行う日本文化体験もあります。この企画は生徒が立案し、生徒間でコンペを行い、運営も行うものです。また、敷地内に男女寮も併設し、全国や海外からも個性ある生徒が集まっています。6年間の学園生活のすべてが自らの進路を切り拓く力を養い、世界へ羽ばたく力となっています。

SCHOOL DATA

- 神奈川県横浜市戸塚区小雀町777
- JR線「大船」スクールバス8分
- 男子246名、女子248名
- 045-853-8200
- http://kumon.ac.jp/

慶應義塾湘南藤沢中等部

神奈川 藤沢市 共学校

貫かれる「独立自尊」「実学」の精神

　1992年（平成4年）、慶應義塾湘南藤沢中等部・高等部は、藤沢市にある慶應義塾大と同じキャンパス内に男女共学・中高一貫6年制の学校として開校しました。創立以来、情操豊かで、想像力に富み、思いやりが深く、広い視野に立ってものごとを判断し、社会に貢献するために積極的に行動する人、知性・感性・体力にバランスのとれた教養人の育成をめざしてきました。

　慶應義塾の各小・中・高等学校は、創立者・福澤諭吉の「独立自尊」という共通する教育理念を持っていますが、各学校の教育方針はそれぞれ独立しています。

　慶應義塾湘南藤沢は、「社会の良識が本校の校則」という考えのもと、校則のない自由な雰囲気が特徴となっています。

異文化交流と情報教育

　各クラスは、2名の担任教員制をとっています。そのため、生徒は、状況に応じて異なる担任の先生にアプローチすることが可能です。生徒の多様な感性と、ふたりの担任の異なる個性が融合して独特の雰囲気がつくりだされています。

　「異文化交流」を教育の柱とする慶應義塾湘南藤沢では、帰国子女入試を経て入学してきた者が生徒の約25％という高い割合を占めていることも特徴です。ネイティブ・スピーカーの教員も多数おり、異文化の交流が自然なかたちで学校のなかに生まれています。

　また、ふだんよりパソコンを利用した授業が行われ、中等部では情報活用・解析・プレゼンテーション能力の育成、高等部ではコミュニケーション・データ解析能力の育成を主眼においた情報教育が行われています。

　こうして、これからの次代を担う生徒に最も必要だと思われる、外国語やコンピューターによるコミュニケーション能力、データ解析能力をしっかり身につけさせることがめざされています。

SCHOOL DATA

- 神奈川県藤沢市遠藤5466
- 小田急江ノ島線・相鉄いずみ野線・横浜市営地下鉄ブルーライン「湘南台」バス15分、JR線「辻堂」バス25分
- 男子258名、女子246名
- 0466-49-3585
- http://www.sfc-js.keio.ac.jp/

慶應義塾普通部

神奈川 横浜市 / 男子校

「独立自尊」の精神を胸に

慶應義塾は、1858年に福澤諭吉が江戸に開いた蘭学塾を起源としています。「普通部」の名称は1889年、慶應義塾が大学部を開設するに先立って、従来の課程を総称するものとして定められ、1898年に16年間の一貫教育の仕組みができてからは、中学校の課程をさす名称となりました。

慶應義塾普通部では、「独立自尊」の4字に集約される義塾建学の理念を体現する有為の人を育てるため、大学までの独自の一貫教育体制のもと、長い歴史のなかで育まれた伝統を受け継ぎながら、日々の「学ぶ場」が営まれています。普通部生は日常の学業や多くの行事をとおして、自ら学び自ら考えることを繰り返すことで、また多くの人とのであいから、普く通じるゆるぎない知性と豊かな感性を身につけていきます。

将来を見据え、深く学ぶ

入学後は「受験」はなく、ほぼ全員が慶應義塾の高校を経て、慶應義塾大へ進学します。そのためどの教科もかたよりなく学ぶとともに、基礎基本を重視しつつ、いたずらに詰め込み主義に陥らないよう、さまざまな授業形態で深い理解をめざしています。たとえば、国語では「作家の時間」と称して記述力・表現力を継続的に学ぶ授業があり、理科では2時間つづきの実験や観察が毎週あり、レポートを作成します。英語ではグループワークや多読の授業で実践的な学力をつけていきます。

1927年からつづく「労作展」、実社会で活躍する先輩がたから直接学ぶ「目路はるか教室」などの行事でも普通部生たちは多くのことを学んでいます。

1年生は24名×10クラスの少人数学級編成、2・3年生では40人×6クラスになります。卒業後は慶應義塾ニューヨーク学院も含めて4つの併設高校に普通部長の推薦で進学が可能です。ここで育った多くの卒業生が「社会の先導者」として活躍しています。

SCHOOL DATA

- 神奈川県横浜市港北区日吉本町1-45-1
- 東急東横線・目黒線・横浜市営地下鉄グリーンライン「日吉」徒歩5分
- 男子のみ707名
- 045-562-1181
- http://www.kf.keio.ac.jp/

相模女子大学中学部

神奈川 相模原市 / 女子校

「ワタシ」を育てる。「わたし」を見つける。

最寄りは、新宿や横浜からも35分ほどと、アクセスのよい小田急線相模大野駅。駅から「女子大通り」と名づけられた明るい通りを10分ほど歩くと、相模女子大学学園キャンパスに到着します。正門を一歩入ると桜並木と銀杏並木があり、アジサイ、キンモクセイ、スイセンなど、四季の花々が咲き誇る自然豊かなキャンパスが広がります。東京ドーム4つぶんの広大な敷地には、幼稚部から大学院までがそろい、この環境をいかした相模女子大ならではの活動が日々行われています。

命と向きあうさまざまな教育

中1では、「茶道」が必修となっており、ものごとや人に対して礼と真心を持って向きあう姿勢を学びます。

「マーガレットタイム」は、「命と向きあう」ことをテーマにした学びの時間です。調べ学習や体験学習、講演会や映画会、そしてディスカッションやプレゼンテーションなど、学びの形態は多様です。中3では助産師による「命の授業」を実施。命を育む可能性を秘めた女性としての未来を、より具体的に、より真剣に考える機会です。また、育児中のママと赤ちゃんを迎えるふれあい体験では、事前学習で妊婦体験や離乳食体験をして育児の大変さと責任、その喜びの大きさも含めて生徒たちは「母親の力」を実感。このほか、戦争と命について考える平和学習、人間と自然の関係を考える農業体験、医療の現場や臓器移植についての講演などを実施し、多角的に命について考える時間を設けています。

相模女子大・短期大学部を有する総合学園ですが、他大学を受験する生徒も全力でサポートしており、国公立大や早稲田大、慶應義塾大、上智大などの私立大への合格者も例年輩出しています。もちろん、相模女子大を希望する生徒には優先的な内部進学制度があり、興味・関心や適性に合わせて多様な選択肢のなかから進む道を選ぶことができます。

SCHOOL DATA

- 神奈川県相模原市南区文京2-1-1
- 小田急線「相模大野」徒歩10分
- 女子のみ233名
- 042-742-1442
- http://www.sagami-wu.ac.jp/chukou/

サレジオ学院中学校

神奈川 横浜市 / 男子校

キリスト教精神に基づく人間形成

　サレジオ学院は、1960年（昭和35年）にカトリック・サレジオ修道会により創立された目黒サレジオ中学校を前身とするカトリック・ミッションスクールです。創立以来、キリスト教精神に基づく豊かな人間形成をめざした教育が行われています。また、他人や動物、自然環境にいたるまで、すべてを大切なものとして受けとめる「存在の教育」にも力を入れています。

　中1では週に2時間「宗教の授業」があり、聖書を教材として、「人間らしく生きること」についてサレジオ会の神父や先生といっしょに考えます。また、世の中のさまざまなできごとからテーマを見つけ、人生の道しるべとなるような話を聞く「朝の話」を、朝のホームルームのなかで週3回放送により行っています。

　このようなキリスト教精神に基づいた人間教育に加え、生徒の夢をかなえるための進路指導もきめ細やかに行われています。

　高校での募集を行わないサレジオ学院の6カ年一貫教育では、高2まですべてが終えられる先取りのカリキュラムを組み、高3では大学受験のための演習を行います。毎日の授業に加え、勉強合宿や、春・夏・冬休みの講習なども実施します。6年間の積み重ねは、国公立大、難関私立大へのすばらしい進学実績となって表れています。

「家庭との協力」を重視

　サレジオ学院は、家庭と協力した教育を重視して、「父親聖書研究会」や「母親聖書研究会」をつくり、聖書に触れながら教育の問題について考える機会を持っています。さらに、教育懇談会や地区別懇談会などをとおして、家庭との相互理解を深め、積極的に協力しあい、生徒の教育にあたっています。

　家庭と学校に見守られ、「愛と信頼の教育」を受けることのできる場がサレジオ学院中学校です。

SCHOOL DATA
- 神奈川県横浜市都筑区南山田3-43-1
- 横浜市営地下鉄グリーンライン「北山田」徒歩5分
- 男子のみ554名
- 045-591-8222
- http://www.salesio-gakuin.ed.jp/

自修館中等教育学校

神奈川 伊勢原市 / 共学校

伸びのびと「生きる力」を身につける

　自修館中等教育学校の創立は1999年（平成11年）です。「自主・自律の精神に富み、自学・自修・実践できる『生きる力』を育成する」、「21世紀が求める人間性豊かでグローバルな人材を輩出する」ことを教育目標に、自修館では「探究」をはじめとする特色ある教育を展開しています。

「探究活動」「こころの教育」

　自修館のユニークな取り組みのひとつが「探究」活動です。生徒一人ひとりが自分でテーマを設定し、調査・研究を進めていきます。文献による基礎研究を重ねるほか、「フィールドワーク」と呼ばれる取材活動を行い、専門家へのインタビューや現地調査によっても見識を深めていきます。こうした活動をつうじて自分で課題を解決していく能力を養っていきます。

　特色ある取り組みのふたつ目は、「こころの教育」の「セルフサイエンス」です。EQ理論に基づき自分の行動パターンを振り返り、受け手の気持ちなどを考えていく授業です。前期課程では、命やモノを大切にすること・責任を持って自分の役割を果たすことの意義を学び、後期課程では、進路ガイダンスの時間として自分の将来について考えます。

理想とする学びのサイクル

　教育スケジュールは「2.3.4システム」を採用しています。

　2STAGE―6年間を大きく2期に分け、「自己の発見」と「自己の実現」というテーマを意識し、生徒はそれぞれのステージで自己の課題を認識します。

　3STEP―「こころと身体の発達」に合わせ、基礎・発展・実践の3段階の学習ステップを踏み、しっかりと力を身につけます。

　4STANCE―4学期制を導入し、各学期で休暇と学校行事を取り入れながら、一定のリズムでやりがいのある学びを実現します。

SCHOOL DATA
- 神奈川県伊勢原市見附島411
- 小田急線「愛甲石田」徒歩18分・スクールバス5分、JR線「平塚」スクールバス25分
- 男子224名、女子129名
- 0463-97-2100
- http://www.jishukan.ed.jp/

湘南学園中学校

神奈川 藤沢市 共学校

湘南学園ESDの推進　社会の進歩に貢献できる人材へ

江ノ島に近い鵠沼海岸駅から徒歩8分。閑静な住宅地を抜けると湘南学園中学校・高等学校が現れます。創立は1933年（昭和8年）。80周年の節目の年にあたる2013年（平成25年）にユネスコスクールに加盟。「グローバル社会の進歩に貢献する、明朗で実力ある人間を育てる」ことを教育目標にした、伸びやかで活気あふれる男女共学校です。中高6カ年をかけ高い学力を培うとともに、将来の積極的な人生につながる「人間力」を育みます。

こだわりの学習指導・進学指導

学力を伸ばす一貫教育の充実を追求し、発達段階に合わせた学習効果の高いカリキュラムを構成しています。中学段階では、基礎学力の習熟・定着と、学習習慣の形成を重視し、高3では大学に直結する演習を徹底して取り組みます。授業のみならず、中学では数学・英語は週1回の「放課後指名補習」、夏休みには全員対象にした「到達度別総復習」をはじめ、教員が自主的に開講する朝の「希望講習」など、6年間をとおして「トコトン生徒の学習につきあう」姿勢でサポートします。さらに、2018年（平成30年）春より新高1よりタブレット端末を活用した授業を展開。新入試対応にも力をそそいでいきます。

2019年春「グローバル教育」新展開！

ユネスコスクールでもある湘南学園は、27年以上の歴史を持つ「総合学習」を軸に、「ESD＝持続可能な開発のための教育」の推進をめざし、国内外でさまざまな体験や交流の機会を設けています。その軸のひとつであるグローバル教育が2019年春より中1から3年間『全員体験型プログラム』へとバージョンアップ！　希望制の海外セミナーや国内国際交流プログラムも合わせ、グローバルな学びや視野で学び深めることができます。豊富な体験や交流をつうじて教育目標を体現する生徒を育てるのが湘南学園の魅力です。

SCHOOL DATA

- 神奈川県藤沢市鵠沼松が岡4-1-32
- 小田急江ノ島線「鵠沼海岸」・江ノ島電鉄線「鵠沼」徒歩8分
- 男子340名、女子260名
- 0466-23-6611
- http://www.shogak.ac.jp/highschool/

湘南白百合学園中学校

神奈川 藤沢市 女子校

愛の心を持ち社会に奉仕できる女性へ

1936年（昭和11年）にフランスのシャルトル聖パウロ修道女会によってつくられた「片瀬乃木幼稚園」を始まりとする湘南白百合学園。キリスト教精神に根ざした世界観・価値観を養い、愛ある人として、社会に奉仕し、貢献できる女性の育成をめざしています。

湘南白百合学園中学校の一日は、朝礼で聖歌を歌い、祈ることで始まり、終礼で祈りを捧げることで終わります。週1時間、宗教倫理の授業も行われています。他者のためにさり気なく奉仕できる女性を育成するという教育目標のもと、互いに認めあい高めあいながら成長した生徒は、大学や社会で活躍し、湘南白百合学園の名をいっそう高めています。

高度な学問と教養を身につける

身近な他者、そして直接目にすることのできない人々にも奉仕貢献するためには、正しく社会を認識し、よりよい判断をする力が必要です。その力を養うために高度な学問と教養を身につけることがめざされています。

中1～中2を「基礎学力の定着」期間、中3～高1を「進路への意識付け」期間、高2からを「大学入試に対応できる実力の養成」期間として指導しています。総合的な学習では「個人やグループで調査・研究・実験するだけでなく、プレゼンテーションをすることやお互いに評価しあうこと」が取り入れられています。進路指導の確かさにも定評があり、生徒の多様な進路に対応しています。

また、生きた英語の習得をめざし、語学研修プログラムも充実。国内プログラムに加え、中2～高1はオーストラリア、中3～高2にはアメリカでのプログラムがあります。

「愛ある人として」という教育理念を教員・生徒が共有することで生まれる空気感のなかで、「生徒の可能性を引き出し、成長を実感することが教員の大きな喜びであり、生徒の進路希望を全教員でサポートすること」をモットーに、日々の学びが営まれています。

SCHOOL DATA

- 神奈川県藤沢市片瀬目白山4-1
- 湘南モノレール「片瀬山」徒歩7分、江ノ島電鉄線「江ノ島」徒歩15分、JR線・小田急線「藤沢」バス15分
- 女子のみ542名
- 0466-27-6211
- http://www.shonan-shirayuri.ac.jp/

逗子開成中学校

神奈川 逗子市 男子校

伝統をいしずえとして新しい時代を開く

逗子開成中学校は1903年（明治36年）の創立から110年を超える伝統のある学校です。夏は海水浴客でにぎわう逗子も、海岸から1歩入れば、静かな学び舎が広がっています。

校名の開成とは、中国の古典「易経」にある「開物成務」に由来します。これは「人間性を開拓、啓発し、人としての務めを成す」という意味で、逗子開成の教育の原点にもなっています。

6年後の難関国公立大合格をめざす

逗子開成では国公立大現役合格を進学目標としています。中高6年間一貫教育から生まれるゆとりをいかし、まず入学後は基礎学力の徹底をめざします。その土台を基に、中3～高1では大学入試センター試験に対応できる学力を定着させ、高2～高3は受験の準備期間としています。授業は週5日制で、放課後は自習室が開放されています。

土曜日には行事やクラブ、多彩な土曜講座があり、平日とは趣を変えたさまざまな体験ができます。

立地をいかした歴史ある「海洋教育」

海が近いことを誇りに、創立当初から行われているのが「海洋教育」です。クラブ活動などで一部の生徒が行うのではなく、カリキュラムとして全生徒に対して行っています。

その柱でもある、中1～中3までの生徒全員で行う逗子湾でのヨットの帆走実習は、生徒にとって貴重な体験です。また、ヨットを操るだけでなく、中1では自分たちが乗るヨットの製作も行います。海洋に関する講義も開かれ、生徒たちはヨットに関する基礎知識を学んだり、世界の海が抱える環境問題について考える機会を持ちます。

海が近く、長い歴史のある逗子開成だからこそできる海洋教育で、生徒たちは自然に向きあい自立の心を育んでいます。

SCHOOL DATA

- 神奈川県逗子市新宿2-5-1
- JR線「逗子」・京浜急行線「新逗子」徒歩12分
- 男子のみ840名
- 046-871-2062
- http://www.zushi-kaisei.ac.jp/

聖光学院中学校

神奈川 横浜市 男子校

カトリックを基盤とした中高一貫教育

聖光学院中学校・高等学校は、神奈川県屈指の進学校として知られ、毎年高い人気を博しています。

根岸森林公園にも隣接し、豊かな自然にかこまれた教育環境のもと、キリスト教精神を根幹とした6カ年一貫教育が行われています。聖書の学習をとおして、キリスト教精神とキリスト教文化を学び、豊かな心を育てることを教育の目標としています。

ていねいな授業づくり

大学進学実績においてめざましい成果をあげている聖光学院。その第一の要因は、充実した授業の成果にあります。

聖光学院では、手づくりのていねいな授業の実施が心がけられています。多くの授業が、教員自ら執筆・製本したオリジナル教材によって進められています。それを可能にするのが、校内に完備された町の印刷所ほどの印刷システムです。これにより、教員によっ

て製本された教材の作成が可能なのです。

教材をはじめ、カリキュラムや授業の進行方法など、すべてにわたって生徒のための工夫と気配りがなされており、生徒一人ひとりの個性を大切に、その能力を伸ばす教育が実践されています。

ひとりの教員が全クラス担当する授業も

特徴的な授業方法のひとつに、ほとんどの科目で、ひとりの教員が学年5～6クラス全部を教えていることがあります。これは中1～高3まで、各学年で行われていることです。教員側は大変なことですが、それぞれの教員がより学年全体の生徒とかかわることが可能となり、大きな成果を生んでいます。

また、職員室の入り口には個別相談用のブースと立ち机が並び、職員室を訪れた生徒が気軽に教員に質問できる場所となっています。生徒と教員の距離が近く、生徒思いの教育が随所に見られる聖光学院です。

SCHOOL DATA

- 神奈川県横浜市中区滝之上100
- JR線「山手」徒歩8分
- 男子のみ690名
- 045-621-2051
- http://www.seiko.ac.jp/

聖セシリア女子中学校

神奈川 大和市 / 女子校

「信じ、希望し、愛深く」

聖セシリア女子中学校は1929年（昭和4年）、「カトリック精神による豊かな人間形成」を教育目標に掲げて誕生しました。学園の校訓は「信じ、希望し、愛深く」です。1クラス約30名、1学年3～4クラスという少人数制で、温かな校風で誠実な生徒が多いことに定評があり、毎年100%近くの卒業生が「入学してよかった」と回答するほど充実した学校生活を送ることができる学校です。

授業は、「言語教科が進路を拓く」という理念のもと国語、英語はもちろん、数学も言語教育のひとつとして考え、重点的に学習しています。

なかでも英語は、国際理解・文化交流のためにも必要であることから、語彙力、読解力を高める「英語R」、英文法力を強化する「英語G」、ネイティブ教員と日本人教員で行う「英会話」をバランスよく履修し、「使える英語」の取得をめざします。さらに体験学習として、英語芸術学校との連携による「イングリッシュエクスプレス」を開講。英語でのミュージカル上演に向けて、英語の歌や台詞を仲間とともに覚えていくなかで、英語力と表現力、協調性を育んでいきます。

心を豊かにする情操教育・特徴的な課外活動

宗教の授業や教養選択科目（「外国事情」、「平和学習」など）を設置するほか、社会福祉の理念を学ぶ錬成会を実施したり、6年間継続的にボランティア活動に取り組んだりするなかで、他者のために生きる喜びを実感し、愛にあふれた人間へと成長していきます。

部活動は全員必修で週1～4日行われており、（公財）井上バレエ団の講師によるクラシックバレエ部が取り入れられていることも大きな特徴です。バレエをとおして芸術に親しむとともに、豊かな情操や感性を育てます。

学校を「人間形成の場」ととらえる聖セシリア女子中学校は、多様な教育を実践し、魅力的な女性を社会へ輩出しています。

SCHOOL DATA
- 神奈川県大和市南林間3-10-1
- 小田急江ノ島線「南林間」徒歩5分、東急田園都市線「中央林間」徒歩10分
- 女子のみ282名
- 046-274-7405
- http://www.cecilia.ac.jp/

清泉女学院中学校

神奈川 鎌倉市 / 女子校

周りの人々を幸せにすること、これがほんとうの愛

湘南鎌倉の玉縄城跡に建つ清泉女学院中学高等学校。窓からは、理科の野外実習が行える自然豊かな7万㎡の敷地、そして江の島や箱根、富士山を見渡すことができます。スペインで創立されたカトリックの聖心侍女修道会を母体として1947年（昭和22年）に横須賀に開校し、人はそれぞれが「神から愛されたかけがえのない」存在であるというキリスト教精神を基に、生徒一人ひとりがしっかりとした自己肯定感を育み、自分の使命（ミッション）を発見していけるように教育活動を行っています。

また、「隣人を愛せよ」というキリストの教えに基づき、奉仕活動や福祉活動をつうじて「他者の喜びを自分の喜びとする」経験を大切にしています。

好奇心が未来への原動力に

「私はこうなりたい。」その熱い望みこそが未来を切り拓く力になります。清泉女学院では、さまざまな価値観や言語・文化と触れあえる多様なプログラムを実践しています。

グローバルな視野を育むために、以前からEnglish Day（1年間の英語学習の総まとめとしての発表会）、English Camp（校内で実施するオールイングリッシュの特別プログラム）、ニュージーランド語学研修（12日間）、ニュージーランド短期留学（約3ヵ月）、また、2016年度（平成28年度）から中3の希望者対象に、東京都世田谷区にある姉妹校清泉インターナショナル学園との1週間交流プログラム（国内留学）が開始。

さらに、スカイプによる英会話・中国語・スペイン語を学ぶ多言語学習プログラム（FLIP）や、ベトナムスタディツアーが実施されています。

生徒全体でおおいに盛りあがる三大行事（清泉祭・体育祭・合唱祭）をはじめ、「人間力」を育む貴重な時間が用意されているのも清泉女学院の魅力です。

SCHOOL DATA
- 神奈川県鎌倉市城廻200
- JR線・湘南モノレール「大船」バス5分
- 女子のみ543名
- 0467-46-3171
- http://www.seisen-h.ed.jp/

洗足学園中学校

神奈川 川崎市 　女子校

謙愛の心で社会に有為な女性を育てる

　洗足学園は、社会に有為な女性を育てることを教育の目標に掲げ、前田若尾先生によって創立されました。

　大学進学において、国公立大や難関私立大へ多数の合格者を輩出し、高い実績を残しています。もちろん、大学への実績だけが洗足学園の教育の成果ではありません。社会のなかで活躍し、社会に奉仕・貢献できる女性を育むことにその主眼はあります。

　綿密に練りあげられたカリキュラムと進度や学習内容を保証するシラバス。10名のネイティブ教員との協力で進められる、英語教育における先進的な取り組み。調査・研究・考察・発表・議論を随所に取り入れた各教科での学習と、総合的な学習をつうじての、生きるための力となる学習。

　このように洗足学園では、たんに大学合格だけをめざすのではなく、社会で必要とされる力を育てる魅力的な教育が実践されているのです。

　2015年度（平成27年度）より対話型、探究型の授業を企図し、65分授業に移行しました。生徒自らが考え、発話をすることで21世紀型の学力を獲得していきます。

感性を磨き世界に視野を広げる

　音楽大学を併設していることから、音楽の授業では楽器の演奏を取り入れています。中1はヴァイオリン・クラリネット・トランペット・フルートから楽器を選択し、専門の指導者のもと、グループで楽しく学ぶことができます。

　また、洗足学園には20年以上にわたって実施されてきた海外留学と海外語学研修制度があります。夏休みに行うアメリカやイギリスへの短期間のホームステイから、1年間の長期のものまで選ぶことができます。

　これらのプログラムによって生徒は視野を広げ、英語力アップにも大きな効果をもたらしています。

SCHOOL DATA
- 神奈川県川崎市高津区久本2-3-1
- JR線「武蔵溝ノ口」、東急田園都市線・大井町線「溝の口」徒歩8分
- 女子のみ751名
- 044-856-2777
- http://www.senzoku-gakuen.ed.jp/

捜真女学校中学部

神奈川 横浜市 　女子校

キリスト教に基づき、真理を探究

　捜真女学校の歴史は1886年（明治19年）、宣教師ミセス・ブラウンが7名の少女たちを教えたのが始まりです。その後、2代目校長のカンヴァース先生が、教育の究極の目標は「真理を捜すことである」と考え、1892年（明治25年）に校名を現在の「捜真女学校」と改めました。

自己の能力を最善に伸ばす学校

　一人ひとりが持っている力をどんどん伸ばす学校、それが捜真女学校です。それは第2代カンヴァース校長が残した「Trust in God. Be true to your best self.（神に信頼せよ。最善の自己に忠実であれ）」というスクールモットーがいまも息づいているからです。捜真女学校には、能力を伸ばす多くのチャンスがあるのです。

スモールステップ、スモールウィン

　どの科目も授業、小テスト、宿題によってスモールステップ、スモールウィンを積み重ねます。

　英語・英会話は少人数授業。さらに中2からは習熟度別クラス編成です。2名のネイティブ教員が担当する授業では会話以外に英語の讃美歌を学び、それを英語礼拝のなかで歌うことで自然に英語のフレーズを覚えていきます。数学では抽象度が高まる中3と高1で習熟度別授業を導入。一人ひとりの生徒が深く理解できることをめざして授業を展開しています。

伝わる言葉

　中学部の国語の授業では5時間のうち1時間を「言葉の学習」の時間として独立させています。論理的な思考力、他者に伝わる表現力、他者の言葉を受け止める受容力を育てるために、考える、話す、聞く、書く、をバランスよく取り入れて、伝わる言葉の使い手を育てます。

SCHOOL DATA
- 神奈川県横浜市神奈川区中丸8
- 東急東横線「反町」・横浜市営地下鉄ブルーライン「三ツ沢下町」徒歩15分
- 女子のみ453名
- 045-491-3686
- http://soshin.ac.jp/

橘学苑中学校

神奈川 横浜市 共学校

行こう、世界へ（グローバル人材の育成）

橘学苑中学校・高等学校は創立以来、「心すなおに真実を求めよう」「生命の貴さを自覚し、明日の社会を築くよろこびを人々とともにしよう」「正しく強く生きよう」という3つの精神を大切に受け継いできました。生徒が主人公として創立の精神に基づき、グローバルな視点で主体的に世界にでていくことのできる人間の育成をめざしています。

そのため海外での体験や外国のかたがたと接する機会を多く設けるなど、世界に視野を広げる教育に取り組んでいます。英語教育では、中1からネイティブ教員による会話の授業を取り入れ、中学の英語の授業はすべてT.T.制で行ったり、理科授業のなかにネイティブとの共同を取り入れたりするなど、実践的な英語力の育成をめざしています。全員が英検にチャレンジし、英語による発表会も実施しています。また、中3で実施している「海外研修」では、ホームステイや現地校での学習など、英語を使った生活を体験することで、英語への自信をつけ、異文化理解を深め、学習への意欲を高めています。ほかにも、希望者を対象に、「カナダ短期海外研修」を実施しており、多くの異なる文化を持つ国での学習体験もできます。

特色ある高校コース制

高校には、3つのコースがあります。

国際コースは、1年間のニュージーランド留学が必修で、英語力や問題解決力、コミュニケーション力を身につけます。

デザイン美術コースは、創作活動に打ちこみながら表現力と創造力を養い、フランス研修旅行では、質の高い芸術作品に触れることによって学習への意欲を高めます。

文理コースは、進路別に特別進学クラスと総合進学クラスに分かれ、志望に沿った科目を重点的に学んでいくことができます。

創立の精神を大切に、世界につながる生徒をサポートする橘学苑中学校・高等学校です。

SCHOOL DATA

◆ 神奈川県横浜市鶴見区獅子ヶ谷1-10-35
◆ JR線「鶴見」ほかバス
◆ 男子21名、女子19名
◆ 045-581-0063
◆ http://www.tachibana.ac.jp/

中央大学附属横浜中学校

神奈川 横浜市 共学校

芯のある人を中央で育む。

中央大学附属横浜中学校・高等学校は、一昨年、中高の全学年男女共学化が完了しました。中1から高3までの6年間は、心と身体とそのすべてを貫く自分の芯も大きく成長する時期です。そこで、中央大学附属横浜が提供するのは、学力と人間力の芯をきたえるための多彩な学習プログラムと多様な経験です。柔軟な判断と対応ができる、しなやかな考え方、自ら描いた未来を見据えて、停滞することなく歩みつづけるぶれない想いと折れない心を育てています。中央大学附属横浜の主役は生徒です。経験豊かな教職員と恵まれた教育環境のなかで未来の主役を育んでいます。

学びの循環で人間の土台をつくる

中学課程では、ネイティブ教員による少人数制の英語授業や、数学の先取り教育、国語における古典の授業など、英数国の基礎学力を徹底。日常の学習は小テストや長期休暇中の講習などでフォローアップします。

学校行事は日常の授業で学んだことを実践する場です。班別行動をともなう体験行事や自主性を重んじる部・同好会活動では企画力やコミュニケーション力を養います。また、校外研修では能・狂言の鑑賞や座禅を体験するなど「見て、触れて」自国文化への理解を深め、国際理解教育の土台を築きます。さらに希望者を対象に海外研修も実施しています。

日常の授業で身につけた知識を学校外で体験・検証し、循環させることで、人間の土台を築きます。

つながる世界、ひろがる未来

内部推薦制度により、多くの生徒が中央大学へ進学できます。しかし、附属生といえども、中高時代に身につけるべき学力は、しっかりと備えて大学へ進学します。当たり前のことに地道に取り組む6年間。基礎学力を重視したカリキュラムで自ら考え、行動し、社会で活躍できる力を育てます。

SCHOOL DATA

◆ 神奈川県横浜市都筑区牛久保東1-14-1
◆ 横浜市営地下鉄グリーンライン・ブルーライン「センター北」徒歩7分
◆ 男子231名、女子331名
◆ 045-592-0801
◆ https://www.yokohama-js.chuo-u.ac.jp/

鶴見大学附属中学校

神奈川 横浜市 共学校

学びの心で世界をかえる

創立は1924年（大正13年）。90年を超える長い歴史のもと、これまでに4万名近い卒業生を世に送りだしています。2008年（平成20年）より完全共学化をはかり、新校舎も完成し、さらなる躍進のスタートがきられました。

教育ビジョンは、「自立の精神と心豊かな知性で国際社会に貢献できる人間（ひと）を育てる」。より高いレベルの進路を実現できる学力を養いつつ、禅の教育に基づく"こころの教育"をつうじて、優しさや思いやりなど豊かな人間性を育成しています。

「学力向上」「人間形成」「国際教育」を柱として

鶴見大学附属の教育目標は、「学力向上」、「人間形成」、「国際教育」です。この目標のもと、近年、さまざまな教育改革を実践し注目されています。

そのひとつが「完全週6日授業体制」。50分授業で、主要5教科を中心とした授業時間数を大幅に確保しています。

ふたつ目は、「教科エリア型フェローシップ」です。生徒は、授業中疑問に感じたことをすぐに教科メディアにある教員の研究室で質問し解決できます。自習室では、質問や宿題、受験勉強ができるほか、発展学習と苦手克服を目標とした補習授業を行います。

もちろん、国際的に活躍できる力を身につけるためのネイティブによる英会話授業や中3でのオーストラリア研修旅行など、国際教育も充実しています。

授業は、「進学クラス」と「難関進学クラス」に分かれて行われます。

「進学クラス」は、生徒一人ひとりに対するきめ細やかな指導をつうじて、基礎学力を確かに身につけ、学ぶ意欲を高めます。

「難関進学クラス」は、先取り授業や、より発展的な内容の授業を行い、一定レベル以上の大学への進学を目標とします。無理なくゆとりのある授業内容で、個々のスピードに合わせられることが特徴です。

SCHOOL DATA

- 神奈川県横浜市鶴見区鶴見2-2-1
- 京浜急行線「花月園前」徒歩10分、JR線「鶴見」徒歩15分
- 男子176名、女子144名
- 045-581-6325
- http://www.tsurumi-fuzoku.ed.jp/

桐蔭学園中等教育学校

〈2019年度より中学校は募集停止、中等教育学校は男女共学化予定〉

神奈川 横浜市 共学校

変化の激しい社会の中で力強く羽ばたく鳳凰を育てる

つねに先駆的教育を実践している桐蔭学園中等教育学校は、「学力・知性」「行動力・社会性」「創造力・感性」を育むことを重視してきましたが、2014年（平成26年）の創立50周年を機に、今後の桐蔭教育のあり方を問い直し、次代に向けての新たな教育方針を掲げました。それは、今後の社会を担う若者に"たくましさ"と"しなやかさ"を身につけてもらうための新たなビジョン、「自ら考え判断し行動できる子どもたち」の育成です。

先進かつ伝統の学習方式

2015年度（平成27年度）から取り組んでいる「アクティブラーニング型授業」。身につけた知識を活用して主体的・対話的に学び発表することで、深い知識の獲得と、思考力・判断力・表現力を含めたバランスのよい学力を伸ばします。大学や社会でも、力強く生き抜いていくための能力を育むものです。そしてさらに、自分を育て、成長しつづける力を養成する「キャリア教育」、将来に向かい学びつづける力を育む「探究」を加え、新しい教育3本柱として展開していきます。

また、長年にわたり成果をあげてきた伝統の「習熟度別授業」も継続していきます。学力を効果的に向上させるための、個々の力にあった学習方式です。数学や英語など、一部の教科で習熟度別クラスを編成し、定期考査の成績に基づきメンバーを入れ替えます。

教育力強化に向けた改編を実施

これまで桐蔭学園は別学制で、男女それぞれの特性を伸ばす指導を行ってきましたが、"新しい教育"の効果をいっそう高めていくために、中等教育学校は2019年度新入学年より男女共学化を実施（中学校男子部・女子部は生徒募集停止）する予定です。同学園が運営する高等学校でも今年度から共学化が実施されており、学園全体の改革が本格的にスタートしています。

SCHOOL DATA

- 神奈川県横浜市青葉区鉄町1614
- 東急田園都市線「市が尾」「青葉台」バス15分、小田急線「柿生」バス20分
- 現在は中学校男子612名・女子291名、中等教育学校前期課程（男子のみ）468名
- 045-971-1411
- http://toin.ac.jp/ses/

東海大学付属相模高等学校中等部

神奈川 相模原市 共学校

使命感と豊かな人間性を持つ人材を育てる

創立者・松前重義先生の建学の精神を受け継ぎ、「明日の歴史を担う強い使命感と豊かな人間性をもった人材を育てる」ことにより「調和のとれた文明社会を建設する」理想を掲げる、東海大学付属相模高等学校中等部。東海大を頂点とした中・高・大の一貫教育を行っています。

中・高・大の一貫教育

東海大相模では、学習・行事・部活動をバランスよく行うためのカリキュラムを考えています。基本的には、学校5日制のなかで、月1回土曜日にも授業を実施しています。また、じゅうぶんな授業時数の確保や進路に見合った学習指導の徹底をはかるために、2学期制を採用しています。

カリキュラム全体としては、幅広い視野に立ったものの見方・考え方を培うことを目的としています。中等部では、自ら考え自ら学ぶ力を培い、高校進学への基礎学力の定着をはかりながら、発展的に自学自習するシステムを実践しています。

例年80%ほどの生徒が東海大へ進学しています。この、東海大への進学は、高校3年間の学習成績、学園統一の学力試験、部活動、生徒会活動など、総合的な評価をもとに、学校長が推薦する「付属推薦制度」により実施されています。東海大は19学部75学科を持つ総合大学です。進路の決定に際しては、担任や進路指導の先生ときめ細かい相談を重ね、生徒それぞれに適した進路を選んでいきます。

大学との連携のひとつとして、進路がほぼ決定した高3の後期には、東海大の授業を経験できる「体験留学」が実施されています。これは、ひと足先に大学での授業を味わうことができるため、大学入学後の勉強におおいに役立っています。大学に直結した付属校のメリットをいかし、受験勉強という枠にとらわれない教育を実践している東海大学付属相模高等学校中等部です。

SCHOOL DATA

- 神奈川県相模原市南区相南3-33-1
- 小田急線「小田急相模原」徒歩8分
- 男子304名、女子183名
- 042-742-1251
- http://www.sagami.tokai.ed.jp/

桐光学園中学校

神奈川 川崎市 別学校

安定した国公立・私立上位大学への進学

10年連続で国公立大学合格100名突破！

桐光学園中学校・高等学校は、男女別学の中高一貫教育のメリットをいかした独自のカリキュラムを展開。基礎学力の定着と学習習慣の確立をめざした小テストや放課後の講習、夏期講習、補習などのきめ細かな指導で生徒の個性を見極め、伸ばしています。サマーキャンプやスキー教室、合唱コンクールなど充実した学校行事、クラブ活動も大変さかんで、才能をおおいに発揮し活躍できる環境があります。

高2から国立文系・国立理系・私立文系・私立理系の4つのコース選択を行い、希望する進路に合わせた専門的な学習を進めることで、国公立大学の合格者は10年連続で100名を突破、医学部の合格者も増加しています。

カナダ修学旅行と各種研修制度

充実した国際教育が行われていることも桐光学園の魅力です。高2全員が参加するカナダ修学旅行では、現地の高校生との交歓会を実施しています。

ほかにも、希望者を対象とした短期間の国内語学研修、イギリス・イートンカレッジやケンブリッジ大学の語学研修、カナダへのホームステイと語学研修など、グローバル社会に生きる「新しいリーダー」の育成プログラムは年々充実度を増しています。

帰国生や留学生の受け入れとともに、外国の大学への受験数も増加しています。

他に類を見ない充実度「大学訪問授業」

日本の各学問分野を代表する大学教授を招き、桐光学園で年間約20回行う「大学訪問授業」では、過去に立花隆、茂木健一郎、村上陽一郎、香山リカ、根岸英一、坂本龍一といった先生方の熱い講義が行われました。中1から高3までの希望者が受講でき、書籍にもなっています。

SCHOOL DATA

- 神奈川県川崎市麻生区栗木3-12-1
- 小田急多摩線「栗平」徒歩12分、小田急多摩線「黒川」・京王相模原線「若葉台」スクールバス
- 男子751名、女子434名
- 044-987-0519
- http://www.toko.ed.jp/

藤嶺学園藤沢中学校

神奈川 藤沢市 　男子校

「世界は僕らを待っている」〜茶道・剣道必修〜

　2001年（平成13年）、「国際社会に太刀打ちできる21世紀のリーダー育成」をめざし開校した藤嶺学園藤沢中学校。まだ開校18年という若い中学校ではありますが、母体となる藤嶺学園藤沢高等学校は創立100周年を超える歴史ある伝統校です。

　藤嶺学園藤沢の教育で特徴的なのは、アジアに目を向けた国際人を養成していることです。21世紀の国際社会におけるアジア、オセアニア地域の重要性が増す現在、エコ・スタンダードとしての東洋的な価値観や文化を見直すことにより、国際教育の原点を世界のなかのアジアに求めていきます。

　さらに、国際語としての英語教育をしっかり行いながらも、身近なアジア・オセアニアに目を向けた国際教育を実践し、勇気と決断力を持った国際人を育てています。

3ブロック制カリキュラム

　学習においては、6年間を3ブロックに分け、基礎（中1・中2）、発展（中3・高1）、深化（高2・高3）と区切ることで、ムダのないカリキュラムを実現しています。

　基礎ブロックは、すべての教科の土台にあたる基礎学力をつくる時期です。基礎学力を確実につけることを主眼に、授業のほかにも補習を行い、きめ細かく生徒を見守ります。

　発展ブロックは、中学と高校の橋渡しをする時期。養った基礎を発展へとスムーズに移行するための学習プランを用意しています。また、学力をさらに伸ばすために、希望者を対象とした発展補習も行います。

　中高一貫教育の総仕上げを行う深化ブロックは、将来の進路を決定する大切な時期でもあります。志望系統別のクラス編成を行い、生徒一人ひとりの進路を確実に導けるようにします。

　藤嶺学園藤沢中学校では、こうした計画的なカリキュラムにより、生徒が抱く未来への夢を実現できるようにサポートしています。

SCHOOL DATA

- 神奈川県藤沢市西富1-7-1
- JR線・小田急江ノ島線・江ノ島電鉄線「藤沢」・小田急江ノ島線「藤沢本町」徒歩15分
- 男子のみ271名
- 0466-23-3150
- http://www.tohrei-fujisawa.ed.jp

日本女子大学附属中学校

神奈川 川崎市 　女子校

「自ら考え、学び、行動する」女性を育成

　日本女子大学附属中学校は、生田の緑豊かな森のなかにあります。建学の精神は創立者・成瀬仁蔵が唱えた「自念自動」、すなわち「自ら考え、学び、行動する」ことです。1901年（明治34年）の開校当初から、学習面と生活面の両方で「自念自動」の精神を大切に、自主性を養う教育を実践してきました。

　各教科の授業では、実験や実習、発表などを多く取り入れ、一人ひとりが意欲的に授業に参加できる環境を整えています。たとえば理科では、4つの理科実験室や天体観測ドームなどの施設をいかして実験を行ったり、周辺の緑豊かな森へでかけ、植物の観察をしたりします。理科ではこうした実験・観察を中学3年間で130回以上も実施し、実物に触れる機会を多く設けています。

　音楽の授業でバイオリン演奏が必修なのも特徴です。これは、バランスのとれた人間性を養うための情操教育の一環で、音楽会では、日ごろの練習の成果を披露します。

　さらに、国語・数学をはじめ、多くの授業で1クラスにつき2名の教員が担当するチームティーチングを実施。それにより、生徒の理解度に応じた適切な指導や、質問へのていねいな応答が可能になっています。

生徒の手で学校生活をより充実したものに

　日本女子大附属は、学校に自治活動を導入した最初の学校だと言われており、勉強と同じくらい自治活動も重視されています。

　運動会や文化祭などの行事は各行事委員を中心に企画運営され、ほかにも多様な委員会があり、学校運営に取り組んでいます。また、全員が学芸部・生活部・体育部・経理部のいずれかに所属し、学校生活が円滑に進むよう、各々が自分の仕事を全うしています。

　学校生活のいたるところに「自ら考え、学び、行動する」という教育理念が息づく日本女子大学附属中学校は、社会で役立つ「真の教養」を身につけることができる学校です。

SCHOOL DATA

- 神奈川県川崎市多摩区西生田1-1-1
- 小田急小田原線「読売ランド前」徒歩10分
- 女子のみ746名
- 044-952-6705
- http://www.jwu.ac.jp/hsc/

日本大学中学校

神奈川 横浜市 共学校

「情熱と真心」を持ったグローバルリーダーへ

　医歯薬獣医系を含む16学部87学科を有する日本大学の付属校・日本大学中学校では、大学の教育理念「自主創造」と校訓「情熱と真心」を大切にしています。さまざまなことに情熱的に取り組み、真心を持って周囲の人と接し、自分で進む道を自分で切り開いていける。そんな生徒を育てています。

思考力・判断力・表現力を高める教育を実践

　中学は「グローバルリーダーズ（GL）コース」「Nスタンダード（NS）コース」の2コース制です。両コースとも、ひとり1台のタブレットPCや各教室に設置された電子黒板を効果的に用い、授業にグループワークやプレゼンテーションを導入することで、2020年度からの大学入試で必要とされる思考力・判断力・表現力を養っていきます。

　英語教育にも力を入れており、ネイティブスピーカーによる少人数制授業、英会話教室講師による放課後の課外授業、希望制の海外研修など、生きた英語に触れる機会を増やし、実践的な英語力を身につけます。また、両コースとも国内外への宿泊をともなう研修、相撲や歌舞伎の鑑賞、美術館・博物館の見学など、体験授業も数多く実施します。各種検定を全員が受験するのも特徴で、漢字検定や英語検定はもちろん、ニュース検定やことわざ検定といった多彩な検定にも挑戦し、生徒の未知なる可能性を伸ばしています。

　高校は「総合進学クラス」「特別進学クラス」「スーパーグローバル（SG）クラス」の3コース制で、進路指導は生徒の希望を尊重したうえで行っています。日本大の付属校として、例年約6割の生徒が日本大へ進学しますが、他大学を志望する生徒のために、タブレットPCを使ってのWEBテストや映像授業、学内予備校、チューターが常駐するスタディールームなどを完備しており、国公立大学や難関私立大学、海外の大学進学に向けたバックアップ体制も整っています。

SCHOOL DATA
- 神奈川県横浜市港北区箕輪町2-9-1
- 東急東横線・目黒線・横浜市営地下鉄グリーンライン「日吉」徒歩12分
- 男子350名、女子263名
- 045-560-2600
- http://www.yokohama.hs.nihon-u.ac.jp/

日本大学藤沢中学校

神奈川 藤沢市 共学校

一人ひとりが輝ける環境

　日本大の教育目標である「世界の平和と人類の福祉とに寄与すること」を柱とし、「健康・有意・品格」の校訓のもと、心身ともにバランスのとれた「豊かな人間形成」と「国際的な素養の育成」をめざす日本大学藤沢高等学校。

　この高校のもと、2009年（平成21年）に開校したのが、日本大学藤沢中学校です。半世紀以上の実績を誇る日本大学藤沢高校の教育のコンセプトを広げ、可能性とモチベーションを高める6年間をめざしています。

大学と連携したハイレベルな教育

　英会話の授業では、クラスをふたつに分け、ネイティブと日本人のふたりの先生で授業が進められます。理解度に差がでやすい数学と英語においては中2から習熟度別授業が行われ、生徒の理解力に応じた授業が展開されます。また、夏休みや冬休みといった長期休暇を利用して全員参加の特別授業が行われるなど、多角的にさまざまな学習をすることができます。

　さらに、多様な学部・学科を持つ日本屈指の総合大学である日本大のネットワークを活用した体験授業が実施されています。フィールドワークでは大学の施設を利用した農業実習が行われるなど、中学・高校・大学の「10カ年教育」を実施し、大学の施設を利用し、大学生とふれあうことで、より刺激的かつ高度な学習環境を構築しています。

　そのため、高校進学時には原則として「特進クラス」をめざすことになります。つまり特進クラスに直結するハイレベルな教育の実践を前提としているのです。

　日本大への進学希望者は「全員進学」を目標とした受験指導が行われていますが、大学附属校であっても、高い希望を持ち、国公立大や難関私立大へ進学することももちろん可能で、そうした受験に対応した授業を展開しています。

SCHOOL DATA
- 神奈川県藤沢市亀井野1866
- 小田急江ノ島線「六会日大前」徒歩10分
- 男子187名、女子183名
- 0466-81-0125
- https://www.fujisawa.hs.nihon-u.ac.jp/

フェリス女学院中学校

神奈川 横浜市 女子校

「キリスト教」を基盤に

フェリス女学院中学校は、1870年（明治3年）にアメリカ改革派教会が日本に派遣した最初の婦人宣教師メアリー・エディー・キダーによって設立されました。

日本最初の女子校として、また大学進学にもすぐれた成果をあげる神奈川県の名門校として、高い知名度を誇り、今日にいたっています。148年というフェリスの歴史を支えてきたものは、「キリスト教信仰」に基づく教育を堅持することでした。それは、いまも変わることのないフェリスの教育原理となっています。

「他者のために」をモットーに

「キリスト教信仰」につぐ、フェリスの第2の教育方針は「学問の尊重」です。これは学院のモットーである「For Others＝他者のために」という言葉にも関係し、自分のためだけでなく他者のために役立ち、国際的にも通用する質のよい本物の学問を追究することを意味しています。

「進学校」といわれるほどにフェリス生が大学をめざすのは、こうした「他者のために」役立つ、より質の高い学問を求める姿勢の現れです。

また、第3の教育方針は「まことの自由の追求」です。創立以来「自由な校風」として知られるフェリスですが、ここでいう「自由」とは、外的規則や強制に頼らず、一人ひとりが自主性な判断で規制の意味を知り、他人への思いやりを持って行動することを意味しています。

こうした教育方針のもと、フェリスでは、「他者のために」各自が与えられた能力をいかして生きる、愛と正義と平和の共同社会・国際社会をつくる責任にめざめた人間の育成をめざしています。

さらに2014年（平成26年）には、新体育館が、2015年（平成27年）には、新2号館（校舎）が完成しました。

SCHOOL DATA

- 神奈川県横浜市中区山手町178
- JR線「石川町」徒歩7分、みなとみらい線「元町・中華街」徒歩10分
- 女子のみ551名
- 045-641-0242
- http://www.ferris.ed.jp/

武相中学校

神奈川 横浜市 男子校

だれにでも輝ける日はかならず来る！

横浜から学校まで20分。武蔵と相模を見渡せる閑静な住宅街に立地し、東京からも県内からもアクセス抜群です。男子校は、男子の成長スピードに合わせた教育が持ち味。一人ひとりが6年のなかでしっかり自分を見つめ、個性を伸ばしながら自信を持って巣立っていきます。大器晩成型の生徒を育てることが得意な学校で、6年間の伸び幅には定評があります。自分を律し他人を思いやる道徳心ある男の子を育てること（道義昂揚）、だれにも得意不得意はありますがそのなかで光る個性を見つけて伸ばすこと（個性伸張）、学習でも部活動でもなにかをとことんやりぬくこと（実行徹底）、この3つが建学の精神です。小規模校のメリットである教師との距離の近さで、手塩にかけた教育を展開します。

体験をつうじ、自分に自信をつける

中学段階では、学習の定着をはかる毎日の小テストや、補習も充実。高校段階になると体系的な進路ガイダンスに加え、補習のバリエーションも広がり、学習・進路をサポートしています。

クラブは高校生と合同。中1から高3の縦のつながりも互いに貴重な人生経験です。

テレビなどでも話題の清原伸彦理事長による週2の「集団行動」講義が次年度生より始動。教科学習に加え、社会にでて必要な人間力＝自覚・思いやり・責任感・協力・達成感・肯定感を学ぶ全人教育プログラムです。夏合宿や体育祭などでの発表会も計画中です。

高校は「進学」「特進」ふたつの選択肢

高校はそのまま持ちあがり文武両道をめざす「進学クラス」を基本としますが、成績上位の希望者は高校入学生の「特進クラス」に入ることもできます。過去2年の卒業生60名中、東京外大をはじめ国立大5名、早慶上理5名、MARCHにものべ11名が現役合格し、「偏差値40からの難関大合格」を実現しました。

SCHOOL DATA

- 神奈川県横浜市港北区仲手原2-34-1
- 東急東横線「妙蓮寺」・「白楽」・横浜市営地下鉄ブルーライン「岸根公園」徒歩10分
- 男子のみ38名
- 045-401-9042
- http://buso.ac.jp/

法政大学第二中学校

神奈川 川崎市　共学校

出会い、向き合い、「自分」をつくる。

　130年におよぶ歴史を有する法政大学。その伝統の学風「自由と進歩」のもとに発足したのが、法政大学第二です。学力・体力・人格をきたえあげていく最も大切なこの時期、個性豊かな友人たちとの切磋琢磨のなかで、批判力と想像力の基礎を培い、豊かな感性を身につけることを目標に、中高大10カ年の一貫教育を視野においたオリジナルな教育活動を展開しています。

「世界のどこでも生き抜く力」を育む

　こうした教育目標のもと、中学校では高い学力を確実に身につけることをめざします。6年間の基礎となる1、2年次を30名以下の学級とし、きめ細かな指導を実施。さらに数学と英語では1クラスを分割する少人数授業も行います。社会・理科の実験・発表など、体験を重視することによって生徒一人ひとりの能力を引き出す教育も展開しています。

　そして、高等学校では生徒の個性を豊かに開花させていくカリキュラム体系を取るとともに、教科教育・進路指導・生活指導において、生徒の発育・発達段階に対応した教育を創造的に行っているのが特徴です。

　教科教育では、「調べ、討論し、発表する」という、自らの考えをまとめ他者に伝えることができる力を養う授業を積極的に進めています。また、進路・生活指導においては、生徒の生き方の視点に重点をおき、つねに「自ら考え、自ら判断する」教育を大切にしています。

　このように充実した教育内容を誇る法政大学第二は、さらなる教育内容の向上をはかるため、付属校の可能性を最大限に追求する大きな学校改革を推進しています。2016年度（平成28年度）に新校舎が完成。2017年（平成29年）4月にはグラウンドも含めたキャンパスの全面リニューアルが完了。2018年度（平成30年度）は中高全学年が共学となりました。詳細はHPでご確認ください。

SCHOOL DATA

- 神奈川県川崎市中原区木月大町6-1
- 東急東横線・目黒線「武蔵小杉」徒歩10分、JR線「武蔵小杉」徒歩12分
- 男子437名、女子233名
- 044-711-4321
- http://www.hosei2.ed.jp/

聖園女学院中学校

神奈川 藤沢市　女子校

カトリック精神に基づく人間教育

　聖園女学院中学校は、標高50mの高台にあり、鳥獣保護区に指定された広大な雑木林にかこまれています。小鳥のさえずりを聞き、四季折おりの花を愛でながら過ごす6年間は生徒の情感豊かな心を育んでいます。

　カトリック精神に基づく人格形成をめざす聖園女学院では、「本物のあなたでありなさい」と生徒に語りかけます。「ありのままの自分を受け入れてもらえる」「無条件に愛されている」という安心感によりキリストの愛を実感し、その愛を知ることで社会貢献できる女性へと成長できるのです。また、ミサやボランティア活動などにより、カトリック精神の価値観を学び、思いやりの心を養います。

進学に向けた学習も人生の糧とする

　聖園女学院での6年間は学びの連続です。なかでも、「学習」を人生の大きな糧としています。他者の立場でまとめられた法則や知識を、積極的に受け入れるという学習の本質的な意味から、学習を他者の立場で考える取り組みとして大切にしています。

　中学では、とくに国語・数学・英語に力を入れて基礎学力の定着をはかり、高校で理科・地歴公民などにおける、自然界や世界に関する理解を深める地力を育みます。

　iPadProを授業で活用しているのも特徴です。デジタルデバイスを媒体とした学習で、生徒の才能を多面的に育んでいます。タブレットを用いたチームプロジェクトワークでは、他者とともに生きるための「課題の発見・解決に挑戦する姿勢」を身につけています。

　英語教育では4技能を磨く環境を整えています。ネイティブ教員と交流する「Misono English Academy」で校内留学をすることもできます。

　聖園女学院中学校は、国や文化を越えて互いを理解しあい、人類の平和と福祉に貢献できる英知と、人を思いやる心の優しさを合わせ持った女性を育成しています。

SCHOOL DATA

- 神奈川県藤沢市みその台1-4
- 小田急江ノ島線「藤沢本町」徒歩10分、小田急江ノ島線「善行」徒歩15分
- 女子のみ271名
- 0466-81-3333
- http://www.misono.jp/

緑ヶ丘女子中学校

神奈川 横須賀市 / 女子校

自立した女性を育てる6年間

これからの時代を生き抜く力を育てる

東京湾や横須賀港を見下ろす横須賀市の高台に立つ緑ヶ丘女子中学校。多くの緑にかこまれた落ちついた雰囲気のキャンパスが自慢の学校です。建学の精神「至誠一貫・温雅礼節」のもと、キリスト教の「愛の精神」を心の糧にした教育を行ってきました。「新時代の社会で活躍し、貢献できる自立した女性の育成」をめざし、教育内容の充実をはかっています。

学習面では、一人ひとりの個性、適性を考えたきめ細かな教育を展開しています。とくに英語は、4技能「読む・書く・聞く・話す」の実践を重視した実社会でも役立つ英語力を身につけられるよう少人数でていねいな授業を行うほか、およそ10日間の海外研修や米軍横須賀基地内の学校との交流(ベース交流)、英語系資格取得のための補講や面接練習なども実施しています。

また、隔週土曜日に行う「サタデークラス」は、これからの社会で活躍するために求められる「情報収集・整理」「発信力」「コミュニケーション力」、そして「考え抜く力」の向上をめざし、各自のテーマにしたがってプレゼンテーションを行うなど、多くの取り組みを行っています。

食育の観点では、「マリアランチ」(希望者対象の昼食)が用意されています。地元食材を取り入れ、食と命の大切さを学んでほしいという学校の思いが根底にあります。

そして、「愛の精神」を大切にする緑ヶ丘女子では、週1時間の聖書の時間や月1回の礼拝などをつうじて他人を思いやる心、社会に奉仕する心を養い、豊かな人間性を育みます。さらに裏千家の先生を招き、隔週1時間行う茶道の時間も、日本の伝統文化に触れ、心を育てる時間として大切にされています。

これらをつうじて、緑ヶ丘女子中学校は、世界で生き抜く力を育てていきます。

SCHOOL DATA

- 神奈川県横須賀市緑が丘39
- 京浜急行線「汐入」徒歩5分、JR線「横須賀」徒歩15分
- 女子のみ23名
- 046-822-1651
- http://www.midorigaoka.ed.jp/

森村学園中等部

神奈川 横浜市 / 共学校

自分の進むべき「路」を森村学園で

東急田園都市線つくし野駅から徒歩5分というアクセス良好な場所に立地しながらも、正門をくぐれば、新しくなった中高等部校舎、グラウンド、テニスコートなどの学園全体が一望でき、背後には広大な自然が広がる、森村学園。また、個性を認めあい、互いに尊重しあう家庭的な校風を持つ森村学園は、感受性の強い多感な6年間を過ごすのに環境の整った学校といえます。

多角的に「路」を見つける

現在のTOTO、ノリタケ、日本ガイシなどの創業者である森村市左衛門が、東京・高輪に創立したのが森村学園です。森村翁が実業界で得た人生訓「正直・親切・勤勉」を校訓とし、生徒が自分の「路」を進む力を自ら培うことができるように人間教育、進路指導を行っています。

進路指導では、「進路指導」と「進学指導」を区別化し、6年一貫教育のなかで生徒一人ひとりの夢の実現をサポートしています。

「進路指導」は自分の進むべき「路」を探すための指導です。人生の軸となる「将来なにになりたいのか」という問いかけを生徒に発しつづけていきます。

一方、「進学指導」では、生徒が希望する大学に合格できる学力を身につけさせる指導を行っています。高2から文系・理系コースに分かれて大学入試を意識した演習型授業へ移行し、高3では多くの科目で実際の入試問題を用いた演習授業を展開します。

また、グローバル化が進む時代を見据え、森村学園中等部では「言語技術」という独自設定科目を履修しています。つくば言語技術教育研究所の協力と指導のもと行われる「言語技術」の授業では、世界で通用するコミュニケーション能力の習得をめざしています。

これからの自分と時代を見つめ、自分の「路」を切り開いていける生徒を育成する森村学園です。

SCHOOL DATA

- 神奈川県横浜市緑区長津田町2695
- 東急田園都市線「つくし野」徒歩5分、JR線・東急田園都市線「長津田」徒歩13分
- 男子257名、女子339名
- 045-984-2505
- http://www.morimura.ac.jp/

山手学院中学校

神奈川 横浜市 共学校

世界を舞台に活躍できる能力を身につける

1966年(昭和41年)、「未来への夢をはぐくみ、その夢の実現をたくましくになっていく人」すなわち「世界を舞台に活躍でき、世界に信頼される人間」の育成を目的に創設された山手学院中学校・高等学校。マロニエ並木を歩いて到着するキャンパスは、富士山や鎌倉の山並みをのぞむ緑豊かな高台にあります。

「世界を舞台に活躍でき、世界に信頼される人間」を育てるという目標を実現するため、山手学院では、教室のなかで世界について学ぶだけではなく、柔軟な吸収力のあるこの時期に、直接「世界」に飛びこみ、体験することが大切だと考えています。

そのため、全生徒にその機会を与えるものとしてつくられたのが、「国際交流プログラム」です。「中3でのオーストラリアホームステイ」、「高2での北米研修プログラム」を柱として、「リターン・ヴィジット」、「交換留学」、「国連世界高校生会議」など、数多くのプログラムを実施しています。

メリハリのある学校生活で大学合格

山手学院では、週5日制・3学期制を採用しています。土曜日の午前中には土曜講座を実施。多彩な講座が設置され、中学生から高校生まで、多くの生徒が受講しています。さらに、中学入学生は「中高6年一貫コース」として、国公立大学への進学に向けて必要な、幅広く確かな学力を育成しています。

月～金曜日に集中して行われる授業。多彩な土曜講座。活発な部活動。この3つの活動によって生みだされるリズム感、メリハリのある学校生活が山手学院の特色です。

こうした生徒を伸ばすオリジナルな学習指導の結果、2018年度(平成30年度)は、国公立大へ111名、早慶上智大154名、MARCHには516名の合格者を輩出しています。

また、現役合格者が多いのも大きな特徴で、毎年、卒業生の90%以上が現役合格しています。

SCHOOL DATA
- 神奈川県横浜市栄区上郷町460
- JR線「港南台」徒歩12分
- 男子412名、女子207名
- 045-891-2111
- http://www.yamate-gakuin.ac.jp/

横須賀学院中学校

神奈川 横須賀市 共学校

世界の隣人とともに生きるグローバル教育

人間力を育てる学び

横須賀学院は1950年(昭和25年)、青山学院高等部(横須賀分校)を受け継いで設立されました。その歴史的経緯から、2009年(平成21年)に教育提携協定を締結し、高大連携の取り組みを推進しています。

「敬神・愛人」を建学の精神に掲げ、中学では「共に生きる」のテーマのもと、日々の生活のなかで温かく豊かな人間関係を築きながら、愛と奉仕の実践を積み重ねています。

中高一貫コースでは、教科と図書館との連携によって、読書・レポート作成・プレゼンテーション力の育成に力を入れています。高1ではディベートも行い、大学での学びにつなげるプログラムも実施しています。中学習室には専属の職員が常駐。19時まで開放し、定期試験や検定試験を強力にサポートしています。また、難関大学をめざし、模試を意識した指導を行う特別講座も開講。今年度からひとり1台のタブレット活用を開始し、学校と家庭学習のシームレス化をはかります。

将来につながるさまざまな経験

「世界の隣人と共に生きる」力と人格を育てるグローバル教育を推進しています。中1全員で行う「イングリッシュデイズ」をスタートとした国内外語学研修プログラムをさらに充実させ、中3の3学期でのターム留学制度もスタート。帰国生の英語力保持にも最適な葉山インターナショナルスクールでのボランティアや、複数のベースボランティアとともに行う英会話授業など、世界に視野を広げ、英語運用力を高めるプログラムも実施しています。英検やTOEIC Bridgeそのほか検定試験受検も推奨。海外長期留学希望者も急増中です。

またキリスト教青年会、聖歌隊、ハンドベルクワイアなどの活動もさかんで、地域の催しやボランティアにも積極的に参加しています。

SCHOOL DATA
- 神奈川県横須賀市稲岡町82
- 京浜急行線「横須賀中央」徒歩10分
- 男子163名、女子98名
- 046-822-3218
- http://www.yokosukagakuin.ac.jp/

横浜中学校

社会で必要な確かな学力と豊かな人間力の養成

生徒が自分の夢や目標を実現するためには、さまざまな分野に対応する基となる「確かな学力」と、しっかりとした自分の考えや目標を持ち、将来を見据えて自分の世界を切りひらいていく力、人間的な幅や魅力を持った「豊かな人間力」が必要です。

確かな学力を身につける学習指導

横浜では、「確かな学力」とは、定着させた知識を整理しまとめ、表現できる力であると考え、知識の定着のため生徒の学習を支援するYSAPを全学年で実施しています。「ベーシック」（中1・中2）、「アドバンス」（全学年）、「トップ」（高2・高3）の3つの講座で学力アップをはかります。少人数制で一人ひとりに対応し、アドバンス講座はクラブ活動終了後に受講が可能です。スピーチコンテスト、海外語学研修、サイエンスキャンプ、作文コンクールなど知識を活用する発信型プログラムで発信力も養っています。

豊かな人間力を育む4つの柱～LIFE～

生徒はさまざまな体験を重ねることによって人としての幅を広げることができます。横浜では、ライフデザイン教育（L）・国際教育（I）・情操体験教育（F）・表現コミュニケーション教育（E）を「豊かな人間力」を育む4つの柱としています。そして、さまざまなプログラムをとおして、社会で信頼を受ける人材の育成をはかっています。

思考力や表現力を育む理科教育

実験は中学3年間で約30回、簡易カメラやペットボトルロケットの製作など、教科複合的な教育も行います。また、JAMSTECやズーラシア・東京ガス工場などの見学会、磯の生物観察会・サイエンスキャンプなどの実習を行うなど、体系的な取り組みを実施しています。討論・レポート制作・発表会で、科学的思考力や表現力を育んでいます。

神奈川 横浜市　男子校

SCHOOL DATA

- 神奈川県横浜市金沢区能見台通47-1
- 京浜急行線「能見台」徒歩2分
- 男子のみ110名
- 045-781-3395
- http://www.yokohama-jsh.ac.jp/

横浜共立学園中学校

「ひとりを大切にする」キリスト教教育

横浜の街並みを見下ろす山手の高台に横浜共立学園中学校はあります。創立は1871年（明治4年）、日本で最も古いプロテスタント・キリスト教による女子教育機関のひとつであり、横浜を代表する人気の女子校です。

3人のアメリカ人女性宣教師により設立されたアメリカン・ミッション・ホームに起源を持つ横浜共立学園の教育の根底にあるものは、「ひとりの人間を無条件に尊重し愛する」キリスト教精神です。学園では、キリスト教に基づく教育が実践されています。

そのキリスト教教育の基本は、「神を畏れる」ことにあります。「神を畏れる」とは、人間が神の前に謙虚になるということです。毎朝行われる礼拝をとおして、自分が神様からかけがえのない存在として等しく愛されていることを知ります。

横浜共立学園が創立以来「ひとり」を大切にする教育を行ってきた根拠がここに存在します。

高い大学進学実績

横浜を代表する私立女子校として知られているだけに、その大学進学実績には目を見張るものがあり、難関大学に数多くの合格者をだしています。医学部への進学者が多いのも特色のひとつで、総じて理系人気には高いものがあります。また、特筆すべきは、きわ立って高い現役合格率です。これは「まじめで、よく勉強する」生徒の性格を表す結果でもありますが、その背後には中高一貫の利点をいかし、効率を追求した横浜共立学園のカリキュラムの存在があります。

しかし、名門進学校の横浜共立学園は、けっして受験一本槍の学校ではありません。生徒のほとんどが部活動に所属し、ボランティア活動も積極的に行われています。同じ部活動の先輩が一生懸命に勉強して現役で希望する大学に入っていく、それもよいプレッシャーになっているのかもしれません。

神奈川 横浜市　女子校

SCHOOL DATA

- 神奈川県横浜市中区山手町212
- JR線「石川町」徒歩10分
- 女子のみ546名
- 045-641-3785
- http://www.kjg.ed.jp/

横浜女学院中学校

神奈川 横浜市 / 女子校

「愛と誠」の人間教育と知性を育む学習指導

今年4月、新カリキュラムスタート！

「キリスト教教育」「学習指導」「共生社会」の3つを教育理念に、イエスの教え「愛と誠」の人間教育を実践する横浜女学院中学校・高等学校。変わりゆくボーダレス社会のなかで協働する力を身につけます。

そのために「持続可能な社会を創る価値観」「コミュニケーション能力」「リーダーシップ」「データを読む力」「代替案の思考力」「総合的な思考力」を育むことをめざし、月曜日から金曜日までは7時間、土曜日は3時間（国際教養クラスは4時間）の週6日制授業とします。また、1時間の授業を45分として、2時間連続の100分授業も展開し、「知識から知恵に、そして知性」を育みます。

「国際教養クラス」と「アカデミークラス」

横浜女学院中学校の「国際教養クラス」では、さまざまな教科内容やテーマを英語で学習します。英語の4技能＋英語で考える力を身につけるCLIL（クリル）を導入し、英語で学ぶ力を身につけます。また、第二外国語（スペイン語・中国語・ドイツ語）の必修化のほか、中3でのニュージーランド海外セミナーを1カ月間とし、高1でアメリカ3カ月語学研修も新設します。

「アカデミークラス」では、従来の特進クラスレベルの内容を実践し、宿泊による学習セミナーや学習センターにおけるサポート体制などを充実させます。

自分の可能性を広げるためにも「学習スタイル」の確立は不可欠です。中学1年・中学2年の第1ステージでは、基礎学力の完全な定着をめざして学習を進めていきます。たとえば、週2日、「勉強クラブ」を実施し、チューターによる学習支援を行います。また、毎週火曜日の朝の時間には「小テスト　タイム」を実施し、日ごろの授業でのつまずき解消や知識の定着・発展をはかります。

SCHOOL DATA

- 神奈川県横浜市中区山手町203
- JR線「石川町」徒歩7分
- 女子のみ335名
- 045-641-3284
- http://www.yjg.y-gakuin.ed.jp/

横浜翠陵中学校

神奈川 横浜市 / 共学校

モットーは「Think & Challenge!」

「Think & Challenge!」をモットーに、「考える力」と「挑戦する心」を育む横浜翠陵中学校。「英語力×人間力」を兼ね備えたグローバルリーダーの育成をめざし、入学生全員が中高6カ年一貫の「グローバルチャレンジクラス」生となります。

「英語力」を伸ばすために、ネイティブ教員による英会話レッスンなどを行う「サマースタディーキャンプ」の実施や、ニュージーランドやイギリス、カナダへの海外教育研修、アメリカ、中国、メキシコとの交換留学制度を整えています。

そして、「トレッキングデー」や「ウインターキャンプ」などの行事に挑戦し、やり遂げた時に得る達成感を自信に変えていくことで、どんな困難にも立ち向かえる「人間力」を高めていきます。また、中学3年間をつうじて取り組む「翠陵グローバルプロジェクト」も特徴的です。グローバル社会に関する課題について研究を進め、最終的にプレゼンテーションをするもので、まさに「Think & Challenge!」実践の場といえるでしょう。

一人ひとりと徹底的に向きあう

小規模で温かい雰囲気が漂う横浜翠陵の基本姿勢は、「徹底的に一人ひとりの生徒と向きあう」ことです。学習活動をD＝Desire（好奇心と意欲の活性化）、U＝Understand（理解）、T＝Training（実践的な演習）の3段階に分類し、いま、なにを、なんのために行うのかを、教員と生徒が確認しながら学習を進めていきます。教員が個々の状況を把握しておくことで、それぞれの生徒が異なる場所でつまずいたとしても、必要なタイミングできめ細かいフォローアップを行えるのです。そうして「知りたい→分かった→できた」のプロセスをていねいに繰り返すことで、1歩ずつ着実に学力を向上させていきます。

「夢の実現」に向けて、日々進歩する横浜翠陵中学校です。

SCHOOL DATA

- 神奈川県横浜市緑区三保町1
- JR線「十日市場」・東急田園都市線「青葉台」・相鉄線「三ツ境」バス
- 男子124名、女子54名
- 045-921-0301
- http://www.suiryo.ed.jp/

横浜創英中学校

カナダ語学研修がきっかけで

進化をつづける横浜創英

2003年（平成15年）開校の横浜創英は、今春15期生を迎え「進化」しつづけています。建学の精神、「考えて行動のできる人」の育成をめざし、生徒は日々の授業・学校行事・部活動に取り組んでいます。授業への意欲関心を高めるための「仕掛け」として、独自の多彩な体験学習があるのが特徴です。また、すべての体験学習が中3の「カナダ語学研修」につながっていることも特筆すべき点です。

中1からの3名のネイティブスピーカーによるイングリッシュ・アワーは、30分間の「楽しい英会話」の時間です。英語だけを使い、日常的なコミュニケーションに必要な言葉を「耳から覚える」ことを基本とします。「読み・書き」はもちろん、「話せる」点を重視した「使える英語」の習得をめざす横浜創英の英語教育を体現する取り組みです。

中2の関西歴史研修（京都・奈良）では、3～4名の班に京都大の外国人留学生が入り、横浜創英生が英語で説明しながら京都市内を散策するユニークなプログラムがあります。そして中3では11日間の「カナダ語学研修」に全員が参加します。ひとり1家庭にホームステイをしながら、同じ年代のバディといっしょに学校へ通い、現地校での授業体験や異文化交流を行います。最終日のフェアウェルパーティーは「感動」で幕を閉じます。この「カナダ語学研修」へ向けての取り組みと11日間の貴重な「体験」と「感動」が、生徒たちの自己肯定感を育みます。

6カ年教育を終えた卒業生のなかには、「将来は国連で働きたい」という夢に向かって海外の大学へ入学した者もいます。横浜創英は、体験からの学びを大切にしています。幅広い知識・教養と柔軟な思考力に基づいて新しい価値を創造し、他者と協働する能力を育て、これからの社会に貢献ができる人材を育成することをめざして進化しています。

SCHOOL DATA
- 神奈川県横浜市神奈川区西大口28
- JR線「大口」徒歩8分、京浜急行線「子安」徒歩12分、東急東横線「妙蓮寺」徒歩17分
- 男子52名、女子84名
- 045-421-3121
- http://www.soei.ed.jp/

横浜隼人中学校

「必要で信頼される人」を育成

横浜市にありながらも、遠くに富士山を仰ぐ緑豊かな自然環境にある横浜隼人中学校・高等学校。敷地面積は、なんと約5万4000㎡もの広さです。学校全体を写した航空写真を見ると、その広大なキャンパスの姿に驚かされます。また、2015年（平成27年）には新校舎が完成しました。そんな恵まれた教育環境のもと、生徒が将来、それぞれの場で重要な役割を担える「必要で信頼される人」に育つことをめざした教育が行われています。勉強だけでなく、「他人への思いやり」、「環境へのやさしさ」、「差別や偏見のない広い視野」、そして「困難に打ち勝つ勇気」を身につけることを大切にした教育が行われているのです。

「横浜隼人」21世紀の教育

さらにすぐれた教育環境をつくりだすため、横浜隼人では、『横浜隼人』21世紀の教育」という教育プログラムを実践しています。これは、生徒の能力・適性に合わせ、一人ひとりの生徒の無限の可能性を広げていくための具体的な施策で、「進学のためのプログラム」と「人間形成のためのプログラム」が柱となっています。

「進学のためのプログラム」では、基礎・基本を重視して多様な学習プログラムが実践されています。通常の授業に加え、放課後の時間（ハヤトタイム）・講習・さまざまなテストなどの充実した学習プログラムにより、学習習慣を定着させ、将来の大学受験を容易にします。さらに、生徒の能力に合わせ、中2より習熟度別授業を実施するとともに、毎月第1・3・5土曜日は授業を行っています。

「人間形成のためのプログラム」では、生徒同士、そして生徒と教員とのコミュニケーションを大切にしています。スポーツ・クラブ活動を積極的に奨励する「部活動」、英語で教えるイマージョン教育などのプログラムを展開する「国際人を創る」ための取り組みを行っています。

SCHOOL DATA
- 神奈川県横浜市瀬谷区阿久和南1-3-1
- 相鉄線「希望ヶ丘」徒歩18分
- 男子142名、女子63名
- 045-364-5101
- http://www.hayato.ed.jp/

横浜富士見丘学園中学校 〈2019年度より男女共学化〉

神奈川 横浜市 共学校

2019年度から男女共学化で新しい教育を

現在、横浜富士見丘学園は、「新しい大学入試にも対応した、進路実現のための確かな学力の育成」「全員コミュニケーション手段としての活きた英語力を習得」「自ら未来を切り拓いていくためのジェネリックスキルの育成」「新たな時代を切り拓く情報分析力や数理能力を身につける理数教育の強化」という、4つのカリキュラムポリシーで、知的で品位ある人間性と、洗練された国際感覚を持ち、社会に貢献する、「たくましくしなやかに22世紀を創造する」人材の育成を行っています。

独自のクラス編成で高い学力を養成

女子は、中学ではきめ細やかな学習指導で、徹底した基礎学力を育成します。高1で、私立文系のスタンダードクラス（ST）と国公立・難関私立大学進学をめざす文理総合特進のグローバル＆サイエンスクラス（G&S）に分かれます。

さらに、G&Sは高2から文系特進と理数特進の2クラスに分かれ、希望進路を実現します。

男子は、医学部、国公立・難関私立大学理数系大学進学をめざす理数特進クラスのみです。中1から高1までは女子と別クラス編成ですが、高2から女子の理数特進と混合クラスになります。

充実した体験型英語プログラム

ネイティブ副担任制（中1・中2女子）、グローバルアイ（中3）、オーストラリア研修（中3女子全員）、オーストラリア短期留学（中3・高校希望制）、アメリカ西海岸大学訪問研修（中3男子全員・高校希望制）、セブ島英語研修（G&S高校入学1年生全員・他学年希望制）など、多彩な体験型英語プログラムがあります。加えて、英検やGTEC受検を必修化とし、全員がCEFRでB2レベル以上の生きた英語力をつけることを目標としています。

SCHOOL DATA

◆ 神奈川県横浜市旭区中沢1-24-1
◆ 相鉄線「二俣川」徒歩15分
◆ 現在は女子のみ82名〈2019年度より共学〉
◆ 045-367-4380
◆ http://www.fujimigaoka.ed.jp/

横浜雙葉中学校

神奈川 横浜市 女子校

抜群の教育環境を誇る

横浜雙葉の象徴である三角帽子の鐘楼を中心に、山手の高台にはコロニアル風の校舎が広がります。独特の風が吹きわたる山手地区でも、ひときわ色濃く異国情緒を醸しだすかのようです。丘の上からは港や市街が、さらに富士山や房総半島も見通せます。

横浜雙葉は1872年（明治5年）、最初の来日修道女マザー・マチルドによってその基礎が築かれました。1900年（明治33年）にカトリック学校横浜紅蘭女学校として始められ、1951年（昭和26年）に現在の名称に改称されました。「徳においては純真に、義務においては堅実に」という校訓と、キリスト教の精神を象徴する校章は、全世界の「幼きイエス会」系の学校に共通となっています。

生徒の夢を紡ぐ校舎とカリキュラム

最新の情報ネットワークを駆使した西校舎には、図書館やITワークショップルームをはじめ宗教教室などが配置されています。大きな吹き抜けには光が降りそそぎ、白い壁と大理石の床が清潔なコントラストをなします。生徒たちは、このすばらしい校舎で貴重な青春のひとときを過ごします。

創立100周年を機に大きく刷新されたカリキュラムは、さらに進化し、文系と理数系を問わず強化し、少人数授業を導入するなど、定評ある横浜雙葉の教育がいっそうきめ細やかなものになっています。

横浜雙葉に入学すると、在校生が織りなす新入生のためのミサで出迎えられます。ミサはクリスマスのほか、年に数度実施されます。

横浜雙葉は敬虔なカトリックの学校ですが、宗教を強制せず、信仰の有無も合否判定に影響させません。

生徒一人ひとりが、家庭的なかかわりをとおして自分の使命を見出し、未来の共生社会を築くために具体的にグローバルな視点を持ち、行動できる力を育んでいる横浜雙葉中学校です。

SCHOOL DATA

◆ 神奈川県横浜市中区山手町88
◆ みなとみらい線「元町・中華街」徒歩6分、JR線「石川町」徒歩13分、JR線「山手」徒歩15分
◆ 女子のみ558名
◆ 045-641-1004
◆ http://www.yokohamafutaba.ed.jp/

求めなさい そうすれば与えられる
探しなさい そうすればみつかる
門をたたきなさい そうすれば開かれる
(マタイ7章7節)

Misono Jogakuin Junior & Senior High School
MIS♥NO

学校説明会 ※予約不要
11月4日(日) 9:30〜11:30
6年生対象入試勉強会、
小学生対象体験入学

12月1日(土) 9:30〜11:30
面接シミュレーション、小学生対象体験入学
出題のポイント説明など

帰国生説明会 ※要予約
8月3日(金) 9:30〜11:30
予約開始 6月15日(金) 13:00〜

親子ミニ説明会 ※要予約
8月25日(土) 9:30〜11:30
予約開始 7月17日(火) 13:00〜

ナイト説明会 ※要予約
10月19日(金) 18:00〜19:30
受付開始 9月22日(土) 13:00〜

授業見学会 ※要予約
1月18日(金) 10:00〜11:30(6年生限定)
予約開始 12月22日(土) 9:00〜

2月19日(火) 10:00〜11:30(5年生以下限定)
予約開始 1月21日(月) 9:00〜

聖園祭(文化祭)
9月22日(土)・23日(日)
※教員・保護者・高3生による入試相談コーナーあり

聖園女学院 中学校／高等学校
〒251-0873 神奈川県藤沢市みその台1-4
TEL.0466-81-3333 http://www.misono.jp/

世界へ羽ばたけ!!

SINCE 2000

Soar Around The World 2019

中高 専修大学松戸中学校・高等学校

〒271-8585 千葉県松戸市上本郷2-3621　TEL.047-362-9102　http://www.senshu-u-matsudo.ed.jp/

専修大学松戸
高等学校・中学校・幼稚園
公式ロゴマーク

体験授業(4年生以上対象) 予6/4(月)〜
7/8(日) 午前 ❶9:30〜/❷11:00〜
　　　　午後 ❶13:00〜/❷14:30〜

テーマ別説明会(予約不要)
7/8(日) 午前 ❶9:30〜/❷11:00〜
　　　　午後 ❶13:00〜/❷14:30〜

中学校見学会 予6/25(月)〜
7/14(土)・**15**(日)
2日間とも9:30〜

文化祭 一般公開(予約不要)
9/15(土)・**16**(日)9:00〜

中学校説明会(予約不要)
10/6(土)、**11/3**(土)、**12/9**(日)
3日間とも10:00〜

【ダイジェスト版】予12/14(金)〜
1/6(日)14:00〜

予＝要インターネット予約(本校HP)

2019年度 中学入学試験 ■試験科目：3回とも4科目(面接なし)
▶第1回**1/20**(日)〈定員100名〉 ▶第2回**26**(土)〈定員30名〉 ▶第3回**2/3**(日)〈定員20名〉

※第2回入試の定員には、帰国生枠(若干名)を含みます。なお、帰国生枠に出願の場合のみ、面接試験があります。
※詳細については募集要項をご参照ください。※第2回帰国生入試は、第1・3回一般入試との同時出願が可能になります。

インターネット
出願実施

モバイルサイトはこちらから▶▶ 専松 🔍

凛として生きる

今注目される和洋ラウンドシステム

英語で自己表現でき、国際社会で通用する英語力を身につけた生徒を育成するために、『和洋ラウンドシステム』という教育方法を導入しています。このシステムでは『くりかえし』学ぶことで定着をはかります。教科書を1年間で5回扱う過程で、たくさんの英語を聞き、使うことで英語力を磨きます。そして自分自身で課題を見つけ毎日勉強することを促します。

実験・観察を重視した理科教育

理科の授業は週4時間。「実体験から学ぶ科学」を掲げ、3年間で100項目の実験・観察を取り入れています。五感を使った体験型授業を展開し、身の回りの自然科学への理解を深めています。

1・2年生では液体窒素を使った状態変化の実験やブタの心臓の観察など本校独自の内容を取り入れ、理科への興味・関心を高め、3年生では課題研究に取り組むことで、自然科学への探求方法を学習し、科学的思考や応用力を養います。

◆ オープンスクール 要予約
- 第1回 8月25日(土) 9:00〜13:00
- 第2回 9月30日(日) 9:00〜13:00

※詳細はHPをご覧ください。

◆ 学校説明会 予約不要
- 第2回 10月20日(土) 10:30〜
- 第3回 11月10日(土) 10:30〜
- 第4回 12月 8日(土) 10:30〜
- 第5回 1月 6日(日) 10:30〜

※説明会終了後に校内見学・個別相談ができます。
第3・4回は体験講座もあります。(要予約)

◆ 体育大会
9月23日(日・祝)

◆ 学園祭
9月15日(土) 16日(日)

平成29年度
中学・高校・大学総合キャンパス完成

和洋国府台女子中学校

国府台キャンパス：〒272-8533　千葉県市川市国府台2-3-1　TEL.047-371-1120

国立・私立中学校プロフィール

千　葉

あ……162	さ……163	な……169	ら……170
か……162	た……167	は……170	わ……171

市川中学校

千葉　市川市　共学校

人間教育と学力伸長の両立

　2017年（平成29年）に、創立80周年を迎えた市川中学校。よき伝統の継承（不易）と進取の精神（流行）を持ち味とする学校です。

　市川では、教育理念「個性の尊重と自主自立」のもと、3本の柱を立てています。それが、「人はそれぞれ素晴らしい個性・持ち味があり、異なった可能性を持つかけがえのないものだ」という「独自無双の人間観」、個性や潜在している能力を引き出すために、一人ひとりに光をあて、じっくりとよく見る「よく見れば精神」、家庭で親から受ける「第一教育」、学校で教師から受ける「第二教育」につづき、自ら主体的に学ぶ生涯教育である「第三教育」の3つです。こうした精神を大切に、「真の学力」「教養力」「サイエンス力」「グローバル力」「人間力」を育む「リベラルアーツ教育」を行っています。

市川ならではの多彩なプログラムの数々

　市川では、以前から授業にアクティブラーニングを取り入れていましたが、現在は「ALICEプロジェクト」（Active Learning for Ichikawa Creative Education）として、その教育をさらに発展させています。電子黒板機能つきのプロジェクターやタブレット端末を備えた「ALICEルーム」も誕生しました。

　また、大学教授や研究者から幅広い分野・領域について学ぶ土曜講座も特徴的です。教科の枠を越えた興味・関心に基づく講座により、生徒の主体的な学びをうながしています。

　さらに国際教育も充実。修学旅行ではシンガポールに行き、希望者はイギリスやカナダでの研修に参加できます。しかし、大切にされているのは、日本を知ったうえで活動の場を世界へ広げることです。真の国際人には自国文化への深い理解が必要だと考え、学校がある市川市の自然を観察したり、奈良・京都を訪れたりする行事が実施されています。

　さまざまな独自の教育により、学力とともに人間力を身につけられる市川中学校です。

SCHOOL DATA

- 千葉県市川市本北方2-38-1
- 京成線「鬼越」徒歩20分、JR線・都営新宿線「本八幡」、JR線「市川大野」バス
- 男子600名、女子386名
- 047-339-2681
- http://www.ichigaku.ac.jp/

暁星国際中学校

千葉　木更津市　共学校

世界に輝く人間をめざす

　キリスト教カトリックの精神にのっとり、品格ある国際人を育成することを目的に1979年（昭和54年）に創立された暁星国際中学校・高等学校は、今年度創立40周年を迎えようとしています。

　「個」重視の時代に対応すべく、どのコースも少人数のクラス編成、また科目によって習熟度別編成で授業を展開しています。学力の向上で進路実現をめざす特進・進学コース、授業の大半が外国人教員の生きた英語で展開されるインターナショナルコース、スポーツと学業の両立で進学をめざすアストラインターナショナルコース（高等学校のみ）、自らテーマを深く探求していくヨハネ研究の森コースの4コースを設置し、それぞれの生徒の目標達成に合わせた学力の定着をはかっています。週あたり40時間の授業カリキュラムが組まれており、とくに世界で通用する語学力の向上のためにどのコースも英語にじゅうぶんな時間数を確保し、中学卒業時までにインターナショナルコースでは準1級、特進・進学コースでは準2級の取得をめざしています。特進・進学コースでは週あたり12時間の英語授業が実施されています。

寮と学校の相乗効果をめざす

　併設されている寮は、中学1年生から高校3年生までの大きな家族です。キリスト教精神に基づいた規則正しい生活習慣、密度の濃い人間関係を滋養する人間教育の場であるとともに、土日も含め毎日最低でも3時間の自習時間が設定され、学力養成の場ともなっています。寮生は学校図書館も夜10時まで利用できます。

　併設されている高校では、さらに進学に特化した授業が展開され、希望の進路を実現して卒業していきます。近年理系志望の生徒も増加し、一昨年は理系で東京大に3名、私立大学医学部に5名が、また昨年度も4名が医学部に進学しました。

SCHOOL DATA

- 千葉県木更津市矢那1083
- JR線「木更津」・「姉ケ崎」・「川崎」・「新浦安」、JR線ほか「横浜」スクールバス
- 男子106名、女子74名
- 0438-52-3291
- http://www.gis.ac.jp/

国府台女子学院中学部

千葉 市川市 / 女子校

心の教育を大切に個性に応じた指導を展開

「敬虔・勤労・高雅」を三大目標とする国府台女子学院中学部。仏教の教えを現代に受け継ぎ、「智慧」と「慈悲」の心を育てています。週1時間行われている仏教の授業では、仏教の思想や歴史について学び、仏教以外の宗教、宗教間紛争などの時事問題についても考えていきます。こうした教育をつうじて、偏りのない道徳心や倫理観、歴史観を育んでいるのです。

学力を確実に養い幅広い進路に対応

中学部では中1・中2で基礎学力を充実させ、演習により知識を定着させます。中3では選抜クラスを1クラス編成し、数学・英語では習熟度に応じた授業が展開されます。探求力・表現力・コミュニケーション力を高める情報リテラシー、アメリカ海外語学研修や海外異文化研修など、学習意欲を引き出す取り組みがあるのも魅力的です。

また、「心の教育」に力をそそいでいるのが特徴で、芸術鑑賞や茶道教室、仏教行事などをとおして、繊細な感性や慈しみ、思いやりの心を育んでいます。

そして高等部では、普通科と英語科が設置され、それぞれの希望進路に応じた指導が展開されています。

普通科では、高1は普通クラスと選抜クラス、高2からは文系か理系か、国公立系か私立系かという目標に応じて5つのコースに分かれます。高3は、多様な選択科目と少人数制の実践的なカリキュラムが設けられているのが特色です。また、普通科には美術系大学をめざす美術・デザインコースも設置されています。

英語科は、開設30年の歴史ある科です。必修とされているアメリカ語学研修や充実した授業で英語力を磨き、グローバル社会で活躍できる国際人をめざします。

心の教育を大切に、生徒の個性に応じた指導を展開する国府台女子学院です。

SCHOOL DATA
- 千葉県市川市菅野3-24-1
- 京成本線「市川真間」徒歩5分、JR線「市川」徒歩12分またはバス
- 女子のみ603名
- 047-322-7770
- http://www.konodai-gs.ac.jp/

芝浦工業大学柏中学校

千葉 柏市 / 共学校

創造性の開発と個性の発揮

増尾城址公園に隣接した自然にかこまれ、恵まれた教育環境にある芝浦工業大学柏中高。建学の精神「創造性の開発と個性の発揮」のもと、①広い視野（興味・関心・知的好奇心）の育成、②豊かな感性と情緒の育成、③思考力の強化と厚みのある学力の養成を教育方針に掲げ、その教育が展開されています。

多様な進路に対応するカリキュラム

高校のカリキュラムはグローバル・サイエンス（GS）とジェネラルラーニング（GL）の2コース制です。このクラス編成は、生徒の個性に合った学習をより進めていくためのものであり、GSはアクティブ・ラーニングを実施しながら東京大をはじめとする最難関国公立大をめざすクラス、GLは補習などを適宜実施しつつ5教科7科目を高いレベルで学習し、国公立大、難関私立大をめざすクラスです。中学は2016年度（平成28年度）からグローバルサイエンスの取り組みをスタートさせています。

芝浦工大柏では、ほぼ全員が4年制大学への進学を志望し、生徒の約3分の2が理系志望、約3分の1が文系志望となっています。そのため進路指導は、生徒の興味、適性、志を大切にしています。そして、生徒一人ひとりが持てる能力をじゅうぶんに発揮でき、生きがいを持って進める道を見出せるように、学習、ホームルーム、面談をとおして、きめ細かな進路指導を行っているのが特徴です。

受験対策は、高1～高3で夏期講習会を実施するほか、各学年で希望者を対象に放課後の講習・補習を行い、実力養成に努めます。東京工大1名、京都大3名など最難関国公立大で現役合格者を輩出。その他、横浜国立大、東京外大、筑波大、千葉大などを含めた現役国公立大学・大学校合格者は229名、早慶上理合格者はのべ107名、国公立大・早慶上理・G-MARCHいずれかの合格をつかんだ生徒の率も48%になっています。

SCHOOL DATA
- 千葉県柏市増尾700
- 東武野田線「新柏」徒歩25分またはスクールバス、JR線・東武野田線「柏」スクールバス
- 男子394名、女子185名
- 04-7174-3100
- http://www.ka.shibaura-it.ac.jp/

渋谷教育学園幕張中学校

千葉　千葉市　共学校

「自らの手で調べ、自らの頭で考える」

幕張新都心の一角、「学園のまち」に渋谷教育学園幕張中学校・高等学校はあります。まわりには県立高校、県立保健医療大、放送大、神田外語大、千葉県総合教育センターなど多くの文教施設が集まり、まさに学ぶには理想的な環境といえます。

創立は1983年（昭和58年）、中学校の創立は1986年（昭和61年）と、比較的若い学校と言えますが、毎年多くの卒業生を東京大をはじめとする超難関大学に送りだしており、千葉県屈指の進学校です。

また、渋谷教育学園幕張といえば、先駆的なシラバスの導入でも有名です。このシラバスは、つねに改訂や工夫が行われ、充実度の高い大学合格実績をしっかり支えていると言ってよいでしょう。

しかし、けっして進学だけを重視している学校ではありません。「自らの手で調べ、自らの頭で考える」という意味の「自調自考」を教育目標に掲げており、生徒の自発性を尊重した教育を行っています。そして、心の成長・陶冶をめざし、他者への理解、思いやり、連帯性を重視しています。

国際人としての資質を養う

生徒の眼前にグローバルな世界と未来が開けていることを考え、渋谷教育学園幕張では、外国人教員による少人数外国語教育、長期・短期の海外留学、海外からの帰国生および外国人留学生の受け入れを積極的につづけています。

この環境を地盤として、異なる知識や体験の交流、共有化を進め、また、日常的学習の場も含めて国際理解へのよりいっそうの視野の拡大をはかっているのです。

敬愛され、伸びのびと活動し、貢献しうる日本人の可能性をさらに追求し、21世紀の地球と人間生活の反映に貢献できる人材の育成をめざす渋谷教育学園幕張中学校・高等学校です。

SCHOOL DATA
- 千葉県千葉市美浜区若葉1-3
- JR線「海浜幕張」徒歩10分、京成千葉線「京成幕張」徒歩14分、JR線「幕張」徒歩16分
- 男子599名、女子300名
- 043-271-1221
- http://www.shibumaku.jp/

秀明大学学校教師学部附属秀明八千代中学校

千葉　八千代市　共学校

独自の中大連携教育とPGTプログラム

秀明大学学校教師学部附属秀明八千代中学校は、2015年度（平成27年度）、秀明八千代中学校から校名を変更し、新たな歴史をスタートさせました。

秀明大学学校教師学部の附属校として、大学教授による特別授業や大学生による学習サポート、大学生といっしょに行う行事など、多彩な連携教育があります。また、すぐれた教師を多数輩出する学校教師学部の指導力が活かされた教育により、「学ぶ楽しさ」「知るよろこび」を感じながら学校生活を送れます。

さらに教育の特徴として「PGTプログラム」があげられます。これは「Practical Skills（実践力）」「Global Skills（国際力）」「Traditional Skills（伝統力）」を身につけ、未来を生きるための力を育むプログラムで、「味噌作り」や大学研究室訪問といった体験型学習、イギリス人教師による少人数英会話授業や全員参加のイギリス英語研修、食育や心の学習など、さまざまな取り組みが行われています。

到達度に応じたていねいな指導体制

個々の到達度に応じたきめ細かな指導体制も魅力です。国語・数学・英語では少人数到達度別授業が行われ、英語においては、勉強方法を相談したり、個別指導を受けたりできるイングリッシュ・スタディ・センターも用意されています。さらに、講習や補習、英検、漢検、数検の対策講座も充実しています。

こうして生徒の学力を向上させるとともに、学習意欲を引き出すために各教科の成績最優秀者などを表彰する制度を設けているのも特徴的です。

附属校としてのメリットを活かしつつ、独自のプログラムで生徒を伸ばす秀明大学学校教師学部附属秀明八千代中学校。その取り組みは、大手教育出版社から注目され、今春『中学校各教科の「見方・考え方」をきたえる授業プログラム』（学事出版）が刊行されました。

SCHOOL DATA
- 千葉県八千代市桑橋803
- 東葉高速線「八千代緑が丘」・JR線「津田沼」「木下」・新京成線「薬園台」・北総線「千葉ニュータウン中央」バス
- 男子57名、女子31名
- 047-450-7001
- http://www.shumeiyachiyo.ed.jp/

昭和学院中学校

千葉 市川市 共学校

SGアカデミー：未来講座スタート！

JR線・都営新宿線「本八幡駅」、京成電鉄線「京成八幡駅」から歩いても15分（バス5分）、JR線・北総鉄道「東松戸駅」よりバス15分という、大変便利な千葉県市川市の閑静な住宅街に昭和学院中学校・高等学校はあります。

その建学の精神は、創立者伊藤友作先生がしめされた校訓「明敏謙譲」、すなわち「明朗にして健康で、自主性に富み、謙虚で個性豊かな人間を育てる」ことにあります。

この変わらぬ建学の精神のもと、四季折々の豊かな自然の息吹を感じる未来型創造キャンパスで、中・高の6年間を過ごすことができます。

効果的な学習指導

昭和学院では、中高一貫という私学の特性をいかし、6年間の教育課程をつうじて生徒の能力・適性に応じたきめ細やかな進路指導を行っています。

中学1年から特進クラスをおくなど、習熟度に応じたきめ細かいクラス編成と教育内容を実施しています。

英語教育も充実しており、オールイングリッシュの英語授業や国内イングリッシュキャンプ、海外語学研修などに取り組みます。3年間の朝読書をとおして想像力を育み、プレゼンテーションに発展させるなど、論理的思考力や想像のフィールドを広げ、すべての学習の基盤を築いていきます。

また、「SGアカデミー：未来講座」をスタート。「夢や理想」の実現に向けて、学習意欲の喚起や自己実現に寄与します。講演テーマは、生徒たちへの提言、体験談、専門領域などさまざまです。いろいろな分野の講話を1年に約10回程度開催します。

確かな学力・豊かな心・健やかな身体を育むための教育を基本方針とし、部活動への参加も奨励し、高いレベルの文武両道の精神が伝統となっています。

SCHOOL DATA
- 千葉県市川市東菅野2-17-1
- JR線・都営新宿線「本八幡」・京成本線「京成八幡」徒歩15分、JR線・北総線「東松戸」バス
- 男子118名、女子215名
- 047-323-4171
- http://www.showa-gkn.ed.jp/js/

昭和学院秀英中学校

千葉 千葉市 共学校

独自のプログラムで伸びる進学実績

「明朗謙虚」「勤勉向上」を校訓とする昭和学院秀英中学校・高等学校。「質の高い授業」「きめ細やかな進路指導」「豊かな心の育成」という3つの実践目標のもと、充実したカリキュラムを展開しています。

昭和学院秀英の授業は、ただの詰めこみではなく、生徒の思考力・実践力・表現力を高め、もっと生徒が学びたくなるよう、日々教員が努力し、改善をしているところに大きな特徴があります。たとえば、昭和学院秀英には独自の作文教育と読書教育があります。これは1985年（昭和60年）の創立以来つづけられているもので、「読む」「考える」「書く」を繰り返すなかで「自ら考える」習慣を身につけ、思考力・実践力・表現力を養います。

また、国際的視野と語学力の育成のため、今年度は福島のブリティッシュヒルズ、アメリカのワシントン州、ボストン・NASA、イギリスのケント大学での研修が用意されています。

全員が「特進クラス」

昭和学院秀英はいわゆる「特進クラス」や「習熟度別クラス」などは設置していません。中・高の6年間にわたって質の高い授業を生徒全員に行うことで、他校で「特進」「特別」と呼ばれるクラスと同様の内容、レベルの教育を提供することができるのです。

生徒のほぼ100％が4年制大学への進学をめざしているため、進路指導は進路に適応した指導と助言が行われ、高校1年次では不得意科目克服のための補習、2・3年次では進学のための補習を放課後などを活用して実施、また春期・夏期・冬期の休暇中には講習も実施しています。

国公立大・私立大への優秀な入試合格実績とともに早稲田大・慶應義塾大・上智大をはじめとする有名私立大への指定校推薦もあり、難関大学への進学実績が伸びつづけている昭和学院秀英中学校・高等学校です。

SCHOOL DATA
- 千葉県千葉市美浜区若葉1-2
- JR線「海浜幕張」徒歩10分、JR線「幕張」・京成千葉線「京成幕張」徒歩15分
- 男子240名、女子295名
- 043-272-2481
- https://www.showa-shuei.ed.jp/

聖徳大学附属女子中学校

千葉 松戸市　女子校

「和」の精神を基に「女子力」と「学力」を向上

聖徳大学附属女子中学校・高等学校は、千葉県松戸市郊外の静かな環境のなか、社会で自分らしく輝ける女性を育んでいます。

教育理念である「和」の精神に基づき、「思いやる力」「かなえる力」「助け合う力」を養う全国屈指の人間教育プログラムが特徴です。その一例として、正しい礼儀作法を身につける「礼法」の授業、食材の生産者や調理してくれたかたがたへの感謝を大切にしながら全校生徒と教員全員で昼食をとる「会食」の時間などがあります。こうした学びをつうじて、生徒は将来幅広い分野で活躍するための学芸・情操を身につけていきます。

「S探究コース」・「LAコース」を新設

2019年度入学生より、中高ともに「S探究コース」と「LAコース」の2コースを新設します。「S探究コース」では、「聖徳流21世紀型スキル」を身につけ、自らキャリアデザインする力を育成します。「LAコース」では、文化理解を含めた言語能力の獲得をつうじて、グローバルな課題を解決する力を育成していきます。

週1時間の礼法は6年間必修で、小笠原流礼法宗家の指導による授業も実施しています。卒業時には全員が許状取得可能です。また書道も6年間必修です。聖徳女子では、日本の伝統文化の真髄にふれることができる豊かな時間が流れています。

昼食は全生徒・全教員での会食スタイルを開校以来採用しており、なごやかな雰囲気のなかで、食事のマナーも自然と身についていきます。

また、校内では全館でWi-Fiが整備されており、ひとり1台持つiPadを活用して、生徒の探究心をいつでもどこでも満たすことができます。

心を磨き、知性を獲得した生徒は、生涯にわたり学びつづけ、未来の世界に冒険をつづける女性として自己表現していきます。

SCHOOL DATA

- 千葉県松戸市秋山600
- 北総線「北国分」「秋山」徒歩10分、JR線「松戸」「市川」・京成線「市川真間」バス
- 女子のみ155名
- 047-392-8111
- http://www.seitoku.jp/highschool/

西武台千葉中学校

千葉 野田市　共学校

「西武台シンカ論」で突き進む

2011年（平成23年）より、東京大・東京工大・一橋大などの難関国公立大および早稲田大・慶應義塾大・上智大などの難関私立大への現役合格をめざす「中高一貫特選コース」がスタート。2012年（平成24年）4月より校名を西武台中学校から変更した西武台千葉中学・高等学校は、「西武台シンカ論」を新時代へのマニフェストとして掲げています。

これは、生徒一人ひとりのニーズに応えて個性と能力を伸ばし、志気と体力を高め、「可能性の実現」へ導いていくものです。

現役合格を力強くサポート

西武台千葉で新しく導入された中高一貫特選コースは、中高6カ年を3つのステージに分けて展開します。

第1ステージは、中1から中2までの「基礎期」。第2ステージは、中3から高1までの「発展期」。そして第3ステージが、高2から高3までの「進路実現期」です。

高2修了までに高3の内容を学習し、高3では主として大学入試センター試験や志望大学の2次試験問題の演習期間にあて、難関大学の現役合格を力強くサポートしていきます。

また、第2ステージまでは、従来からある「進学コース」との入れ替えを毎年行い、生徒同士が切磋琢磨することで、学力の向上や高いモチベーションの維持をはかっています。

学習内容の特徴としては、一貫用テキストの使用、日本人教師と外国人講師のチームティーチングによる英語力の強化など、きめ細かな教育を提供しています。

部活動も活発

また、西武台千葉では、運動部と文化部合わせて18の部が活動しており、中学生の8割以上がいずれかの部活動に参加しています。学習、部活動、学校行事などをとおして、知・徳・体のバランスがとれた豊かな人間形成をめざしているのです。

SCHOOL DATA

- 千葉県野田市尾崎2241-2
- 東武野田線「川間」徒歩17分またはバス
- 男子57名、女子74名
- 04-7127-1111
- http://www.seibudai-chiba.jp/

専修大学松戸中学校

千葉 松戸市 共学校

生徒一人ひとりの"夢プラン"を支える

専修大学松戸中学校・高等学校は、「国際舞台を視野に入れる」「難関大学をめざす」「報恩奉仕」を教育方針とし、ハイレベルな国際教育と理数系教育、充実した学習環境を提供しています。

英語・理数教育の充実が強み

専大松戸の教育において特筆されるのは、英語教育と理数教育の充実です。

英語教育は、国際人を育むことを目標に、中学卒業時には全員が英語検定準2級以上の取得をめざしています。

アンビションホール（高志館）を国際交流・英語学習の中核として位置づけ、英会話の授業やランチタイムアクティビティで利用しています。週7時間ある英語授業のうち、2時間はネイティブ教員と日本人教員によるチームティーチングが実施されています。

中学3年の6月にはアメリカ・ネブラスカ州への13日間の全員参加の修学旅行を行っています。姉妹校との交流、体験授業への参加、ホームステイを3つの柱として、「使える英語力」の向上と国際感覚の養成をはかります。

理数教育では、数学は中2までに中学課程を修了し、中3より高校課程に進みます。高3では演習授業を中心に展開しています。生徒にとってはむずかしい点も、補習などでフォローアップしていきます。理科は中学時より物理、化学、生物、地学に分けた専門別授業を行っています。中1、中2では上記のほかに「理科実験」の授業を1時間ずつ行い、さまざまな実験をつうじて、生徒の理科への興味・関心を高めています。

さらに土曜日を中心にさまざまな体験型特別活動を取り入れ、勉強だけに偏らないバランスがとれた人間力を養います。生徒一人ひとりのモチベーションを高め、"夢"の実現を全力で支援する専修大学松戸中学校・高等学校です。

SCHOOL DATA

- 千葉県松戸市上本郷2-3621
- JR線・地下鉄千代田線「北松戸」徒歩10分、新京成線「松戸新田」徒歩15分
- 男子249名、女子235名
- 047-362-9102
- http://www.senshu-u-matsudo.ed.jp/

千葉日本大学第一中学校

千葉 船橋市 共学校

「真・健・和」の精神のもと自立した人間へと成長

千葉日本大学第一中学校は「真・健・和」の3つを校訓と定めており、生徒が「愛校心」をもって学校生活を送ることができるような環境をめざしています。

中学では、基礎学力をつけさせることを目標に主要教科の時間数を増やすとともに、放課後補習や夏期講習を行っています。夏期講習は中学だけで25個の講座が開かれ、幅広い学力層にも対応しています。

英語教育では、英会話のクラスを10数名程度にし、外国人講師と日本人英語教師が2名体制で指導しています。オンライン英会話『レアジョブ』と提携をしており、1対1での英会話も推し進めています。さらに本年度から、中学3年生対象の海外語学研修も行われ、そこでも1対1での英会話をベースとして英語力の向上をめざします。夏には英検対策を各級ごとに開き、2017年度（平成29年度）では中学で英検2級合格者が10名を記録しています。

大学進学は、6割弱が日本大に、2割強が国公立大や早慶上理、G-MARCHなどへ進学します。現役生の4年制大への進学率は県内トップの在籍者9割弱に達しています。

大学との連携授業や充実した施設

大学との連携教育も充実しており、夏休みには日本大の医・歯・薬学部で体験授業や看護体験ができます。また、隣接する日本大理工学部が主催する「八海山サイエンスサマーキャンプ」にも参加することができます。

施設も充実しており、2017年に完成した新校舎には、広い自習室や230席のランチルーム、サイエンスプラザがあります。ミストを散水できる広い人工芝グラウンドや、4面あるテニスコート、6万冊ある図書室なども魅力です。職員室には教員に質問ができるスペースが設けられており、授業でわからなかったことを昼休みや放課後に気兼ねなく聞くことができます。

SCHOOL DATA

- 千葉県船橋市習志野台8-34-1
- 東葉高速鉄道「船橋日大前」徒歩12分、新京成線「習志野」徒歩18分、JR線「津田沼」・新京成線「北習志野」バス
- 男子412名、女子275名
- 047-466-5155
- http://www.chibanichi.ed.jp/

千葉明徳中学校

グローバル社会を切り拓く「行動する哲人」の育成

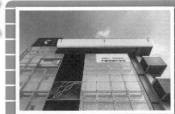

2011年（平成23年）に中学校を開校し、中高一貫6カ年教育をスタートさせた千葉明徳中学校。教育理念「行動する哲人」の育成に基づき、世界中のさまざまな文化や情報が一気に融合していく"グローバル社会"のなかで、自分の意志・考え方に立ってたくましく人生を切り拓いていける人材の育成を行っています。

「プレゼン」「国際理解」「ICT」

千葉明徳では、「プレゼンテーション教育」「国際理解教育」「ICT教育」を柱として、教育を展開しています。

一人ひとりにスポットライトが当たる少人数制クラスをいかした「プレゼンテーション教育」は、学習と発表を組みあわせた独自の学習指導により、授業や行事、毎朝の1分間スピーチなどさまざまな場面で展開されています。中3の2月には、全員がパワーポイントなどのプレゼンテーションソフトを用いて約15分の研究発表を行います。

「国際理解教育」の一環として、"つかえる英語力の育成"をモットーに、大学受験に必要な英語力と実際にアウトプットできる力を育てることを掲げ、週6時間、英語の授業を行っています（英会話含む）。多様な国内外のプログラムだけでなく、2017年4月よりベルリッツの英会話講座を千葉県で初めて正課授業に導入し、英語力の育成を加速させています。

また、生徒の主体的な学びを実現するため「ICT教育」にも力を入れており、全館インターネット回線を整備し、生徒はひとり1台iPadを所持しています。より深く効率的な授業が展開できるようになり、ICT活用スキルの取得はもちろん、情報活用力や表現力を磨く学習が可能となっています。

このような"時代の先"を見据えたさまざまな教育を、中学と高校が連携し全力でサポートしていくのが千葉明徳中学校です。

SCHOOL DATA
- 千葉県千葉市中央区南生実町1412
- 京成千原線「学園前」徒歩1分
- 男子68名、女子86名
- 043-265-1612
- http://www.chibameitoku.ac.jp/chuko/

東海大学付属浦安高等学校中等部

国際協調の精神を持つ人間性豊かな人材を育成

建学理念を基盤とする国際協調の精神を持ち、広い視野に立った人間性豊かな国民の育成を目標に、「大学の先にある人としての在り方生き方を考える生徒」、「高い目標をもち限界までチャレンジする生徒」、「思いやりをもち相手のことを考える生徒」、「自主的・意欲的に取り組むことが出来る生徒」を育てています。学習と部活動を両立し、学力形成と学校行事や文化・体育活動により、いきいきと主体的、能動的な生活を展開する「東海大浦安学び方スタンダード」を実践しています。

教科学習では、知育偏重でない総合教育を展開し、数学、英語は習熟度別授業を実施。外国人講師による少人数英会話授業も導入しています。さらに学校週6日制のもと、土曜日は、「思いやり」「キャリア教育」「課題学習」を軸に、社会参画、自己の将来設計につながる「総合的な学習の時間」「土曜講座」を行い、勤労の意義、正しいものの見方、判断を学び、コミュニケーション力を高めます。

また、国際感覚を早い段階から身につけるため国内・国外の語学研修を充実させています。

夢の実現に向けた東海大学への進学

中等部卒業後は、ほとんどの生徒が付属高等学校へ進学します。中等部での学びをさらに深化させ、学習や課外活動に積極的に取り組みながら、「人としての在り方生き方」を探究する態度、最後まで挑戦する力や論理的・科学的思考力を醸成し、グローバリゼーションを見据えたコミュニケーション力を向上させ、国際感覚を持った生徒を育成します。

推薦により、全国に広がる全19学部75学科の東海大への道が開けています。国内7キャンパス、3つの短期大学、ハワイ東海インターナショナルカレッジがあり、将来の夢の実現に向けた多彩な教育プログラムが用意されています。2018年（平成30年）は、卒業生の76%が東海大関係へ進学しました。

SCHOOL DATA
- 千葉県浦安市東野3-11-1
- JR線「舞浜」徒歩18分またはバス10分、JR線「新浦安」・地下鉄東西線「浦安」バス10分
- 男子246名、女子116名
- 047-351-2371
- http://www.urayasu.tokai.ed.jp/

東邦大学付属東邦中学校

千葉 習志野市　共学校

「自分探しの旅」にでよう

東邦大学付属東邦中学校は、1961年（昭和36年）に、東邦大学の附属校として開校されました。併設の高等学校は1952年（昭和27年）に開設されています。

母体の東邦大学は、医学部・看護学部・薬学部・理学部・健康科学部の5学部および医学部付属の3つの病院を持ち、自然科学の研究、教育、医療に重要な役割を果たしてきた大学として広く知られています。

週6日制、週35時間を確保して行われる正課の授業では、「精選と深化」による指導計画を工夫して、演習や実験実習を多く盛りこみながらも、高2までに主要教科の全学習範囲を終えます。

カリキュラムはリベラルアーツ型で、選択科目を多様に設けることで生徒の進路実現をサポートします。

Exploring Study（自分探し学習）

東邦大東邦中では、建学の精神「自然・生命・人間」の具体的な道筋として、「自分探しの旅」を学びのテーマとしています。

これは、学習はもちろんのこと、部活動や学校行事など、さまざまな体験を積みながら、つねに真の自分を探し、見つめようという意味であり、生徒にとっては将来の進路選択における心がまえであるとともに、人生や人間についての根源的な問題へとつうじるテーマとなっています。

そして、生徒一人ひとりが幅広く、また能動的に「自分探しの旅」をつづけていくために用意されている多彩な学習を体系化したものが「Exploring Study（自分探し学習）」です。

進学校として生徒の進路実現をサポートするプログラムであり、また、生徒がやがて大学に進学して専門的な学問研究などに挑戦する際に、それに必要な厚みのある知識を定着させ、人間社会に貢献できる高い志と豊かな人間性を育てるものとなっています。

SCHOOL DATA

◆ 千葉県習志野市泉町2-1-37
◆ 京成線「京成大久保」徒歩10分、JR線「津田沼」バス
◆ 男子544名、女子427名
◆ 047-472-8191
◆ http://www.tohojh.toho-u.ac.jp/

二松學舍大学附属柏中学校

千葉 柏市　共学校

人間力向上につながる独自教育で東京大にも合格

二松學舍大学附属柏中学校は、二松學舍初の附属中学校として、2011年（平成23年）に誕生しました。その教育を語るうえで欠かせないのが「論語教育」です。「論語」を、生きる力を育む最良の教材と考え、素読や暗唱に取り組んでいます。毎年、漢文検定試験にも挑戦し、中1が初級、中2が中級、中3が上級に合格するように努力を重ねています。

こうした伝統の教育に加え、授業内容のデータ化や動画を用いた実験解説など、タブレットを使ったICT教育も始められています。

2015年度（平成27年度）には、従来の2コース、難関国公立大、最難関私立大をめざす「特選コース」と、国公立大、難関私立大、二松學舍大を目標とする「選抜コース」に加え、「グローバルコース」が新設されました。異文化を理解し、多様な価値観を認めることを目標に、ネイティブスピーカーの教員による授業やグループ学習形式のアクティブラーニングを積極的に取り入れた真の国際人を育むコースです。また多彩な語学研修があり、異文化を体験できます。

自問自答力を養う5つの教室

二松學舍大柏では、将来、他人のこと・社会のこと・地球環境のことを考え、役に立つ人間になることを目標に、「自問自答力（自ら体験し、自ら問題を発見し、自ら答える力）」を育んでいます。

そのために、環境教育をテーマとする「沼の教室」、最先端の学問を学ぶ「都市の教室」、奈良・京都で日本の文化に触れる「古都の教室」、スキー研修を行う「雪の教室」、田植えから稲刈りまでを体験する「田んぼの教室」、異文化を体験するシンガポールでの「世界の教室」があります。そして、こうした学びの集大成として、中3では約8000字の「研究論文　自問自答」にも取り組みます。

独自の教育で生徒の人間力を向上させる二松學舍大学附属柏中学校です。

SCHOOL DATA

◆ 千葉県柏市大井2590
◆ JR線・地下鉄千代田線・東武野田線「柏」、東武野田線「新柏」、JR線「我孫子」スクールバス
◆ 男子82名、女子89名
◆ 04-7191-5242
◆ http://nishogakusha-kashiwa.ed.jp/

日出学園中学校

千葉 市川市 共学校

ファミリーとして学ぶ楽しさを実感できる

日出学園は、1934年（昭和9年）に幼稚園・小学校として創立されたのが始まりです。以来、1947年（昭和22年）に中学校が、1950年（昭和25年）に高等学校が開設され現在にいたっています。建学の精神は校訓「誠・明・和」の3文字にこめられ、「誠」は心を重んじる教育、「明」は自主的・積極的な明るさをつくる教育、「和」はともに力を合わせることの大切さを学ぶ教育を意味しています。

生徒の進路に合わせた授業を展開

日出学園中高の在校生は、ほとんど全員が大学進学を希望しています。中高一貫教育のメリットを最大限にいかしたカリキュラムが組まれており、中学では、各教科の基本的な内容の習得・理解定着をめざします。高校では、各自が進路志望に応じた教科を選択し、自主的に学習することによって大学入試に対応できる学力を養います。2013年度（平成25年度）より学校週6日制に変わりました。カリキュラムも新しくなり、より充実した環境で学習に取り組むことができます。

学習の基礎をしっかりと固めるため、数学と英語においては、中2から習熟度別少人数授業を実施しています。それぞれの学力に対応した授業を受けることで、学力向上をはかります。また、国語においては、教科書を中心に授業を進めていく「国語」と、文法や言語活動を中心に進めていく「言語表現」に分けて授業を行っています。すべての学習の基礎となる「読む・書く・話す・聞く」力をつけていくことを目標にしています。

このように、学習面において細やかな配慮がいきとどき、生徒たちは伸びのびと、そして着実に学力を養いつつ成長しています。その結果、近年は国公立大・難関私立大などへの合格実績も次第に上昇してきています。

中高6年間の一貫教育のなかで、勉学の楽しみを味わいながら、豊かな心を持つ人間を育てる、日出学園中学校・高等学校です。

SCHOOL DATA

- 千葉県市川市菅野3-23-1
- 京成線「菅野」徒歩5分、JR線「市川」徒歩15分またはバス
- 男子133名、女子138名
- 047-324-0071
- http://high.hinode.ed.jp/

麗澤中学校

千葉 柏市 共学校

世界で語れる「ことば」を持とう

これからの社会で活躍するためには、世界でじゅうぶんなコミュニケーションをとることが欠かせません。麗澤では、そのために身につけておきたい力は、第一に自分が発信する中身を考え出す「思考力」であり、第二にさまざまな国や地域で英語での質の高いコミュニケーションがとれる「語学力」であると考えています。そして、このふたつを育成することで、世界に向けて自分の考えを表現できる「発信力」が磨かれていきます。グローバル社会を生きる人物育成のため、麗澤では『5L』を育成する教育に取り組んでいます。

5Lとは Language（英語力）・Logical Thinking（論理的思考力）・Liberal Arts（教養）・Literacy（情報活用力）・Leadership（リーダーシップ）のこと。5Lを高めることで、すぐれた知識と知性、ものごとの本質を見極める深い洞察力や判断力、周囲を牽引する圧倒的な行動力を養います。そして、連綿と受け継がれる麗澤教育のエッセンスや豊富な体験型学習、最先端の教育理論に裏打ちされたカリキュラムなどで5Lを磨き、国際社会で高い能力を発揮する「本物の叡智」を兼ね備えた人材を育成します。

ふたつの叡智コース

麗澤がめざす教育は、高度な学力に裏打ちされた「本物の叡智」の獲得です。このため、思考力を豊かにする言語技術教育や、コミュニケーションに主眼を置いた英語教育など、教科学習にとらわれない独自のカリキュラムを取り入れています。さらに、自分の将来と向きあう麗澤のオリジナルプログラムである自分プロジェクト等をつうじて、世界というフィールドで将来を考えることにより、未来の自分をイメージしたうえでの進路実現へと導いていきます。東京大を目標とする「アドバンスト叡知コース」と、難関国立大・私立大を目標とする「エッセンシャル叡知コース」の2コースで叡知の獲得をめざします。

SCHOOL DATA

- 千葉県柏市光ヶ丘2-1-1
- JR線・地下鉄千代田線「南柏」バス5分
- 男子200名、女子230名
- 04-7173-3700
- http://www.hs.reitaku.jp/

和洋国府台女子中学校

千葉 市川市 / 女子校

「凛として生きる」を掲げ、自立した女性の育成をめざす女子校

　和洋国府台女子中学校は、1897年（明治30年）、堀越千代により設立された伝統ある女子校です。2017年度（平成29年度）4月、和洋女子大学・高校のある国府台キャンパスに中学の校舎が統合しました。

　国際的に活躍できるコミュニケーション能力を身につけ、知性と品格を備えた社会に貢献できる女性をめざし、6年間のカリキュラムも一新されました。日本の伝統文化を学びながら、海外のすぐれたものを取り入れる国際教育と科学的なものの見方を身につける教育で、自立した女性を育成していきます。中高大の一貫校ながら、他大学進学者も多く、自分の未来を選択できる学校です。

　こうした教育理念のもと、茶道を取り入れた「礼法」では日本女性としての心を磨きます。また、箏を学ぶ「邦楽」では心の"琴線"をふるわせ、日本古来の"響き"を体得していきます。合唱コンクールでは、音のハーモニーの大切さを学ぶとともに、さらなる友情の輪を広げています。

英語を使いこなす力をつける

　英語で自己表現でき、国際社会で通用する英語力を身につけた生徒を育成するため、「和洋ラウンドシステム」という教育方法を導入しています。このシステムでは「繰り返し」学ぶことで定着をはかります。教科書を1年間で5周する過程で、多くの英語を聞き、使うことで英語力を磨きます。そして自分自身で課題を見つけ毎日の学習をうながします。また、ネイティブ教員による10人程度の少人数授業も行い、英語を使いこなす多くの機会を用意しています。さらに、日頃の学習成果を試す場として、中学では佐倉セミナーハウスでの英語宿泊研修、ヨーロッパ文化研修、そして、高校ではオーストラリア短期、長期研修を行っています。学年があがるごとにより深く異文化を学び、英語で自己表現するプログラムを提供しています。

SCHOOL DATA

- 千葉県市川市国府台2-3-1
- 京成線「国府台」徒歩10分、JR線「市川」・「松戸」、北総線「矢切」バス
- 女子のみ205名
- 047-371-1120
- http://www.wayokonodai.ed.jp/

グローバル教育出版の本

「先生を育て学校を伸ばす」ベテランが教える

生徒を育て、人を育て、そして、自分を育てる

先生のための本

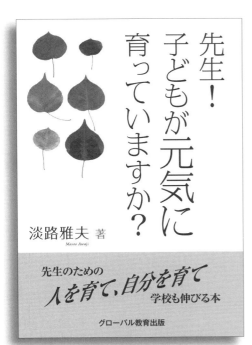

教員は、生徒に向ける関心こそが、自己の生徒指導の方法を磨いていくのだということに気づくべきです。生徒に「目をかけ、心をかけて」育てていくことで、教員自身も育てられているのです。それがひいては、学校を伸ばすことにつながります……著者

淡路雅夫 著
先生！ 子どもが元気に育っていますか？
A5判　160ページ　1,500円＋税　ISBN978-4-86512-058-5

http://www.g-ap.com

グローバル教育出版　〒101-0047 東京都千代田区内神田2-4-2 グローバルビル　電話 03-3253-5944　Fax 03-3253-5945

世界で語れる「ことば」を持とう
Learning at REITAKU for Global Communication

2018年インフォメーション ※詳細はウェブサイトをご覧ください

ミニオープンキャンパス(要予約)
7/15(日)9:30〜12:30

学校説明会
8/18(土)10:00〜11:30
9/23(日)10:00〜11:30

学校見学会(要予約)
9/8(土)10:00〜11:00

部活動見学・体験会(要予約)
9/15(土)14:00〜15:30
10/20(土)14:00〜15:30

入試説明会(全体説明会は予約不要・小6プログラムは要予約)
10/14(日)10:00〜11:30・14:30〜16:00
10/28(日)10:00〜11:30
11/23(金)10:00〜11:30

ミニ入試説明会(要予約)
12/9(日)10:00〜11:00
2019年 1/5(土)14:30〜15:30

麗鳳祭
9/7(金)文化発表会, 9/8(土)展示会

ニューズ・プレゼンテーション(高校ILコース)
2019年 2/16(土)

麗澤中学・高等学校

〒277-8686 千葉県柏市光ヶ丘2-1-1
TEL:04-7173-3700
https://www.hs.reitaku.jp

JR常磐線各駅停車[千代田線直通]『南柏駅』下車→東口①乗場より東武バス[約5分]『廣池学園』下車　※お車での来校はご遠慮ください

showa gakuin
Shuei

SHOWA GAKUIN
SHUEI JUNIOR & SENIOR HIGH SCHOOL

昭和学院 秀英中学校・高等学校
〒261-0014　千葉市美浜区若葉1丁目2番　TEL:043-272-2481　FAX:043-272-4732

2019年度中学校入試 学校説明会 日程　予約制

[第1回] **7/28** 土 10:00〜　[第2回] **8/25** 土 13:00〜

[第3回] **9/15** 土 14:00〜　[第4回] **10/20** 土 14:00〜

雄飛祭（文化祭）
9/8 土　9:00〜15:00（受付は14:00まで）

2019年度中学校入試学校説明会 予約受付開始日

第1回・第2回
7/2 月 〜
9:00〜

第3回・第4回
9/1 土 〜
9:00〜

◎「2019年度中学校入試 学校説明会」への参加は予約が必要です。
◎予約方法等の詳細は本校ホームページをご覧ください。

昭和学院秀英　検索

校訓 **愛・知・和**

21世紀を担う国際感覚豊かな人間教育

学校説明会

- 8/ 4 ㊏ 10:00〜
- 9/ 8 ㊏ 10:00〜
- 10/ 6 ㊏ 10:00〜
- 10/27 ㊏ 13:00〜　＊文化祭当日
- 10/28 ㊐ 11:00〜　＊文化祭当日
- 11/13 ㊋ 10:00〜　＊授業見学できます
- 12/ 8 ㊏ 10:00〜　＊授業見学できます

入試対策会（授業体験）＊要予約

- 11/23 ㊎祝 9:00〜

4年生・5年生対象 学校説明会

- 平成31年 2/16 ㊏ 10:00〜　＊授業見学できます

文化祭

- 10/27 ㊏ ・28 ㊐ 10:00〜
  ＊27日(土) 10:00〜 中学ステージ発表あり

＊上記の日程は予定です。お越しの際はホームページ等でご確認ください。

学校法人開成学園
大宮開成中学校

〒330-8567　埼玉県さいたま市大宮区堀の内町1-615　TEL.048-641-7161　FAX.048-647-8881
URL　http://www.omiyakaisei.jp　E-mail　kaisei@omiyakaisei.jp

国立・私立中学校プロフィール

埼　玉

あ……176	さ……180	は……187
か……178	た……185	ら……189

浦和明の星女子中学校

「一人ひとりを大切に」

「正・浄・和」という校訓のもと、お互いを「かけがえのない人間」として尊重し、「一人ひとりを大切にする」校風がある浦和明の星女子中学校。「一人ひとりを大切に」というと、少人数教育を思い浮かべるかもしれませんが、浦和明の星女子が考えるそれは、「その生徒をその生徒としてみる」「その生徒がその固有の使命に生きるよう手助けする」という意味です。

モットーである「Be your best and truest self（最善のあなたでありなさい。最も真実なあなたでありなさい。）」は、あなたはあなたであるよう、真剣に努力することを求め、そして「ほんものの自分」をめざして成長することを期待しています。

バランスのとれたカリキュラムと進路指導

カリキュラムは6年間の一貫教育です。生徒の理解や進度を考慮した、3段階に分けたプログラムを組んでいます。

中1・中2は「基礎学力の定着」期、中3・高1は「学力の充実」期、そして高2・高3は「学力の発展」期です。それぞれの時期に合わせた学習で確実に学力を養成していきます。

さらに、授業を中心としたていねいな日々の勉強を大切にしているため、授業内容は6年間をとおしてどの教科も創意工夫されています。週5日制ですが、毎月第1週の土曜日は「自主の日」として、希望する生徒が自主的に学校で活動できるようになっています。

また、進学校にありがちなハードな補習や勉強合宿は行いません。たんに試験を目的にした勉強は、学びの一端ではあっても、学習そのものではないと浦和明の星女子では考えられているからです。

大学進学は大切なことですが、大学に入ることが最終目標ではありません。生徒の自己実現を助けていくような進路指導が心がけられています。

SCHOOL DATA

- 埼玉県さいたま市緑区東浦和6-4-19
- JR線「東浦和」徒歩8分
- 女子のみ528名
- 048-873-1160
- http://www.urawa-akenohoshi.ed.jp/

浦和実業学園中学校

実学に勤め徳を養う

2005年（平成17年）春、伝統ある浦和実業学園高等学校のもと、「すべての生徒に価値ある教育を」をスローガンに開校した浦和実業学園中学校。初年度から多くの受験生の注目を集め、新たな完全一貫制の教育がスタートしています。

校名の「実業」が表すものは、「社会にでて実際に役立つ学問、アクティブな学問」のこと。浦和実業学園では生徒一人ひとりの個性を存分に伸ばすことにより、国際社会に羽ばたく人材育成をめざしています。その教育には3つの柱が存在しているのが特徴です。

個性を伸ばす3つの柱

ひとつ目は「英語イマージョン教育」です。中1～中3の全クラスにネイティブの副担任を配し、生徒と生活をともにし、育てるという感覚で「英語に浸る」イマージョン教育環境で学校生活を送りながら、より実践的な英語力を身につけることをめざしています。

ふたつ目は「徳育」です。総合的学習や各種行事など、学校生活全般をとおして、あいさつ、思いやりの心、感謝といった心の教育を行います。これは社会生活における「生きる技術」ともいえるものです。

3つ目は「キャリア教育」です。生徒本人の自主性を重んじる進路ガイダンスを年4回、6年間で合計24回実施します。

生徒が考える将来像を最大限に尊重しながら将来のプランニングを行い、その人生計画を実現するためのきめ細かなサポート体制を整えています。職業体験学習をはじめ、外部のさまざまな職種の人びとから話を聞く「講話」の時間もあります。

教育カリキュラムは週6日・35単位の授業を組み、系統的かつ効率的な授業を展開するとともに、進学希望に対応した選択教科プログラムを導入し、各学年に応じた進学指導を行い、生徒の希望を確実にサポートしています。

SCHOOL DATA

- 埼玉県さいたま市南区文蔵3-9-1
- JR線「南浦和」徒歩14分
- 男子88名、女子73名
- 048-861-6131
- http://www.urajitsu.ed.jp/jh/

大妻嵐山中学校

埼玉 比企郡 女子校

伝統の女子教育を継承しつつ時代とともに進化

建学の精神「学芸を修めて人類のために -Arts for Mankind-」を大切に、学祖・大妻コタカがめざした「思いやりのある自立した女性」、「教養豊かな聡明な女性」の育成と、社会の展望に応える「国際的な視野を持った女性」の育成をめざします。急速な広がりを見せるグローバル社会のなかで「世界につながる 科学する心、表現する力」を合言葉に、大妻嵐山中学校は、これまで重視してきた「理科教育」と「国際理解教育」をさらに発展させていきます。

理数系の授業を重視

大妻嵐山の周辺は豊かな自然環境に恵まれており、キャンパスには「大妻の森（自然観察園）」や「ビオトープ（野生生物の生育場所）」があります。「科学する心」、「表現する力」を養うため、理数系の体験学習を重視した授業を行っており、理科は週に5時間の授業のうち、かならず1回は実験の授業となっています。そうした活動のひとつに「国蝶オオムラサキの飼育・観察研究」があります。生徒はオオムラサキとのふれあいをつうじ、大きな感動とともに生命の尊さや自然の営みを学びます。飼育のための下調べから、レポート作成、プレゼンテーションにより、考える力、発表する力を養います。

留学を推進し、語学教育を重視

国際理解教育にも重点を置き、英語劇などを行う「イングリッシュフェスティバル」といった校内行事をとおして総合的な英語コミュニケーション能力を高めます。週に6～7時間ある英語の授業では、ネイティブスピーカーの教員や、セブ島にいる現地講師とのオンラインでの英会話により、会話力も向上させます。英検にも挑戦し、中3での「イギリス語学研修（希望制）」など、学校で習った英語を実践できる校外学習の機会も数多く設定されています。

SCHOOL DATA

- 埼玉県比企郡嵐山町菅谷558
- 東武東上線「武蔵嵐山」徒歩13分、東武東上線「森林公園」、JR線「深谷」・「熊谷」・「北本」・「北上尾」、西武池袋線「飯能」スクールバス
- 女子のみ141名
- 0493-62-2281
- http://www.otsuma-ranzan.ed.jp/

大宮開成中学校

埼玉 さいたま市 共学校

3つの教育目標で国際感覚豊かなリーダーを

大宮開成中学校は一人ひとりの個性を大切にする指導と国際教育をつうじ、高い志を持った21世紀のリーダーの育成をめざしています。この目標を達成するために、「国公立・最難関私立大学に現役合格」「国際教育」「人間教育（自主・自律教育）」の3つを教育目標に掲げています。

2016年（平成28年）4月に、「知の拠点」として新図書館棟を開設しました。1階は蔵書4万冊の「図書館」、2階は200席の「自習室」になっており、多くの生徒が活用しています。

トップレベルをめざす英数特科クラス

「国公立・最難関私立大学に現役合格」の実現を目標として、6年一貫教育を2年ごとの3ステージに分けている大宮開成。

第1ステージ（中1・中2）では、「基礎学力の完成」をめざします。第2ステージ（中3・高1）では「選択能力の完成」を、そして第3ステージ（高2・高3）では「現役合格力の完成」をめざし、各ステージごとに到達目標を明確化して学習を行っています。

「英数特科クラス」では、中学段階から数学と英語を集中的に特訓し、最難関大学合格をめざします。中学から平常授業に加えて数学・英語の「特科授業」を、平日週1回と毎週土曜日に実施。早い段階から国公立大受験に必要な5教科7科目にじゅうぶん対応できるカリキュラムで授業を展開し、東京大、一橋大などへの合格者を輩出しています。

"6年後を生きる力"を育む

大切なのは、中高6年間よりも遥かに長い人生を豊かに生きること。「プレゼンテーション教育」で問題解決力・論理力・発信力をきたえ、英会話授業ではネイティブ授業とオンライン英会話の併用で英語4技能重視の新大学入試にも対応。グローバル社会において"創造する"人間を育みます。

SCHOOL DATA

- 埼玉県さいたま市大宮区掘の内町1-615
- JR線「大宮」徒歩19分・バス7分
- 男子173名、女子179名
- 048-641-7161
- http://www.omiyakaisei.jp/

開智中学校

埼玉 さいたま市 共学校

心豊かな創造型・発信型の国際的リーダーの育成

開智中学校・高等学校で「新しい学びの創造」をめざし、「先端クラス」を立ち上げてから、今年で10年目を迎えます。

「先端クラス」では、グループワークなどを最大限に活用した「学びあい」「協働学習」の授業を展開しています。たんに知識を取得するのではなく、考えながら主体的に学び発信力を身につけます。

一方、「一貫クラス」では、基礎力の養成を中心に生徒の学ぶ意欲を育てる質の高い授業を展開しています。習熟度別授業やわかりやすい授業で、きめ細かい指導体制を導入。そのうえで、先端クラスでの取り組みの成果を基本に、グループワークでの「学びあい」も実践しています。

「哲学対話」では、互いに対話をとおし疑問を共有し、個々人の思考を深める経験を積み重ねます。そのうえで、授業や日常生活のなかでであうさまざまな問題に考えながら、他者とともに行動する姿勢を身につけます。

予備校いらずの授業体制

教科学習の特徴として、各クラスの数学・英語では習熟度別授業を展開します。高1では先端クラス、一貫クラスⅠ・Ⅱ類の習熟度によるクラス編成になります。高2では、文・理・医系に分かれ、知識を定着させながら演習力を身につける学習が中心になります。高3では、東大文・理系、国公立早慶文・理系、医系の5コースに分かれ、各自大学入試に必要な科目を重点的に選択し学習する演習授業がスタートします。自らの学びを進めるため、自学自習の時間も導入しています。

開智の生徒はその多くが予備校に通学しません。柔軟な指導力を持った教師陣の質の高い授業と、生徒の自由選択による放課後の特別講座によって学力が最大限に伸びるからです。このように開智中学校・高等学校では、自ら学ぶ、創造型・発信型の心豊かな国際的リーダーを育てる教育をめざしています。

SCHOOL DATA

- 埼玉県さいたま市岩槻区徳力西186
- 東武野田線「東岩槻」徒歩15分
- 男子563名、女子343名
- 048-795-0777
- http://www.kaichigakuen.ed.jp/

開智未来中学校

埼玉 加須市 共学校

新たな教育を開発する「進化系一貫校」

開智未来中学・高等学校は、開智学園2番目の中高一貫校として、2011年（平成23年）4月、埼玉県加須市に開校しました。

開智未来は「知性と人間を追求する進化系一貫校」を基本コンセプトに、開智中学校（さいたま市）の教育を受け継ぎつつ新たな教育をさらに開発し、教育活動の構造化をめざす学校です。

多くの独自教育プログラム

開智未来では3Ｉ'Ｓ（探究・世界水準・ICT）をキーワードとして、独自の教育を開発・実践し、国際社会に貢献する創造型発信型リーダーの育成をめざします。

関根顧問（初代校長）が中学課程で行う「哲学」では、6つの授業姿勢やメモ力などの学びのスキルをきたえ、中2・中3の「東大ゼミ」では、社会のさまざまな課題について考え、学びあい、発表しあうことをつうじて世界水準の思考力を育てます。また、中1の里山フィールドワーク、中3の探究フィールドワーク、高1の才能発見プログラムなど、探究活動をつうじて創造力・自己発信力を磨く行事が多数あり、中2のブリティッシュヒルズ合宿、高2のワシントンフィールドワークでは、オールイングリッシュをつうじて英語発信力や英語レポート作成にも挑戦します。さらに2017年度（平成29年度）よりタブレットを導入し、授業での活用や探究行動の発表などを行い、今後eポートフォリオ※の活用に向けた、より先進的な利用を進めていきます。

さらなる進学実績に期待

昨春、中高一貫部1期生が卒業し、難関大学への合格者数が急伸しましたが、今春も2期生106名が東京大をはじめ、旧帝大に6名、早慶上理ICUに53名という実績を残しました。

今後のさらなる飛躍が期待される開智未来中学・高等学校です。

※学校での学びの記録をデジタルで残すシステム

SCHOOL DATA

- 埼玉県加須市麦倉1238
- 東武日光線「柳生」徒歩20分、JR線・東武日光線「栗橋」、JR線「古河」・「鴻巣」、東武伊勢崎線「加須」・「羽生」・「館林」スクールバス
- 男子158名、女子120名
- 0280-61-2021
- http://www.kaichimirai.ed.jp/

春日部共栄中学校

埼玉 春日部市 共学校

世界に羽ばたくリーダーを育てる

優秀な大学進学実績を残してきた春日部共栄高等学校を母体として、2003年（平成15年）、埼玉県春日部市に誕生した春日部共栄中学校。

新たに中学校をつくるにあたり、教育理念として「これからの日本を、世界を支えるべきリーダーを養成すること」を掲げています。そこには、旧来型の「進学教育」を超えた新たな教育のあり方を模索する姿勢が明確にしめされており、注目を集めています。

自学力を伸ばす「リーダーズカリキュラム」

春日部共栄では、学力向上を目標とする中高一貫カリキュラムに加え、生徒それぞれが夢をかなえる力を勝ち取るための「リーダーズカリキュラム」を重視しています。これはさまざまな分野で高く深い専門性や、各分野を横断する高い教養と知識を得るための分野別プログラムのことです。

たとえば、英語的分野では、毎朝のリスニング、暗誦コンテスト、スピーチコンテスト、K-SEP（中3を対象とする10日間のプログラム。カナダの大学生10名ほどが先生となり、英語やカナダについて学びます）などが実施されています。

また、国語的分野では、「ことば」を重視した「共栄読書マラソン」、百人一首大会、文学散歩など、大学受験のためだけではない多様な学びの機会が用意されています。

確かな教育力

最難関大合格をめざす「グローバルエリート（GE）クラス」を設置し「世界のリーダー」の育成を視野に入れ、国際的なリーダーに求められる知性と感性の基礎を築くための教育を行います。

また、1年間のうち6回開催される各界の最先端で活躍されているかたがたによる「講演会」は、柔軟な思考力と豊かな発想力を培います。

SCHOOL DATA
- 埼玉県春日部市上大増新田213
- 東武スカイツリーライン・東武野田線（東武アーバンパークライン）「春日部」スクールバス10分
- 男子200名、女子175名
- 048-737-7611
- http://www.k-kyoei.ed.jp/jr/

国際学院中学校

埼玉 北足立郡 共学校

独自の教育で新たな地平をめざす

2013年（平成25年）に開校した国際学院中学校。建学の精神に「誠実、研鑽、慈愛、信頼、和睦」を、教育の柱に「国際理解」「進学指導」「人格形成」の3つを掲げています。

世界181カ国、約1万校がネットワークを組むユネスコスクール認定校の1校で、国際理解教育では最先端をいく学校です。ユネスコスクールに加盟して以来、「将来にわたって持続可能な社会を構築するために必要な教育」であるESD教育（持続発展教育）にも積極的に取り組み、とくに国際理解教育と環境教育に力をそそいでいます。昨年10月には、加盟校同士の会合であるInternational Friendship Weekを開催。これは、世界各国のユネスコスクールを1国に募り、生徒たちが交流したりテーマに沿った会合を開いたりするもので、日本での開催は国際学院が初めてでした。ほかにも、毎年、おもにアジアの交流校を学校に招致し、ホームステイや交流を行っています。世界に通用する人格を備え、思考力や語学力を身につけた人物となり、「世界に友人をつくる」という目標に向かって前進しています。

高校の教育で培った進学指導を実践

ふたつ目の教育の柱として「進学指導」をあげています。主要教科の授業ではチームティーチングを実施し、授業時間を標準時間より多めに設定しています。そして、国語・数学・英語では先取り学習を行い、効率よく授業を展開するために電子黒板やiPadなどのIT機器を積極的に導入しています。

「人格形成」も柱のひとつ。学校行事や部活動も大切にしており、文化祭や体育祭などのほかにも、マレーシアへの海外研修など、国内外を問わず、さまざまな場所へと出かけていきます。また、全国で活躍する部もあり、どの部も積極的に活動しています。

2016年（平成28年）には新校舎が完成。自然に恵まれた広大なキャンパスのもとで、意欲的な学校生活を送ることができます。

SCHOOL DATA
- 埼玉県北足立郡伊奈町小室10474
- 埼玉新都市交通伊奈線ニューシャトル「志久」徒歩12分、JR線「上尾」・「蓮田」スクールバス
- 男子13名、女子20名
- 048-721-5931
- http://jsh.kgef.ac.jp/

埼玉栄中学校

主体性と創造性を育む

建学の精神に「人間是宝（人間は宝である）」を掲げる埼玉栄中学校・高等学校。

生徒の将来を考え、一人ひとりに秘められている可能性をいかに開発させるかということに教育の根源をおいています。

中高一貫教育システム

6年間を3期に分けた一貫教育を行い、豊富な授業時間と効率的なカリキュラムによって、生徒の可能性を伸ばします。

中1・中2は「基礎力養成期」とし、学習の習慣化と基礎学力を定着させます。

中3～高2は「応用力確立期」とし、自らの適性や能力を知り、自己の将来を考える時期として目標をしっかりと見定め、努力します。

そして高3を「総合力完成期」として、自己実現に挑戦するための最後の仕上げを行います。

また、コースとして、「医学クラス」、「難関大クラス」、「進学クラス」を設けています。

なかでも2016年（平成28年）に開設した「医学クラス」は、世界で活躍できる医師を育てる埼玉栄独自のコースです。どのコースも生徒一人ひとりの学力を総合的に向上させ、現役での希望大学進学をめざすのが目標です。そのために「0、7時限補習」「デイリーレポート」「Classi」などの取り組みを用意しています。

主体性を育て創造性を高める

また、生徒の可能性を引き出すため「チーム制」による指導を実施。ひとりの生徒を複数の教師があらゆる角度から分析し、個々の特性、能力を正確に把握し伸ばしていきます。そして、「できるまで、わかるまで」を合い言葉に生徒個々の現状を把握し、細分化した学習計画を立てるきめ細かな指導がなされます。

2016年に新校舎が完成し、さらなる期待が寄せられる埼玉栄中学校・高等学校です。

SCHOOL DATA

- 埼玉県さいたま市西区大宮3-11-1
- JR線「西大宮」徒歩4分
- 男子274名、女子176名
- 048-621-2121
- http://www.saitamasakae-h.ed.jp/

埼玉平成中学校

2017年4月「English Careerコース」スタート

昨年4月、埼玉平成中学校は基礎から英語を本気で学びたい生徒のため、「English Careerコース」をスタートさせました。多くの授業時間と親身な指導によって、だれでも無理なく自然に英語がマスターできるコースです。これからも埼玉平成中学校は、「言葉に強い生徒を育てる」ため「英語力」の向上に学校をあげて取り組んでいきます。

「英語力」を磨くプログラム

1　中高6年間で全生徒が2回の海外旅行

中3の2学期には、南半球ニュージーランド・オークランドへ3週間の短期留学。高2の2学期には、アメリカ合衆国西海岸6日間の研修旅行を実施します。

2　「英語」の授業時数は公立中の約3倍

中3は1週間で10.5時間。習熟度に応じたていねいな指導が行われます。

3　さまざまな英語関係の検定に挑戦

英語検定、GTEC、TOEFLなど。昨年度も中3生が英検2級に合格しました。

4　「英語力」向上のために教材を厳選

主教材は「Progress in English 21」。補助教材は「Bright English Grammar」。

5　埼玉平成中学校に広がる「英語」環境

放課後はネイティブと語りあえる英会話サロン「English Station」で、全員が英会話を楽しめます。また、図書館の英字新聞で、最新の時事問題を英語で読むことができます。夏休み中には「校内ミニ留学」としてネイティブ教員が英会話特別講座を開講。さらに、英語絵日記「Picture Diary in English」で長期休暇中の思い出を英文で綴り、文化祭では英語スピーチコンテストを開催します。こうした英語教育により昨年度の英語のセンター試験では、平均180点を達成しました。

今春の卒業生は藤田保健衛生大（医学部）、東京理科大（理工学部）、中央大（経済学部）、法政大（国際文化学部）、獨協大、東洋大、神奈川大などの大学に合格しています。

SCHOOL DATA

- 埼玉県入間郡毛呂山町下川原375
- 東武越生線「川角」徒歩7分、西武新宿線「狭山市」・西武池袋線「飯能」・「入間市」・JR線「武蔵高萩」・「高麗川」・「河辺」スクールバス
- 男子27名、女子13名
- 049-294-8080
- http://www.saitamaheisei.ed.jp/

栄東中学校

埼玉 さいたま市 共学校

知る・探る・究める 栄東のアクティブ・ラーニング！

アクティブ・ラーニングとは

いま注目を集める栄東中学校のアクティブ・ラーニング（以下、AL）。端的に言えば、能動的・活動的な学習という意味です。教師が一方的に生徒に知識伝達する講義形式ではなく、課題研究やグループワーク、ディスカッション、プレゼンテーションなど、生徒の能動的な学習を取りこんだ授業を総称するものです。

自ら課題を見つけ、それを解決していく能動的な学びを積極的に取り入れていくことで、自律的な学習態度を身につけることが期待できます。

ALで育成しようとする力には、問題発見力や課題解決力、論理的思考力などがあり、それらは知識を基礎にしなければ育ちません。学びにおける基礎・基本があり、そのうえでALによって個性や応用力を育むべきであると栄東では考えられています。来るべき大学受験を乗り越え、第1志望校に合格してもらいたい、という目標に変わりはありません。基礎学力は徹底的に育成し、そこで得た知識が大学や実社会で「使える知識」となるようにALは働きかけていきます。

東大クラスと難関大クラス

中学校には「東大クラス」と「難関大クラス」が設置されています。

東大クラスは、将来に向けて高い目標を掲げ、幅が広く奥の深い学習を行います。難関大クラスは、東大クラスと同じカリキュラム、授業進度で学習を進めます。進級の際に東大クラスへ移る生徒もいます。入学後に学力が大きく伸びる生徒がいるからです。当然、クラスの別にかかわらず、ALが教育の根幹に置かれています。

生徒の学力に応じた柔軟な対応と、細やかな指導のもと、難関大学への合格者数は順調に増加しています。

SCHOOL DATA
- 埼玉県さいたま市見沼区砂町2-77
- JR線「東大宮」徒歩8分
- 男子529名、女子400名
- 048-666-9200
- http://www.sakaehigashi.ed.jp/

狭山ヶ丘高等学校付属中学校

埼玉 入間市 共学校

豊かな人間性を育み確かな学力を養成する

2013年（平成25年）、狭山ヶ丘高等学校のもとに、狭山ヶ丘高等学校付属中学校が誕生しました。高校では、開校以来、自己と向きあう「自己観察教育」を実践してきました。その教育は中学でも受け継がれ、「黙想教育」「茶道教育」「対話教育」の3つを柱に、国家のリーダーたる器量の育成をめざして豊かな人間性を育んでいます。

また軽登山、農作業なども生徒を大きく成長させる独自の取り組みです。軽登山では、秩父や奥多摩の山々を年に2回登ることで、心身ともにたくましくなることができます。農作業では、基礎を学んだのち、各々に分け与えられた土地を使って、作付け計画から収穫まで、生徒自身の力でやりとげるため、責任感を持って行動できるようになります。

高校のノウハウをいかした学習指導

狭山ヶ丘には、高校で培った「生徒をやる気にさせる」ノウハウがあり、それを用いて中学段階から「自ら学ぶ」生徒に育てあげていきます。

そのために活用されているのが「生活の記録」です。学習時間やその日一日のよかった点・反省点などを書きこむもので、自分の行動を振り返ることで、自己管理能力が養われていきます。また、その記録を教員がチェックするため、一人ひとりに対してきめ細やかなサポートが可能になっています。

そのほか、高校でも実施されている朝ゼミや放課後ゼミが特徴的です。各学年を対象に、国数英の3科目において、基礎力の定着をめざすもの、応用問題に取り組み、さらなる学力の向上をはかるものなど、さまざまな内容のものが実施されています。

そして高校に進学すると、希望進路に合わせて4つのコースに分かれ、さらに学力を高めることができます。

確かな学力と豊かな人間性を育む教育が魅力の狭山ヶ丘高等学校付属中学校です。

SCHOOL DATA
- 埼玉県入間市下藤沢981
- 西武池袋線「武蔵藤沢」徒歩13分
- 男子87名、女子72名
- 04-2962-3844
- http://www.sayamagaoka-h.ed.jp/js/

181

淑徳与野中学校

高い品性　豊かな感性　輝く知性

埼玉　さいたま市　女子校

淑徳与野中学校は、2005年（平成17年）4月に開校しました。仏教主義に基づく独自の女子教育を行う淑徳与野高校と同じく、中学校も仏教主義に基づいた心の教育を大切にしています。これは、むずかしい教義を教えるということではなく、「つねに周囲に対する感謝の気持ちを忘れずに生きていく」ことを大切にする教育です。国際化が進み、価値観も多様化しているこの時代において、ますます求められる教育といってよいでしょう。

母体となっている淑徳与野高校は、難関大学に多くの合格者を輩出する埼玉県有数の進学校です。卒業生の約94％が、現役で4年制大学へ進学しています。中高一貫生は、全員が5教科型のクラスに進学し、みんなで国公立大、早稲田大、慶應義塾大、上智大などの難関大学への合格をめざします。

独自の国際教育と最新の学校設備

学習面では、英語教育にとくに力を入れています。国際社会で通用する英語力が備わるよう、中1～中3で週1時間、ネイティブによる授業を行ったり、英検2次対策の面接授業を実施するなど、きめ細かいカリキュラムが組まれています。さらに、中2では台湾への研修旅行を実施、高2ではアメリカへの修学旅行を行い、全員が3泊4日のホームステイを経験します。このほかにも、さまざまな短期留学プログラムが用意されています。

学習に集中できるよう、校舎は自然に包まれた心地よい環境になっています。2階・3階の屋上庭園（エコガーデン）にはビオトープや野草園があり、校舎の前面は緑で覆われています。

2015年（平成27年）4月に高校校舎が中学校の隣接地に移転し、中高一貫校として、さらに連携を深めた教育を実践しています。伝統の仏教主義と、グローバルな社会に対応する国際教育で生徒たちの夢をかなえる淑徳与野中学校です。

SCHOOL DATA

- 埼玉県さいたま市中央区上落合5-19-18
- JR線「北与野」・「さいたま新都心」徒歩7分、JR線「大宮」徒歩15分
- 女子のみ366名
- 048-840-1035
- http://www.shukutoku.yono.saitama.jp/

城西川越中学校

未来を切り拓くための学力を養う

埼玉　川越市　男子校

1992年（平成4年）に城西大学付属川越高校に併設された城西川越中学校は、躍進著しい埼玉の私立中高一貫校の先駆的存在です。6年間の一貫教育を行う男子校として、大学進学を目標に定めた進学校となっています。

大学進学に対しての明確な姿勢は、学校が「合格者を作る」システムを掲げて「難関国公立大学」への進学を目標としていることからも感じられます。

カリキュラムは、中1・中2を「基礎力養成期」、中3・高1を「応用力育成期」、高2・高3を「実践力完成期」と位置づけ、それぞれの時期に最適なものを構築しているのが特徴です。そのなかで、課外補習や模擬試験など、生徒一人ひとりをバックアップする体制が整っています。

大学進学に向けてのコース制は、高2から文系、理系に分かれ、高3でさらに細かく国公立系と私立系に分かれます。それぞれの目標・適性に合った科目選択ができるように配慮されています。また、2012年度（平成24年度）より「特別選抜クラス」がスタートしました。

特別選抜クラスでは、外国人教師の副担任制をとり、通常授業に加え週3日の7時間目授業を行います。また、中3ではオーストラリアへ5週間のターム留学を実施します。

クラブ活動できずなを深める

城西川越中では、ほぼ全員の生徒がクラブ活動に参加し、運動系から文化系まで、幅広い分野で活動が行われています。クラブ活動は、心身をきたえ、学年を超えて活動するなかで協調性や社会性を身につける貴重な場です。生徒たちは、学業に一生懸命取り組むとともに、クラブ活動にも全力をそそいで両立をめざしています。

城西川越中学校は、10年後、20年後、社会で活躍できる人間を目標に、心豊かな人間を育成していきます。

SCHOOL DATA

- 埼玉県川越市山田東町1042
- JR線・東武東上線「川越」、東武東上線・越生線「坂戸」、西武新宿線「本川越」、JR線「桶川」スクールバス
- 男子のみ206名
- 049-224-5665
- http://www.k-josai.ed.jp/

昌平中学校

埼玉 北葛飾郡 / 共学校

IB（国際バカロレア）MYP認定校

昌平では、一貫生が卒業して3年が経ちます。昨年卒業した一貫2期生、今春卒業した3期生とも東京大をはじめ、京都大、一橋大、お茶の水女子大、早稲田大、慶應義塾大と、希望の大学に続々と進学しています。

昌平中学校ではさらなる飛躍と2020年からの大学入試改革に対応するため、また今後の国際社会で活躍できる人材の育成のため、さまざまな取り組みを実践しています。

その柱がIB（国際バカロレア）です。昌平は2017年（平成29年）よりIB（国際バカロレア）MYP（Middle Years Programme）認定校となりました。全生徒を対象に実施する国内でも数少ない学校のひとつです。3年間の実践を経て、生徒が自主的に学ぶ「動きのある授業」が定着してきました。

「静」の授業と「動」の授業

上記IBのほか、「動」の授業の柱として、
・PBL（プロジェクト学習）：「世界」をテーマにしたグローバル教育の推進
・PEP（パワー・イングリッシュ・プロジェクト）：全校生徒が英語を得意教科にする徹底的な取り組み
・SW（スペシャル・ウェンズデイ）：校外学習を中心とした体験型学習
以上を実施しています。

PEPではすべての教職員がメンバーとしてかかわり、生徒の英語力を高めます。一貫6期生は84％の生徒が英検準2級以上を取得して、今春高校に進みました。

また、昌平では、基礎・基本を大切に問題演習等を徹底的に繰り返す効率的な一斉授業、「静」の授業にも力を入れています。土曜日は授業を実施し（第4土曜は休日）、朝は英単語テスト、放課後は週2回の8限講習（希望者）、長期休暇中（夏・冬・春）には必修の講習授業を実施します。

「静」と「動」。このふたつをバランスよく行います。

SCHOOL DATA

◆ 埼玉県北葛飾郡杉戸町下野851
◆ 東武日光線「杉戸高野台」徒歩15分・スクールバス5分、JR線・東武伊勢崎線「久喜」スクールバス10分
◆ 男子134名、女子119名
◆ 0480-34-3381
◆ http://www.shohei.sugito.saitama.jp/contents/jhs/

城北埼玉中学校

埼玉 川越市 / 男子校

自律した人間育成と難関大学進学の両立

1980年（昭和55年）、都内有数の進学校である城北中学校・高等学校と「教育理念」を同じくする男子進学校として設立された城北埼玉高等学校。その附属中学校として2002年（平成14年）に城北埼玉中学校は開校されました。

校訓は「着実・勤勉・自主」です。この校訓のもとに「人間形成」と「大学進学指導」を2本の柱とした教育を行っています。

人間形成における教育目標は、自らの生活を厳しく律することのできる強い意志を持った人間の育成です。

そして、その人間性とは「個性豊かな教養と情操にあふれ、社会において自らの果たすべき使命をきちんと自覚しうる自律的なものであるべき」としています。

高校のノウハウをいかしたカリキュラム

城北埼玉では、毎年多くの国公立大・難関私立大へ生徒を送りだしている城北埼玉高校の指導ノウハウをさらにパワーアップさせ、6年間の一貫した教育課程により国立大への全員合格をめざした大学進学指導を実践しています。

2年ずつの3ブロックに分けた教育が行われ、心身ともに著しい成長過程を迎えるこの時期を、より実りあるものにするために成長過程に合わせたカリキュラムを設定します。

中1・中2の「基礎力習得期」では「学力不振者を出さない」指導体制が展開されます。

中3・高1は「実力養成期」で、自律的・自主的な姿勢を養うとともに、さまざまな教科や分野に接して学習の探究心を深め、適性や志望への意識をうながすことを目標とします。

そして、高2・高3は「理解と完成期」です。より高い学力とさまざまな教養を習得しながら、大学進学にふさわしい人間性と学力を備え、全員が国立大合格をめざし、受験に必要な科目にしぼった学習が展開されます。

SCHOOL DATA

◆ 埼玉県川越市古市場585-1
◆ JR線「南古谷」・東武東上線「上福岡」スクールバス10分、西武新宿線「本川越」スクールバス20分
◆ 男子のみ343名
◆ 049-235-3222
◆ http://www.johokusaitama.ac.jp/

西武学園文理中学校

埼玉 狭山市　共学校

海外も含めた多彩なステージへ

西武学園文理中学校は、創立以来、「真のレディー＆ジェントルマン・エリート教育」により、「高い知性や教養、豊かで誠実な人間力を身につけた、社会に貢献する人物」を育ててきました。2016年度（平成28年度）からはスローガン「グローバルな視野と21世紀型スキルを培う」を掲げ、教育をさらに進化させています。

学力と進路を切り拓く力を育む

西武学園文理では、中高の6年間を2年間・3年間・1年間に分け、学力を高めます。中1・中2は「基礎力養成期」として、学習習慣を身につけながら、基礎力の充実に努めます。中3〜高2の「応用力養成期」では、高2までに高校課程を修了し、基礎学力をもとに応用力を磨きます。そして高3の「入試実践力完成期」では、大学入試に直結した演習と課外ゼミにより、実践力を養います。

こうした学習システムに加え、コース制も導入されています。中1は「文理進学コース」と「文理国公立進学コース」、中2からは、昨年度新設の「英語が使える日本人の育成」をめざす「グローバルコミュニケーションコース」も加わり、3つのコースが編成されます。高校でも進路に応じたクラスが用意され、その結果として毎年、海外進学（2018年は4名）をはじめ国公立大、難関私立大、医歯薬系学部に合格実績を残しています。

また、学力とともに自ら進路を切り開く力を養うことも重視されています。職業研究会、職場体験など、進路について考える機会が設けられる一方、芸術鑑賞や教養を育む講座を用意し、生徒の自主性と個性を引き出していきます。そのほか、異文化に触れ、国際感覚を養うイタリア研修（中3）など、国際教育が充実しているのも魅力です。

こうした教育により、海外を含む多彩なステージで活躍できる「真のレディー＆ジェントルマン」を育む西武学園文理中学校です。

SCHOOL DATA

◆ 埼玉県狭山市柏原新田311-1
◆ 西武新宿線「新狭山」、JR線・東武東上線「川越」、東武東上線「鶴ヶ島」、西武池袋線「稲荷山公園」、JR線・西武池袋線「東飯能」スクールバス
◆ 男子168名、女子159名
◆ 04-2954-4080
◆ http://www.bunri-s.ed.jp/

西武台新座中学校

埼玉 新座市　共学校

「一生モノの英語」を身につける「西武台式英語」

西武台新座中学校では、「グローバル社会で活躍できるたくましい人間力の育成」をめざし、「高い学力」、「グローバル・リテラシー」というふたつの力を重視した教育が行われています。

「高い学力」とは、高い専門性や一流の学問を身につけることを目的とした、難関大学に合格できるレベルの学力を意味しています。

「グローバル・リテラシー」とは、「実社会で役立つ英語力」「多様な人びとと協同できる共生力」「新たな世界を切り拓く価値創造力」の3つを総合した力のことです。

そのなかでも、一生モノの英語力をめざす西武台新座の"英語教育"は、とくに注目を集めています。

「一生モノの英語」の土台づくり

中学では、日本初となる「The JINGLES（ザ ジングルズ）」を英語学習の基礎段階で導入しています。これは、発音するための筋肉をきたえ、科学的に発音トレーニングを行うプログラムです。発音できない言葉は理解しづらいという考えのもとで、発音を重視した学習を行っています。そして、リスニングやスピーキングの能力を向上させ、そこから総合的な英語力に発展させていきます。

使用教科書はZ会の「New Treasure」です。「教科書」をそのまま教えるのではなく「教科書」で英語の根幹や語句のコア・イメージなどを教える独自の手法をとっています。これにより、丸暗記の英語教育からの脱却をめざしています。

そのほかに「やさしいものをたくさん読む＝Be a bookworm！（本の虫になりなさい！）」をコンセプトにした授業が展開されています。基礎期では、英語圏で使用されている絵本を教材として厳選し、「英語を日本語で理解する」ことにとらわれず「英語で英語を理解する」ことをめざしています。

SCHOOL DATA

◆ 埼玉県新座市中野2-9-1
◆ JR線「新座」・東武東上線「柳瀬川」スクールバス15分、西武池袋線・西武新宿線「所沢」スクールバス25分
◆ 男子51名、女子50名
◆ 048-424-5781
◆ http://www.seibudai.ed.jp/junior/

聖望学園中学校

埼玉 飯能市 共学校

心を磨き、確かな学力を養成する

リーダーシップを発揮する人材の育成

聖望学園中学校・高等学校の教育理念は、1.「わが国における最高の教育を志向する」、2.「キリスト教教育の理念に基づき現代の潮流をふまえ」、3.「社会を変革せんとする有意・有益なる人物の育成を期する」です。

さらに、中学校では実現するために3つの実を掲げます。

3つの実とは、1.「英語教育の充実と成績の向上」、2.「グローバルな人材の育成（個を大切にしながらのインクルージョンを重視する）」、3.「実現するためのICT機器の積極的な利用」です。

3つの実の育成に全力で取り組み、6年間で大きな実を収穫できるようにします。

きめ細やかな聖望学園の教育

聖望学園の教育について、特徴をいくつかご紹介します。

中学校で、デジタル教材を駆使し、能動的で生徒と教師の双方向の関係を重視しながら進めていく「ISMプログラム」や、日々の学習を振り返る「R-ISMノート」で英語と数学の基礎学力の定着をはかることなどがあげられます。

そして、高等学校でのデジタル教材を使用した自習室の環境充実や、予備校講師による土曜講習、英語入試4技能を意識したネイティブスピーカーとの会話を重視した教材を導入しています。

さらには、教育理念の達成のために、1.「各種海外留学の充実（短期・長期・ターム）」、2.「中学における少人数制の授業（各授業が15～25人程度）」を展開しています。3. 朝自習に英検対策を取り入れています。

聖望学園では、一丸となり、授業だけではなく、文化祭や体育祭をはじめとする行事、部活動、課外活動などをとおして、3つの実を大きく育てていきます。

SCHOOL DATA

- 埼玉県飯能市中山292
- JR線「東飯能」徒歩13分、西武池袋線「飯能」徒歩15分
- 男子64名、女子71名
- 042-973-1500
- http://www.seibou.ac.jp/

東京成徳大学深谷中学校

埼玉 深谷市 共学校

国際教育と規律ある指導で生徒を育成

2013年（平成25年）4月、面倒見のよさと熱意あふれるすぐれた指導力が魅力の東京成徳大学深谷高等学校に中学校が誕生しました。

高校で実施した卒業生保護者アンケートでは、「この学校の先生は面倒見がよい」と回答した保護者が93％。「子どもが楽しく充実した高校生活を送れた」と回答した保護者が94％と高い評価を得ています。

そんな高校から誕生した中学校。隣接する総合体育館（Fアリーナ）は、体育館機能だけではなく、美術室や音楽室といった特別教室のほか、合宿施設も設けられており、施設面も充実しています。

国際教育の強化

国際教育では、英語の授業はもちろん、総合的な学習の時間や学級活動にもネイティブスピーカーがかかわり、生きた外国語（英語）を学ぶことができます。

また、これまで学んだ外国語を実際に使えるように、そして、高校の3年間で国際教育をより発展させるため、中学校では海外修学旅行や学期留学などを実施しています。

アットホームな校風

生徒と教員の距離が近く、アットホームな雰囲気や校風が伝統となっている東京成徳大学深谷高校。

その伝統を守りつつ、教職員たちは毎日生徒たちを力いっぱい励まし、確かな学力と豊かな人間性を育てています。

また、たくましいおとなになれるように、あいさつをはじめとした規範意識や生活態度の確立、部活動の奨励など、規律ある心身をきたえる指導も行っています。

東京成徳大学深谷中学校は、生徒一人ひとりの夢を実現するため、高校での経験をいかし、さまざまな面で生徒たちをサポートしています。

SCHOOL DATA

- 埼玉県深谷市宿根559
- JR線「深谷」徒歩25分・スクールバス7分、秩父鉄道「行田市」、JR線・東武東上線・秩父鉄道「寄居」、東武東上線「森林公園」ほかよりスクールバス
- 男子11名、女子23名
- 048-571-1303
- http://tsfj.jp/

東京農業大学第三高等学校附属中学校

埼玉 東松山市 共学校

本物に触れて学ぶ6年間

2009年（平成21年）春に誕生し、今年で10年目を迎える東京農業大学第三高等学校附属中学校。

母体となる東京農業大学第三高等学校の建学の精神である「いかなる逆境も克服する不撓不屈の精神」「旺盛な科学的探究心と強烈な実証精神」「均衡のとれた国際感覚と民主的な対人感覚」の3つを柱とした教育を実施しています。

実学教育をベースとして人材を育成

東農大三中の大きな特徴は「実学教育」をベースに学力・進路選択力・人間力を育てるというところにあります。

6年間を「基礎力充実期」、「応用発展期」、「進路実現期」の3期に分けた学習カリキュラムのもとで、大学受験に向けた学力を育てています。加えて、屋上菜園でのダイズ栽培や、そこで収穫したダイズをもとにした味噌づくり、ワグネルポット（実験用植木鉢）を用いた比較分析など、学びの本質を追求します。

また、中1から年に数回実施されるキャリア教育講演会や、東京農業大と連携した独自のプログラムなどで能動的に進路選択力を身につけていきます。

さらに、日々の情操教育や、前述したような東農大三中ならではのさまざまな体験、中2での宿泊語学研修（グローバルイングリッシュキャンプ）、中3でのホームステイ（ニュージーランド、希望制）といった国際教育をとおして人間力を培うことができます。

学習環境も充実

学習環境の充実も見逃せません。開校と同時に中学生のためにつくられた新校舎は、各階に設置されたさまざまな用途で使用できるオープンスペースや、使いやすく設計された理科実験室、屋上菜園、スタジオつきの放送室など、日々の学校生活を快適に送ることができるよう設計されています。

SCHOOL DATA

- 埼玉県東松山市大字松山1400-1
- 東武東上線「東松山」ほかスクールバス
- 男子95名、女子63名
- 0493-24-4611
- http://www.nodai-3-h.ed.jp/

獨協埼玉中学校

埼玉 越谷市 共学校

学力だけでなく心も育てる

8万m²もの広大で緑豊かなキャンパスに、近代的施設・設備を備える獨協埼玉中学校・高等学校。

「自ら考え、判断することのできる若者を育てること」を教育目標とし、6年間のゆったりとした時間のなかで、じっくりとものごとに取り組み、調べ、考え、判断する生徒を育てています。もちろん、そのためには「健康な心と体」や「豊かな感性」、「さまざまな知識」が必要です。これらの考えをベースに、じっくりと培われた「自ら考え、判断することのできる力」を育てているのです。

自分の目で見て、判断できる力をつける

獨協埼玉では、実験や経験をとおしてものごとの本質を見つめる「帰納的手法による学習」を重視しています。理科では実験を中心に、英語は一部の時間を少人数でネイティブの先生に教わります。

また、自分の目で見て、判断できる力をつけるためには「個の基礎体力」が必要と考え、文系、理系とむやみに線を引かず、この時期に学ぶべきことをしっかり身につける学習を行っています。

さらに、教科学習だけではなく、幅広い教養を身につけ、深い感性を磨きながら、自分自身の生き方を身につけることができる総合学習のプログラムも多く用意されています。

生徒一人ひとりの興味や関心を引き出しながら、自分なりのテーマ設定ができるよう、総合学習の時間において行われている生きた教材を使った指導はそのひとつです。

たとえば、中1はネイチャーステージと位置づけ、地元の農家の協力を得て、田んぼで稲を育てます。四季の変化のなかでその生育のようすを観察することで、地域の文化や環境問題にも関心を持つきっかけとなります。

ゆったり、じっくりと、ていねいに時間をかけて、学力だけでなく心も育てていく獨協埼玉中学校・高等学校です。

SCHOOL DATA

- 埼玉県越谷市恩間新田寺前316
- 東武スカイツリーライン「せんげん台」バス5分
- 男子303名、女子196名
- 048-977-5441
- http://www.dokkyo-saitama.ed.jp/

武南中学校

埼玉 蕨市 共学校

BUNAN Advanced 始動！

21世紀のグローバルリーダーを育てる

武南中高一貫校は「BUNAN Advanced」を掲げ、21世紀のグローバルリーダーを育てるために、「Innovation＝社会を変革する心」、「Intelligence＝豊かな教養を愛する心」、「Integrity＝人間力を高める心」、「International Mindset＝世界を知る心」を大切にしています。

これらの心を育む源は「何事にも笑顔で挑戦する強い精神」です。そのような精神を持ち、そして「日本人」「アジア人」としてのアイデンティティを兼ね備えた「世界で通用する」タフな若者の育成に力を尽くします。

その一環として、中2ではアジア研修、高1では英語圏への研修などを実施しています。アジア研修ではベトナム・カンボジアに1週間滞在し、現地の国立中学校との1日交流をはじめ、ユネスコの現地での活動先を訪問し、スタッフ（海外青年協力隊員を含む）からの指導も受けます。日本人がアジアで実際に活躍している姿に触れ、世界で通用する人材へのイメージをより具体的に持つことができます。

最先端の教育環境を整備

高い目標を抱いてスタートする武南は、それに見合う教育環境の整備にも抜かりはありません。2012年（平成24年）の6月には「中高一貫 BUNAN Advanced校舎」が完成しました。

アクティブラーニング用の開かれたスペース「ラーニングコモンズ」が各階の中心に位置し、それをHR教室や特別教室が取りかこみます。また、全館が無線LANでつながっており、全ての教室に電子黒板を設置し、生徒はタブレットPCを持つというICT（情報コミュニケーション技術）教育にはこれ以上ない環境です。同時に屋上のビオトープなど生徒に安らぎを与える場所も用意されています。

SCHOOL DATA

- 埼玉県蕨市塚越5-10-21
- JR線「西川口」徒歩10分
- 男子31名、女子22名
- 048-441-6948
- http://www.bunan.ed.jp/j-highschool/

星野学園中学校

埼玉 川越市 共学校

「6年先のずっと先まで、頼れる羅針盤を手に入れる。」

2000年（平成12年）春に中高一貫教育をスタートさせた星野学園中学校。教育の根底には、120年を超える歴史を誇り、難関大学へ多数の合格者を輩出している併設校の星野高等学校のノウハウがそそぎこまれています。

星野学園では、自由で柔軟な自立した人間を育てる伝統のリベラルアーツ教育の思想を原点に、「習熟度別学習指導」、「国際人教育」、「情操教育」という3つの柱で中高一貫教育を実践しています。確かな学びを提供する一方で、教養を養い、豊かな人間形成をはかることにも注力しているのです。

3つの柱で6年間にわたる人格形成

一人ひとりの力を最大限に伸ばすために、多彩なカリキュラムやコース編成による「習熟度別学習指導」を行っています。理数選抜クラスと進学クラスの2クラスがあり、中2からは数学と英語で習熟度別授業を展開します。レベルに応じた内容と進度によって学習の定着度を高め、個々の能力を最大限に伸ばしていきます。高校では補習・長期休暇時の講習・難関大学特別講習や進路指導等、生徒の現役合格を力強くあと押しします。

中3の夏には、中学の修学旅行でオーストラリアを訪れたり、ドイツの学生を招いて「日独交流コンサート」を開催したりと、海外体験や異文化交流行事をつうじた「国際人教育」にも力を入れています。週に1回、ネイティブスピーカーの教員による英会話の授業も実施し、4技能の基礎を徹底的に学習し、応用力を養える英語教育も充実しています。

さらに、合唱祭・芸術鑑賞・文化祭などの、さまざまな学校行事やクラブ活動（全入制）をつうじた「情操教育」によって、生徒たちは文武両道の学校生活を過ごしています。

これら3つの柱によって、豊かな教養やコミュニケーション能力、問題解決能力などを身につけ、バランスのとれた人格形成をめざす星野学園中学校です。

SCHOOL DATA

- 埼玉県川越市石原町2-71-11
- JR線・東武東上線「川越」、西武新宿線「本川越」、JR線「宮原」・「熊谷」・「東大宮」、西武池袋線「入間市」スクールバス
- 男子123名、女子331名
- 049-223-2888
- http://www.hoshinogakuen.ed.jp/

細田学園中学校 〈2019年度開校予定・設置認可申請中〉

埼玉 志木市 共学校

Making dots and Connecting the dots

1921年(大正10年)に「細田裁縫女学校」として開校された細田学園高等学校は、近年、次世代を担う生徒を育てることを主眼とした教育改革を行いました。その結果、2013年(平成25年)からは大学合格実績が急上昇を見せており、併設の中学校を持たない埼玉の私立高校のなかではトップクラスといっていい成長を実現しています。

その細田学園高等学校が、2019年(平成31年)4月から併設の中学校を開校する予定です。「日本一よい教育を提供したい」という思いのもと、6年間の中高一貫教育がスタートします。

新設される細田学園中学校では、「Making dots and Connecting the dots」をコアコンセプトに掲げる独自の次世代型教育「dots教育」を行っていきます。

「dot」とは「点」という意味ですが、細田学園ではこれを「原体験」ととらえ、多種多様な「原体験」を中高6年間で体験できるようにしていきます。この「原体験=dot」をつなげていくことで、変化のスピードをますます速めていくことが予想されるこれからの社会で、主体的に生き抜く力を養うことができます。

3つの柱・「未来創造力」、「国際力・英語力」、「人間力」

dots教育には3つの柱があります。それが「未来創造力」、「国際力・英語力」、「人間力」です。

この3つの力を養うために、独自の学びの手法「DITOメソッド」(Define〈定義する〉→Input〈入力する〉→Think over〈熟考する〉→Output〈出力する〉という一連の行為を繰り返し行うサイクル)を取り入れた学習活動や、「リーダー教育」、英語4技能(聞く、話す、読む、書く)をバランスよく育てる英語教育、オンライン英会話レッスン「POEC」などの先進的な教育カリキュラムを実践していきます。

SCHOOL DATA

- 埼玉県志木市本町2-7-1
- 東武東上線・地下鉄有楽町線「志木」徒歩12分
- 募集予定男女120名
- 048-471-3255
- https://hosodagakuen.jp/juniorhighschool/

本庄第一中学校

埼玉 本庄市 共学校

生徒と教師が互いに響きあう

本庄第一中学校は、創立93年目を迎える本庄第一高等学校の併設校として開校し、3年目を迎える中学校です。

学園理念は「響生」。生徒と教師が互いに影響しあいながら前進し、よりよい学校づくりをめざしています。

また、本庄第一中学校は、「気力・知力・体力」を備えたチャレンジを継続できる人間を社会に輩出したいと考えています。中学校でのさまざまな成功や失敗体験をいかし、勉強においても部活動においても昨日の自分を越えられるよう挑戦しつづけてほしいと強く願っています。

「7つのもちろん」「3つのしっかり」

本庄第一中学校では、教育方針である「高い学力の養成」「人間力の育成」「希望進路の実現」を達成するため「7つのもちろん」「3つのしっかり」を設けています。

「7つのもちろん」とは、本庄第一中学校独自のカリキュラムをさしています。

内部進学にこだわらず、公立トップ高校などへの受験指導を実践していることもそのひとつです。

学力の定着をはかるため、毎日0時間目を実施します。1年次からの演習時間も含め、週35時間の学習時間を用意し、しっかりたっぷり学び、中学段階の学習内容のパーフェスト習得に努め、生徒の進路実現につなげていきます。

本庄第一中学校では、そのほかにも、生徒の登下校時間を保護者にメール配信するなど、安全対策にも万全を期しています。こうした特色ある取り組みを「7つのもちろん」として掲げています。

また、日々の生活のなかで取り組む、「あいさつ」「学習」「健康(身体づくり・心づくり)」が「3つのしっかり」です。勉強だけではなく、生活指導、部活動への積極的な参加にも力を入れています。

SCHOOL DATA

- 埼玉県本庄市仁手2167-1
- JR線「本庄」スクールバス
- 男子54名、女子77名
- 0495-24-1332
- https://www.hon1.ed.jp/jhs/

本庄東高等学校附属中学校

心 素直に、知性 輝く。

埼玉 本庄市 共学校

豊かな人間性と確かな知性を育成

自分を取り巻くあらゆる人やものに対して素直な気持ちで向き合ってみる——「素直な心」が「感謝」の気持ちと「謙虚」な姿勢を生み、「学ぶ心」を育てます。

この「学ぶ心」を軸として各教科の学習と多くの体験を重ねるのが本庄東高等学校附属中学校の学びです。

日本をとおして世界へのまなざしを育む国際理解教育は、和楽器や茶道の体験から伝統芸能鑑賞、京都・奈良校外研修などの日本文化理解と、洋書講読や英語でクッキングなどの特別講座、オーストラリア修学旅行といった異文化理解の体験が盛りだくさんです。

また、各自の興味・関心を引き出しその可能性を広げるキャリア教育は、職業調べと仕事体験、企業訪問、大学の学びを知る学問研究などで、将来についての具体的で明確なビジョンを形成させます。こうした学びにより、確かな知性と豊かな人間性を育てています。

プルーラル・アクティビティ

本庄東では、中高一貫の学習プランにより先取り学習と反復を徹底するとともに、補習やサポートタイムを実施し基本事項の定着をはかります。中学の履修内容は中2、大学入試に必要な内容は高2の学年末までにほぼ修了。各教科の基礎力を土台に、中学では調べ学習やグループ討論、ジグソー学習などをとおして、多角度から立体的に問題を考察し、その成果を発信するプルーラル・アクティビティ（多元的学習活動）を展開しています。知識の詰めこみに偏りがちな「平面的」学習に終始せず、「立体的」に問題にアプローチしてものの考え方を実践として身につけるトレーニングを積み重ねていきます。それにより、個々の「主体的に考える力」をきたえ、論理性や多様性、独創性などが求められる現代社会を生き抜く「人間力」を養います。

SCHOOL DATA
- 埼玉県本庄市西五十子大塚318
- JR線「岡部」スクールバス
- 男子169名、女子169名
- 0495-27-6711
- http://www.honjo-higashi.ed.jp/

立教新座中学校

強くしなやかな個性と品格をもった生徒を育成

埼玉 新座市 男子校

約10万㎡の広大なキャンパスに充実した施設がそろう立教新座中学校。「キリスト教に基づく人間教育」に教育の主眼をおき、学校生活に祈りの姿勢でのぞむことを重視しています。そして、その教育理念のもと、「テーマをもって真理を探究する力を育てる」「共に生きる力を育てる」を目標に、自由を尊び、平和を愛し、責任感に富む「強くしなやかな個性と品格をもった生徒」を育成しています。

授業では、生徒が主体的に見つけたテーマについて調べ、発表し、ディスカッションするゼミ形式のものが多くあります。社会科や理科では、各学年でテーマを設けて科学館や博物館を訪れる校外学習も実施。こうした体験学習によって生徒の感性を磨いています。高3で、生徒たちが自らの進路や興味関心のある分野をより深く学習するための自由選択講座が開かれているのも特徴です。

また、「グローバルリーダーの育成」を掲げ、国際交流が活発に行われています。海外のかたとキャンプ生活を送る「アメリカ・サマーキャンプ（中3）」、現地の学校で授業を受ける「オーストラリア短期留学（高1～高3）」、語学学校で各国の人と学ぶ「英国サマースクール（高1～高3）」、留学ビザで本格的に英語を学習する「ギャップイヤー留学（進路決定後の高3）」があります。

そのほか、他者・自然などへの深い理解と共感性を育むボランティア活動も積極的に行われています。

立教大学に加え他大学への進学も支援

立教学院に属する立教新座には、立教大への推薦入学制度があり、毎年約8割近い生徒が進学します。高校3年間の学業成績などを総合して推薦入学が決まり、学部・学科は「学内の序列上位者より選択することになる」とのことです。一方で、他大学進学も応援し、これまでも東京大や京都大をはじめとする多くの難関大学へ合格者を輩出しています。

SCHOOL DATA
- 埼玉県新座市北野1-2-25
- 東武東上線「志木」徒歩12分、JR線「新座」バス10分
- 男子のみ207名
- 048-471-2323
- http://niiza.rikkyo.ac.jp/

Be your best and truest self.

「最善のあなたでありなさい。そして、最も真実なあなたでありなさい。」

このモットーがめざしていること、それは生徒一人ひとりが
ほんものの自分として生きる人間に成長することです。

学校見学会（予約不要）
【在校生による発表、学校説明、校内見学】

7月27日(金) 9:30〜
8月22日(水) 9:30〜

＊学校説明、その後の校内見学を含め、約2時間を予定しています。
＊各回とも同一内容です。
＊事前の申し込みは不要です。当日は上履きをご持参ください。

学校説明会（予約不要）
【学校説明・入試説明・校内見学・入試要項販売】

10月6日(土) 9:30〜/13:30〜
11月10日(土) 9:30〜/13:30〜
12月8日(土) 9:30〜

＊学校説明、その後の校内見学を含め、約2時間を予定しています。
＊各回とも同一内容です。10月6日と11月10日は午前の部と午後の部があります。
＊事前の申し込みは不要です。当日は上履きをご持参ください。

文化祭（予約不要）
【入試要項販売】

9月1日(土) 10:00〜
9月2日(日) 9:30〜

＊チケット制ですが、受験生や保護者の方は、チケットがなくても入場できます。
＊学校紹介ビデオの上映・質問コーナーがあります。
＊当日は上履きをご持参ください。

各行事の開始時間につきましては、予定となります。事前に、ホームページまたは電話でご確認ください。

カトリックミッションスクール
浦和明の星女子中学校

（併設）浦和明の星女子高等学校

〒336-0926　埼玉県さいたま市緑区東浦和6-4-19
〔TEL〕048-873-1160　〔FAX〕048-875-3491
〔URL〕http://www.urawa-akenohoshi.ed.jp
Access JR武蔵野線　東浦和駅　徒歩8分

国立・私立中学校プロフィール

茨　城

江戸川学園取手中学校…………192
常総学院中学校………………192
土浦日本大学中等教育学校……193
東洋大学附属牛久中学校………193
茗溪学園中学校…………………194

江戸川学園取手中学校

茨城 取手市 共学校

授業が一番！ 茨城有数の進学校

生徒の夢は学校の目標

毎年優秀な進学実績を残している江戸川学園取手中・高等学校。今年も東京大に7名、早稲田大に46名、慶應義塾大に37名、東京理科大に102名が合格。また、医学部に強い学校としても知られており、今年も国公立大医学部に28（含筑波大6）名、私大医学部には62名と、合計90名の合格者を輩出しています。「授業が一番」をモットーとした教育の成果が、如実に表れているといってよいでしょう。1978年（昭和53年）の開校当初より「心豊かなリーダーの育成」を教育理念・教育目標に掲げ、「誠実」「謙虚」「努力」の校訓のもとに将来の国際社会でいしずえとなって活躍できる人材の育成に取り組んでいます。

中等部では、2016年度（平成28年度）から「東大ジュニアコース（30名）」「医科ジュニアコース（30名）」「難関大ジュニアコース（180名）」の3コースとなり、中・高6カ年で最短最強のカリキュラムが実践されています。

高等部では1993年（平成5年）から「普通科コース」に加えて「医科コース」を設置。また、2019年度入試より高等部においても「東大コース」の募集をスタートします。将来、世界の医療現場で活躍する人材を育てることを目標とする「医科コース」の成果は、前述の大学進学実績にも表れています。

創立40周年を迎え、41年目を新たな起点として「New江戸取」に大改革。50分授業を45分に短縮して「アフタースクール」を充実させました。学習系以外に教養・理数融合系、社会科見学系、英語4技能、校内留学・プレゼン系、PBL系（企業と連携）、講演会系など多数の講座を立ちあげて実施しています。自主的に学ぶ生徒が多く、これまでも再生医療学会中高生セッションに参加し銀賞入賞や科学の甲子園大会では2年連続全国大会入賞をおさめました。規律ある進学校として、生徒たちの夢を応援していく中学校です。

SCHOOL DATA

◆ 茨城県取手市西1-37-1
◆ JR線・地下鉄千代田線「取手」・関東鉄道常総線「寺原」徒歩25分
◆ 男子503名、女子419名
◆ 0297-74-0111
◆ http://www.e-t.ed.jp/

常総学院中学校

茨城 土浦市 共学校

社会に貢献できる人材の育成をめざす教育

1996年（平成8年）開校の常総学院中学校は、1983年（昭和58年）に開校した併設校の常総学院高等学校との6年間中高一貫教育を行っています。

大学や職業に対する意識の育成と、専門職として社会に貢献できる人材の育成を目的に、医学・科学・人文の探究フィールドを設け、生徒はそのいずれかに所属します。

常総学院では、それぞれのフィールドに合わせて、施設見学や多分野の職業講演などの課外活動を充実させています。

主要教科は中1・中2で中学課程を修了し、中3で高校課程に入ります。

また、社会のグローバル化に対応するために、1分間スピーチ、探究活動プレゼンテーション、クラスディスカッション、さらにICT教育に取り組んでいます。

さらに、これまでに41名の東京大合格者を輩出した「AD（アドバンスト）クラス」を中1にも設置し、ハイレベルな授業を展開しています。

外国人教師による毎日英会話

英語は国際社会において重要なコミュニケーション手段としての役割を担います。そのため常総学院では、英語の授業をRE（Regular English）とCE（Communicative English）のふたつに分けて週11時間行っています。

そのうち週6時間のREでは、おもに、読解・単語・文法を中心に授業が行われます。また、週5時間のCEは、1クラスを3分割にした少人数制で実施し、ネイティブスピーカーの教師が中学校だけでも10名所属しており、英作文・会話・リスニングの授業を行っています。

また、中1で実施されるBritish Hills国内留学や、中3で実施されるニュージーランド語学研修旅行でのファームステイと学校訪問など、多彩な英語行事をとおして、英語でのコミュニケーション能力を育てています。

SCHOOL DATA

◆ 茨城県土浦市中村西根1010
◆ JR線「土浦」バス15分、つくばエクスプレス「つくば」より車で15分
◆ 男子149名、女子189名
◆ 029-842-0708
◆ https://www.joso.ac.jp/

土浦日本大学中等教育学校

茨城 土浦市　共学校

6年間で「学力・国際力・人間力」を育む

茨城県初の中等教育学校として、2007年（平成19年）に開校した土浦日本大学中等教育学校。

豊かな自然環境のなかで、「学力・国際力・人間力」の3つの力を育みます。

土浦日本大学中等教育学校では、6年間を3つのタームに分け、効果的に学習が進むように計画しています。

最初の2年間は、基礎学力の獲得をめざす「Foundation Term」です。1年次には蓼科や京都・奈良での国内研修、2年次には28日間の英国研修が用意されています。

つぎの2年間は、自ら考え、表現する学力を身につける「Academic Term」です。3年次には広島研修、4年次には英国・ケンブリッジ大での研修が行われます。

そして最後の2年間は、「Bridging Term」です。これまでの研修をとおして獲得してきた力を糧に、進路実現に向けて最大限の努力をしていきます。

世界のリーダーを育てる

学校外での研修も多く、なかでも海外での研修は、総合的・多角的学習の場として非常に重要なものと考え、英語教育にも力を入れています。英語教育の目標を「英語で討論し、自己主張できるレベルのコミュニケーション能力の獲得」と位置づけ、外国人の教員とのふれあいを大切にするなど、実践的なプログラムを導入しています。

土浦日本大学中等教育学校は、日本大の付属校ではありますが、他大学進学者の多さが特徴的です。2018年（平成30年）も、医学部医学科に5名現役で合格し、難関国公立大、早慶上智といった難関私大にも多数の合格者を輩出しました。また、海外の大学へ進学した生徒もいます。日本大へは、毎年5割程度の生徒が進学します。2019年からは理系インタークラスも設置され、年々進化する土浦日本大学中等教育学校です。

SCHOOL DATA

- 茨城県土浦市小松ヶ丘町4-46
- JR線「土浦」徒歩25分・バス10分
- 男子163名、女子163名
- 029-835-3907
- https://www.tng.ac.jp/sec-sch/

東洋大学附属牛久中学校

茨城 牛久市　共学校

「生き抜く力＝人間力」を養う

東洋大学附属牛久中学校は、東洋大学の建学の精神「諸学の基礎は哲学にあり」を基本理念に「知的好奇心と志の高い、自ら考え自ら行動する意欲あふれる生徒」の育成に努めています。21世紀にふさわしい学習環境のなかで、少人数でのていねいできめ細かい指導により、生徒たちは『確かな学力』と『豊かな教養』、『グローバル社会で活躍できる人間力』を身につけていきます。

豊富な授業数と「グローバル探究」

完全週6日制で各教科の授業時数を公立中学校の最大1.5倍確保することで、週38時間の授業を展開し、生徒が基礎・基本を定着するよう学習指導を行い、さらに発展的な学習を進めています。同時に、中高一貫教育の6年間において、国内外での全員参加の宿泊研修を毎年実施しています。中2はフィリピン、中3はオーストラリアでの海外語学研修を行い、生徒が柔軟な国際理解と英語でのコミュニケーション能力を身につけられるカリキュラムを設計・開発しています。

また、独自の教科「グローバル探究」を設定して、哲学・教養・国際理解・キャリア・課題研究の5つの科目を学びます。真の国際人になるためには、自国文化をよく知り、自分の考えをしっかり持ち、臆することなく人前で発言できることが大切です。東洋大牛久では「グローバル探究」をとおしてこれらの力を養い、自己確立へつなげていきます。

ひとり1台のタブレット端末を導入しているのも特徴で、プロジェクター完備の教室において、各個人の意見が反映されやすい授業を展開しています。さらに、タブレットを利用してスライドやレポートを作成し、自己表現力やプレゼンテーション能力を高めます。部活動ではテニスなどの運動部のほかにも、国際文化部や和楽部などがあり、カリキュラムと関連する国際交流を視野に入れた幅広い活動（茶道、華道、三味）を行っています。

SCHOOL DATA

- 茨城県牛久市柏田町1360-2
- JR線「牛久」ほかスクールバス
- 男子90名、女子98名
- 029-872-0350
- http://www.toyo.ac.jp/site/ushiku-jh/

茗渓学園中学校

濃密な6年間が「考える」力を育む

茨城 つくば市 共学校

茗渓学園は、当時の中等教育批判に応える取り組みをする研究実験校として、1979年（昭和54年）に開校されました。

一人ひとりの生徒を知育に偏らず総合的に教育し、人類、国家に貢献しうる「世界的日本人」を創生すべく、知・徳・体が調和した人格の形成をはかり、とくに創造的思考力に富む人材を育てることを建学の理念としています。

また、豊かに生きるために、正しい選択力と決断力、そしてたくましい実行力を養うべく、生命尊重の精神を育て、自分で考え行動できる人づくりをすることが茗渓学園の教育目標です。

「考える」姿勢を重視した教育

その教育の特徴のひとつが、目で確かめ肌で感じる生きた学習を実践していることです。フィールドワークを「問題解決学習」として、知識を前提としたうえに「知恵」を育てていくための有効な学習形態として取り入れています。

各教科とも考える姿勢を重視し、実験と調査活動を豊富に取り入れることにより課題意識を開発し、問題解決に適応できる柔軟で創造的な思考力を養っています。

進学については、習熟度別授業、選択制カリキュラム編成、個人課題研究などによって意欲と学力を伸ばし、将来の仕事につながる目的意識を持って進学できるようにしています。また、国際理解・国際交流の機会も多く用意しています。

人間性を育てる寮生活

寮生活をつうじての人間形成も茗渓学園の大きな特徴です。長・短期の寮生活、宿泊をともなう共同生活を経験させ、お互いに切磋琢磨し、自分も他人も尊重する精神を身につけます。こうした6年間のなかで、生徒は自分をしっかりと見つめ、自立していきます。

SCHOOL DATA

- ◆ 茨城県つくば市稲荷前1-1
- ◆ JR線「ひたち野うしく」・「土浦」・つくばエクスプレス「つくば」バス
- ◆ 男子356名、女子371名
- ◆ 029-851-6611
- ◆ http://www.meikei.ac.jp/

英単語パズル

小学校英語必修化に対応

楽しく学んで記憶できる問題発見・解決型パズル

英検3・4級レベル（小5～中1用）

『合格アプローチ』編集部編　A5判　並製　128ページ　定価1,200円＋税

まもなく、日本の教育が大きく変わります。なかでも外国語教育は小学校5～6年生で英語を正式教科にするほか、歌やゲームなどで英語に親しむ「外国語活動」の開始を3年生からに早めます。

大きな変革を迎える大学入試でも英語の重要性は飛躍的に増すことにもなります。

中学受験を行う私立中学校は、首都圏でも多くの学校が、すでに英語入試をさまざまな形で採り入れ始めています。

この本は、導入段階の小学生が楽しく英単語を学べるようパズル形式を採用し、問題を解決することで記憶につながる工夫がなされた内容になっています。

http://www.g-ap.com/

株式会社 グローバル教育出版　東京都千代田区内神田2-4-2 グローバルビル　電話 03-3253-5944　Fax 03-3253-5945

国立・私立中学校プロフィール

寮のある学校

北海道
函館白百合学園中学校……196
函館ラ・サール中学校……196

長野
佐久長聖中学校……………197

愛知
海陽中等教育学校…………197

大阪
早稲田摂陵中学校…………198

奈良
西大和学園中学校…………198

高知
土佐塾中学校………………199

函館白百合学園中学校

北海道 函館市 / 女子校

凛と咲く百合のように

　全国に広がる白百合学園の歴史は、1878年（明治11年）、フランスより3人の修道女が函館に着任し、女子教育の基礎を築いたのがはじまりです。東京の白百合女子大をはじめとする白百合学園の最初のページは、この函館から記されたのです。

　函館白百合学園は、キリスト教に根ざした価値観を養い、神と人の前に誠実に歩み、人としての品性を重んじ、愛の心をもって人類社会に奉仕できる女性を育成しています。そのため、聖書などから学ぶだけではなく、奉仕活動、募金活動、体験的学習などをつうじて、自ら道徳心を養えるようにしています。

将来を見据えたきめ細やかな指導

　国・数・英の授業数は公立中学よりも格段に多く、生徒の発達段階に配慮した授業展開のなかで自然な定着をはかっています。

　将来、世界で活躍する国際人の育成をめざし、語学教育にも熱心です。とくに中1・中2の英語は日本人とネイティブの教師によるチームティーチングを実施し、読解力から英会話まで総合的に身につくように配慮されています。また、スモールステップの学びが可能な「すらら」などICTも充実しています。

　高校進学時は、難関大学への進学を考えている生徒に対応する「特別進学コース」、看護学校や私立理系大学に適した「看護医療系進学コース」、進学・就職に幅広く対応した「総合進学コース」への進学が可能です。

　キャンパス内には、自宅から通学できない生徒のための寮「暁の星ハウス」が完備されています。自立の精神を身につけ、共同生活をとおして、より豊かな人間性を育てることを目的として寮運営がなされています。

　羽田空港から飛行機で約80分、函館空港からはバスで約20分と、思いのほか短時間で函館白百合学園中学校にアクセスできます。なお、入学試験は首都圏の会場でも行われています。

SCHOOL DATA

◆ 北海道函館市山の手2-6-3
◆ 函館空港からバス20分、JR線「五稜郭」バス30分、JR線「函館」バス35分
◆ 女子のみ60名
◆ 0138-55-6682
◆ http://www.hakodate-shirayuri.ed.jp/

函館ラ・サール中学校

北海道 函館市 / 男子校

50人大部屋寮で培われるたくましく柔軟な人間関係力

　1960年（昭和35年）に高等学校が、1999年（平成11年）に中学校が開設された函館ラ・サールには、「進学教育と人間教育の高いレベルでの両立」を教育方針の核としたつぎのような特色があります。

　ひとつ目は「人間教育重視の教育伝統」です。カトリックミッションスクールとして、進学実績至上主義ではなく、生徒の全人格的成長をはかるとともに、問題を抱えた生徒をあくまでも支援しています。

　ふたつ目は「全国から優秀な生徒が集まっている」点です。函館市外出身生徒の割合（関東・関西だけで過半数）と出身地の多様性の点では全国一と言われています。多様で密度の濃いふれあいが豊かな自己実現につながります。

　3つ目は「全国唯一の50人大部屋寮生活」（中学3年間。高校からは4人部屋）です。一見不自由にみえる独自の寮生活をつうじて、深い友人関係とたくましく柔軟な人間関係力が養われます。また、函館は北海道の豊かな自然と歴史的情緒にあふれた港町であり、ここでの生活は一生心に残ります。

　最後は「低廉な経費」です。都会での通学・通塾生活より経済的です（授業料、寮費合わせて月11万円）。

バランスのとれた教育を実践

　函館ラ・サールでは、部活動も非常にさかんで、北海道大会に出場するクラブがいくつもあります（とくにラグビー部はこの3年間で2回全国大会に出場しました）。

　教育カリキュラムは、1週間の授業時間数を37時間としています。基礎的な学力をしっかりと身につけ、なおかつ、芸体教科も公立と同じ時数を確保するためです。

　また、ミッションスクールという特色をいかした倫理・宗教の科目や、国際性を重視した英語教育など、「知」・「心」・「体」の育成に積極的に取り組んでいます。

SCHOOL DATA

◆ 北海道函館市日吉町1-12-1
◆ JR線「函館」バス、函館市電「湯の川」徒歩12分
◆ 男子のみ244名
◆ 0138-52-0365
◆ http://www.h-lasalle.ed.jp/

佐久長聖中学校

長野 佐久市 共学校

中高一貫課程創設20年を経てさらなる躍進を

佐久長聖中学校・高等学校がある、信州・長野県佐久市は、交通整備網が発達し、北陸新幹線金沢・東京間の中間に位置する重要拠点として、先端産業が集まるハイテク産業地域であるとともに、文教環境が整った学術文化都市でもあります。

こうした恵まれた教育環境にある佐久長聖の特徴は、授業・体験学習・寮生活が三位一体となった6年間一貫教育を行っていることです。寮のことを「館」と呼び、中学に隣接する「聖朋館」に専任の教職員が宿泊し、24時間体制で指導にあたっています。

生徒の志望に合った2コース

中高一貫校としての特性をじゅうぶんにいかした授業編成を行っており、中1では学習の基礎・基本を身につけ、中3の1学期までに中学の全教育課程を修得し、2学期からは高校の学習範囲へと移ります。授業は50分で、生徒一人ひとりが自ら調べ、考え、意見を述べあうことを大切にし、詰めこみではない、「本当の学力」を伸ばします。さらに、2011年度（平成23年度）からは「東大医進難関大コース」と「スキルアップコース」というふたつのコース制を導入し、より一人ひとりに合った学習指導体制が可能となりました。

2018年度（平成30年度）の大学入試結果は、東京大1名、国公立大医学部3名、京都大など国公立大に57名、早稲田大・慶應義塾大などの難関私立大を中心に多くの生徒が希望の進路に進んでいます。

語学学習と国際学習も特徴

語学学習を大切にしており、生きた英語に触れ、英語の「聞く・話す」力を高める教育を実施。語学力を高めながら国際的な理解力も深める授業を進め、例年、中3の7割が英検準2級に合格しています。また、中3全員で2月中旬〜3月初旬にカナダで語学研修、高1で希望者による海外語学研修を行っています。

SCHOOL DATA

- 長野県佐久市岩村田3638
- 上信越自動車道佐久インターより車で1分、JR線「佐久平」より車で5分
- 男子219名、女子167名
- 0267-68-6688
- http://www.chosei-sj.ac.jp/

海陽中等教育学校

愛知 蒲郡市 男子校

リーダーの出発点が、ここにある

海陽中等教育学校は、愛知県蒲郡市に位置する全寮制の男子校です。「将来の日本を牽引する、明るく希望に満ちた人材の育成」を建学の精神に掲げ、2006年（平成18年）に開校しました。

学校の設立にあたっては、トヨタ自動車・JR東海・中部電力の3社を中心に、日本の主要企業約80社が学校設立・運営のために資金を拠出した、まったく新しいタイプの中等教育学校です。

全寮制のメリットをいかした教育

生徒たちが生活する寮は「ハウス」と呼ばれ、各人の個性を尊重し健やかな成長をはかれるように、個室が用意されています。また、各階には海を見渡すラウンジが備えられ、生徒同士の交流や学習の場としても利用できます。

こうした寮生活は、イギリスのイートン校などの例にならって、寮における生活のなかから高い知性とよき生活習慣を身につけていく場として重要な役割を果たしています。

それぞれのハウスで約60人の生徒が生活をともにし、経験豊富なハウスマスターが常駐しています。それぞれのフロアには、日本を代表する企業から派遣されたフロアマスターがおり、生活指導や学習支援を行います。

また、週5日制でじゅうぶんな授業時間を確保し、国数英を中心に習熟度別授業を取り入れています。ハウスでも1日2時間30分の夜間学習があります。

2018年度（平成30年度）の合格実績は国公立大では東京大、京都大、東北大、一橋大、筑波大、名古屋大、国際教養大などに合格、私立大では早稲田大、慶應義塾大、上智大、東京理科大をはじめ、医学部に合格した生徒もいます。

将来の日本をリードする明るい人材を育てる海陽中等教育学校。創立10年を超え、さらに大きな期待が寄せられています。

SCHOOL DATA

- 愛知県蒲郡市海陽町3-12-1
- JR線「三河大塚」徒歩20分
- 男子のみ310名
- 0533-58-2406
- http://www.kaiyo.ac.jp/

早稲田摂陵中学校

大阪 茨木市 / 共学校

社会に貢献する人材を育成

　2009年度（平成21年度）から、早稲田大の系属校となった大阪府にある早稲田摂陵中学校。教育目標には「地域社会・国際社会に貢献する人材の育成」を掲げ、豊かな心を育むための教育を行っています。

　早稲田摂陵には、学園敷地内に設置された「新清和寮」という学生寮があります。ここでは、中・高合わせて約80名の生徒たちが、全国各地から集まる仲間とともに共同生活を送っています。

　寮内で定められた5つの心得を守りながら共同生活することで、自立した人間へと成長していきます。

多種多様な学校行事の数々

　1年をとおしてさまざまな行事が催されているのも早稲田摂陵の特色です。

　4月には、新入生が学校にスムーズになじめるようにと、「新入生オリエンテーション」や「仲間づくり合宿」が実施されます。

　中3で実施されるICCアウトリーチプログラム（早稲田大生・早稲田大留学生による授業）やカナダ海外語学研修（バンクーバー・中2・中3希望者対象）は、早稲田摂陵の教育目標である国際社会に貢献できる人材を育成するために、必要不可欠な行事となっています。

　また、年に数回ずつ、地域清掃ボランティアや、地域の人びとも参加できる「早摂公開講座」を開催するなど、地域とのかかわりを深める行事も行い、もうひとつの教育目標である地域社会に貢献できる人材としての意識も高めていきます。

　早稲田摂陵では、このほかにも「早摂祭」や「錬成合宿」、「勉強合宿」などの多彩な行事が行われています。

　こうした行事、そして、日常生活をとおして「地域社会・国際社会に貢献する人材の育成」という教育目標を実現できる生徒を育成しつづけているのです。

SCHOOL DATA

- 大阪府茨木市宿久庄7-20-1
- 大阪モノレール線「彩都西」徒歩15分、阪急電鉄「茨木市」「北千里」「石橋」・JR線「茨木」・北大阪急行電鉄・大阪モノレール線「千里中央」スクールバス
- 男子54名、女子20名
- 072-640-5570
- http://www.waseda-setsuryo.ed.jp/

西大和学園中学校

奈良 河合町 / 別学校

次代を担うリーダーを育成するために

　東京大への進学者数が年々増え（2018年度は30名）、京都大や難関国公立大学医学部医学科へも多数が進学する西大和学園中学校・高等学校は、男子寮の完備により全国から入学者が集まります。男女共学でありつつ中1・中2は男女別に授業を受けるスタイルは、互いが切磋琢磨し、最大の教育効果をあげるという学園の教育方針が反映されています。

リーダーに必要な3つの要素

　西大和学園は、「知性」・「国際性」・「人間性」を柱として、「次代を担うリーダーを育成するために」を教育目標に掲げています。

　また、「知性」は本物の体験のなかで磨かれていくと考える西大和学園では、生徒の好奇心に応える多くの体験学習を用意し、中3で卒業研究に取り組みます。生徒は興味を深めながら、学ぶことの楽しさを知ります。

　これらの活動は、西大和学園が2002年度（平成14年度）から継続指定を受けているスーパーサイエンスハイスクール（SSH）の取り組みの一貫として行われています。

　ふたつ目の柱である「国際性」は、生きた英語力を身につける英語教育と、世界を感じられる語学研修により養い、真の国際人として活躍できる人材を育てます。

　2014年度（平成26年度）、スーパーグローバルハイスクール（SGH）の指定も受けたことにより、SSHと合わせて文系・理系のバランスが取れた教育力を発揮していきます。

　そして、3つ目の柱である「人間性」を磨くために、多彩な行事、クラブ活動がさかんに行われています。自然や仲間とのかかわりのなかで生きていることを実感し、他者の存在によって自分が生かされていると知ることにより、他者の幸福のために行動する「利他の精神」を持った人材へと成長できます。

　このような独自の教育により、「磨かれた『知』を備え、世界を舞台に活躍する、豊かな人間性を持つリーダー」を育てています。

SCHOOL DATA

- 奈良県河合町薬井295
- 近鉄田原本線「大輪田」徒歩8分、JR線・近鉄生駒線「王寺」、近鉄田原本線「新王寺」徒歩18分またはバス、近鉄大阪線「五位堂」バス
- 男子533名、女子125名
- 0745-73-6565
- http://www.nishiyamato.ed.jp/

土佐塾中学校

高知 高知市 / 共学校

生徒を育てるユニークな教育プログラム

　高知市内を一望できる180mの高台に、土佐塾中学校はあります。豊かな自然に恵まれたこの土佐の地から、将来を担う人材を輩出することを目的として設立されました。

　土佐塾では、しっかりと学習をしたい生徒のために高校生向けの寮施設が完備されています。「大志寮」と名づけられたこの寮は、「男子寮」と「女子寮」があり、ゆったりとくつろぐことができる個室と、集団生活を快適に過ごすための共通スペースなど、設備が整っています。

　寮が学校から徒歩5分という至近距離にあり、学校生活を中心に効率のよいスケジュールが組まれているのも魅力です。

学力を伸ばすサポートシステム

　入口と出口を比較して、学力を伸ばしてくれる学校として話題にのぼる土佐塾を支えているのが、母体である塾・予備校で培ったノウハウと人材です。

　土佐塾独自の「進路サポートプログラム（SSP）」は生徒に自分の進路を早くから意識させ、学力の伸長を助けるものです。通常の学校行事とは別に、大学教授を招いて行うワンデーセミナーや、弁護士や医師などの専門職に就くかたを招くキャリアセミナーなどが実施されます。SSPによって、生徒一人ひとりのキャリア形成能力を育成し、生徒が主体的に自己の進路を選択する能力を養います。

　学校施設も充実しています。体育館や広いグラウンドはもちろんのこと、自習にも利用できる図書館なども備わっており、全施設が冷暖房完備となっています。そして最も特徴的なのは、職員室に仕切りがないことです。開放的な構造で、生徒が気軽に質問することができます。2016年（平成28年）秋には創立30周年記念事業の一環として天然芝グラウンドが新しくできました。

　土佐塾中学校は東京でも入試を行っており、首都圏から多くの生徒が受験しています。

SCHOOL DATA

- 高知県高知市北中山85
- JR線「高知」バス15分
- 男子272名、女子227名
- 088-831-1717
- http://www.tosajuku.ed.jp/

― 中学受験のお子様を持つ親のために ―

わが子が伸びる 親の『技（スキル）』研究会のご案内

主催：森上教育研究所　　協力：グローバル教育出版　　（ホームページアドレス）http://oya-skill.com/

7月29日（日）　無料公開シンポジウム

- テーマ：十分な睡眠と運動がわが子を伸ばす！
- 講師：静岡産業大学 教授 小澤治夫先生　　熊本大学 名誉教授 三池輝久先生
　　　　玉川大学 名誉教授 山口榮一先生

◇時間：10：00～12：00
◇会場：神田女学園中学校高等学校講堂
◇料金：無料
◇申込方法：スキル研究会WEBサイト（http://oya-skill.com/）よりお申込下さい。
　電話での申込はご遠慮下さい。尚、本研究会は塾の関係者の方のご参加をお断りしております。

お電話での申込みはご遠慮下さい

お問い合わせ：森上教育研究所　メール：morigami@pp.iij4u.or.jp　FAX：03-3264-1275

埼玉私学フェア2018

入場無料

気になる学校の先生とたっぷり相談
個別相談で自分の最適受験校を探す

熊谷展 2日間開催
7月28日(土) 10時〜17時
　29日(日) 10時〜16時
会場：キングアンバサダーホテル熊谷　3階
プリンス・プリンセス

川越展 2日間開催
8月18日(土) 10時〜17時
　19日(日) 10時〜16時
会場：ウェスタ川越　多目的ホールABCD

大宮展 2日間開催
8月25日(土) 10時〜17時
　26日(日) 10時〜16時
会場：大宮ソニックシティ　第1〜5展示場

埼玉県内私立高校　※は中学校を併設
（参加校は会場によって異なります。ホームページでご確認ください）

秋草学園	川越東	城西大学付属川越※	武南※
浦和明の星女子※	慶應義塾志木	正智深谷	星野※
浦和学院	国際学院※	昌平※	細田学園
浦和実業学園※	埼玉栄※	城北埼玉※	本庄第一※
浦和ルーテル学院※	埼玉平成※	西武学園文理※	本庄東※
浦和麗明	栄北	西武台※	武蔵越生
叡明	栄東※	聖望学園※	武蔵野音楽大学附属
大川学園	狭山ヶ丘※	東京成徳大学深谷※	武蔵野星城
大妻嵐山※	志学会	東京農業大学第三	山村学園
大宮開成※	自由の森学園	東邦音楽大学附属東邦第二	山村国際
開智※	秀明※	獨協埼玉※	立教新座※
開智未来※	秀明英光	花咲徳栄	早稲田大学本庄高等学院
春日部共栄	淑徳与野※	東野	

新刊案内

受験生を持つ親に贈る
グローバル教育出版の本

子育てのベテランがつづった

●淡路雅夫 著

A5判　256ページ
並製　ソフトカバー
定価:本体2,000円＋税
ISBN978-4-86512-118-6

お父さん　お母さん
気づいていますか？
子どものこころ

**娘の気持ち
息子のホンネ
気づいていますか**

進学校の教員、校長として、いつも中高生のそばいた著者が「子育てに流行りはない」という持論を幹に、ご父母に語りかけます。「これからの社会は、ますます子育てに正解のない時代になります。親は、子どもに寄り添いながら、自分の生き方も考えていかなければならない時代です。社会の一員として、新しい時代にふさわしい子どもの学力や社会的人材を育成する意識を持って、子どもを育ててほしいと願っています」……………淡路雅夫

淡路 雅夫（あわじ　まさお）淡路子育て支援教育研究所主宰。國學院大学・同大学院修了。私立浅野中学・高等学校（神奈川県）の校長歴任後、大学で教員志望学生への教職アドバイザーを務める。講演、執筆活動を通して私学支援を行う。専門分野は子どもの教育・福祉を中心とした家族・親子問題。著書に『児童福祉概論』（八千代出版）、『人に育てられて生きる』（社会評論社）、『お母さんにはわからない思春期の男の子の育て方』（中経出版）、『先生! 子どもが元気に育っていますか?』（弊社）その他。

第1章	子どもの育つ環境が変わっていることに気づいて	第2章	親の生活格差の拡大と子どもの生活
第3章	子育ては、対症療法の指導から教育的対応の時代へ	第4章	伸びる子どもには、共通点がある
第5章	子どもに豊かなキャリアを	第6章	女性の時代と人生100年の学びを
第7章	子どもを育てるのは何のため	第8章	親が気づかない「子どもの心」

※第8章では、本書の半分のページを割いて、親が具体的に直面する、身近な課題、疑問など約30の問題について取り上げ、著者が「Q&A方式」で答えます。あなたへの答えが、きっとここにあります。

ご注文ダイヤル ☎03-3253-5944　インターネットでの注文も承っております。http://www.g-ap.com/　グローバル教育出版

あとがき

　現在、国内には684校（文部科学省：2017年度学校基本調査）もの中高一貫校があります。そのうち、首都圏には約300校が所在しています。また、これまでの国立・私立だけではなく、公立中学校においても、中高一貫校を新設する動きがつづいています。多くの選択肢のなかから、各ご家庭の考え方やポリシーに合わせた教育を選ぶことができるということは、非常に幸せなことです。

　その反面、選択肢が多ければ多いほど、悩んでしまうご家庭も少なくありません。とくに初めて中学受験を経験されるご家庭においては、学校選びは大変な作業です。

　本書はそのような保護者のかたに、少しでもお役に立てれば、との思いから生まれたものであり、毎年改編を重ねています。ここに登場する273校の学校については、その教育理念や日々の特色など、学校の素の姿をお伝えすることを第一として編集を行っております。そのため、いわゆる偏差値や学力の指標となるものは掲載しておりません。それは数字だけでなく、ご家庭の教育方針やお子さまに合った学校を選んでいただきたいからです。

　学校の紹介にあたっては、各校の校長先生ならびにご担当の先生がたに多大なご協力を賜り、厚くお礼申しあげます。

　本書をつうじて、各ご家庭が、より望ましい学校教育を選択されることを願ってやみません。

『合格アプローチ』編集部

営業部よりご案内

『合格アプローチ』は、首都圏有名書店にてお買い求めになることができます。

万が一、書店店頭に見あたらない場合には、書店にてご注文のうえ、お取り寄せいただくか、弊社営業部までご注文ください。

ホームページでも注文できます。

送料は弊社負担にてお送りいたします。

代金は、同封いたします振込用紙で郵便局よりご納入ください。

ご投稿・ご注文・お問合せは

株式会社 グローバル教育出版

【所在地】〒101-0047
東京都千代田区内神田2-4-2 グローバルビル

【電話番号】03-3253-5944（代）　合格しょう
【FAX番号】03-3253-5945
URL：http://www.g-ap.com
e-mail:gokaku@g-ap.com
郵便振替　00140-8-36677

合格アプローチ　2019年度入試用
首都圏 国立私立 中学校厳選ガイド273校

2018年7月10日　初版第一刷発行　　定価1800円（＋税）

●発行所／株式会社グローバル教育出版
〒101-0047 東京都千代田区内神田2-4-2 グローバルビル
　　　電話 03-3253-5944（代）　　FAX 03-3253-5945
http://www.g-ap.com　　　郵便振替00140-8-36677

©本誌掲載の記事、写真、イラストの無断転載を禁じます。